2045 不都合な未来予測48

Inconvenient Future Predictions 48

フューチャリスト（未来予測士）
友村 晋
Shin Tomomura

日経BP

「我々は神の能力だと伝統的に考えられてきた力を入手する過程にあります」

『サピエンス全史』『ホモ・デウス』の著者　ユヴァル・ノア・ハラリ

「十分に発達した科学技術は魔法と見分けがつかない」

『２００１年宇宙の旅』の原作者　アーサー・C・クラーク

まえがき

ＡＩが生み出す未来、あなたは準備ができていますか？

想像してみてください。10年後、20年後のあなたの姿を。

今の仕事は残っているでしょうか？

家族との時間は増えているでしょうか？

それとも、全く想像もつかない世界が広がっているでしょうか？

ＡＩが日々進化する中、私たちの未来は確実に変わっていきます。その変化は思いもよらないスピードで、思いもよらない方向に進んでいくかもしれません。

あなたは、その波に乗れますか？

それとも、その波に飲み込まれてしまいますか？

本書は、その答えを探る旅です。ちょっとだけ分厚い本になっちゃいましたが、難しい専門用語は使っていません。あなたと一緒に、ワクワクしながら、時にはちょっとビビりながら、未来を予測していきましょう。

今の生成AIはまだ赤ちゃんだと知ってほしい

「世間に出回っている未来予測本は小難しい！」
「もっと簡単で面白い未来予測本を書いてほしい！」

これは、フューチャリストを名乗る僕のユーチューブに多く寄せられる要望です。それで僕は、2冊目となる本書を書くことにしました。特にチャット（Ｃｈａｔ）ＧＰＴが登場してからは、このような要望をいただくことが増えました。多くのビジネスパーソンが、「自分の将来は大丈夫なのか？」と不安を覚えるようになったのでしょう。

米国の未来科学者ロイ・チャールズ・アマラ氏の「アマラの法則」があります。

〝僕たちは新しい技術の短期的な効果を過大評価し、長期的な効果を過小評価する傾向がある〟

まさにチャットGPTをはじめとする生成AIに対して、僕たちはアマラの法則に陥っているのではないでしょうか。チャットGPTが登場した直後、人々は「あっという間に人の仕事がなくなるかも！」と特にIT界隈では大騒ぎになりました。

ところが2年たってみても、生成AIのせいで仕事が劇的に減ったという実感はありません。テレビや新聞でもそのような報道はされていません。つまり、僕たちは生成AIを**短期的に過大評価**してしまったんです。

それでは長期的にはどうでしょうか。僕は全国でチャットGPTの活用をテーマにした講演を行っており、冒頭でいつも受講者の皆さんに「チャットGPTを使ってみましたか？」と質問することにしています。するとほとんどの受講者が「使ったことがない」と答えますし、使ってみたことがある少数の人も「仕事には全く生かせていない」と答えます（ただし都内は別です）。チャットGPTが登場してもう2年もたつというのに、地方のほとんどのビジネスパーソンはチャットGPTを仕事で生かせていないんです。

これは、チャットGPTをはじめとする生成AIがもたらす今後20年のインパクトを長期的に過小評価している証拠です。現在の生成AIは、まだ生まれたばかりの赤ちゃんです。そのことに気づいていない人があまりにも多いと感じています。

例えば、「チャットＧＰＴは間違うことがあるから信用できない！」という人をよく見かけますが、開発元のオープンＡＩは既にその弱点に気づき、ＳｅａｒｃｈＧＰＴというサービスの開発を急いでいます。またその弱点に特化した競合のPerplexity（パープレキシティ）やPatronus AI（パトロナスＡＩ）などのサービスもどんどん市場を狙って台頭してきています。

こうして競争が生まれ、生成ＡＩが間違った情報を吐き出す回数（ハルシネーションと言います）は減っていくでしょう。ビル・ゲイツ氏も「今、チャットＧＰＴにできないことは、すぐにできるようになる」とコメントしています。

そこで僕もフューチャリストとして、未来予測本を書こうと決意したのです。

今回も危機感をあおる本に仕上がっています！（笑）

前著『２０３０　未来のビジネススキル19』に続いて、やっぱり今回も危機感をあおる内容に仕上がっています。僕は常々、講演会などで**「ビジネスパーソンには健全な危機感が絶対に必要です」**とお伝えしています。今回もそのつもりで書きましたので、多少（？）過激に感じるところがあるかもしれません。あ、Ｒ指定しておけばよかったかな？

それは冗談ですが、先ほどのアマラの法則に気づいてほしくて、あえてそのような書き方になっている意図があることをご理解いただけると幸いです。

ですから、読んでいてドンヨリしてしまう部分もありますし、僕自身も「**この予想は外れてほしいなぁ**」と祈りながら書いた項目もあります。おまけに具体的な職業名をズバリ示し、不安をあおるような未来予測を書いている箇所もあります。

この手の話をユーチューブで発信すると、すさまじい量のアンチコメントが石打の刑のごとく投げ込まれてくるんです。ですから、該当職業の人たちがこの本を読んでどんな気持ちになるのか十分に承知して書いています。それでもあえて書いているのは、どんなに僕にムカついていても構わないので、「**前向きな気持ちで未来に向かって歩き出してほしい」と願っているからです**。それが僕の使命だと信じているんですね。

もちろん、危機感だけをあおって終わっては意味がありませんので、各項目には未来に対して「今すぐあなたがやるべきこと」も書き添えています。これは前著と同様です。この点の工夫こそ、経済学者などが書く未来本と、本書の違いです。現役でコンサルタントとしてビジネスを行っている僕ならではの未来予測本になっていると自負しているんです。

宇宙一わかりやすい未来予測本にしました。

あ、「宇宙一　わかりやすい」って掲げてしまいましたね。

前著『２０３０　未来のビジネススキル19』（書籍購入者には20番目のシークレットスキル[※1]付き）はおかげさまで大反響をいただき、**発売1カ月で台湾版と中国版の発売が決まりました。**この本には、生成ＡＩが台頭しても絶対に仕事を奪われない、かつ時代が変わっても使い古されることがない、人として磨くべきビジネススキルをまとめています。

そしてこの前著には、大変ありがたいことにたくさんのアマゾンレビューをいただきました。それらを読んでいて共通点に気づいたんです。それは、「**ＡＩに疎い私にもとてもわかりやすかった！**」というコメントです。これはうれしかったですね。わかりやすさは僕が最も心を砕いたところだったからです。

世の中にある最先端テクノロジーの解説は、ＬＬＭ（大規模言語モデル）だとかデータドリブン経営だとか、わかりにくい専門用語がビシバシ出てきて読むのがつらくなります。ちまたの未来予測本も、経済学者やアナリストのような専門家たちがこれみよがしにマクロ経済学を援用しながら小難しく書いています。

読んでいて楽しくありません。「未来なんかどうでもいいや」ってなります。だったらフューチャリストの端くれである僕が、**中学生が読んでもわかるように、宇宙一わかりやすい生成ＡＩの未来予測本を書くしかない**と使命感に火が付いたんですね。

本書の読み方

タダの未来予測本ではなく、ひと工夫しようと考えました。未来予測を48項目に絞り、予測した未来に対してどんなスキルを身につけてどのように行動するべきかを解説しました。

僕の前著『２０３０　未来のビジネススキル19』をお持ちの方は、手元に置いて読んでほしいと思います。前著で解説したスキルがたくさん登場するからです。もちろん、前著をお持ちでない方も、本書の巻末に各スキルの概要を記載してありますので、安心してください。

未来予測の48項目は、近い未来から遠い未来に順に並べています。どこからお読みいただいても大丈夫なように書いていますが、いきなり遠い未来の話を読むと突飛な印象を受けてしまう可能性がありますので、できれば近い未来から時系列に読んでいただけると理解しやすいと思います。そして48項目をすべて読み終える頃には、それぞれの点が1本の線になって、ご自身でも未来のことが予測できるようになっているでしょう。

48項目はどうやって選んだのか

本書で予測している48項目は、適当に選んだわけではありません。僕のユーチューブにこれまでに寄せられたコメントに目を通し、質問が多かった項目を厳選したんです。つまり、本書は僕のユーチューブの視聴者の皆さんと一緒に作ったとも言えるんです。本来は100項目以上書きたかったけどページ数の関係で皆さんから要望の多かった48項目まで厳選しました。

さらに今回も前著に続いて本書をお買い上げの方にシークレット動画をあとがきの最後にQRコードでご用意しています。本書では書けないシークレット未来予測です。つまり合計49項目の未来予測になります。

そして本書に書かれている未来予測も、僕が1人で宇宙人や神様と交信して書き上げたという怪しい内容ではありません。既に世の中に公開されている様々な文献やデータを参考にして、予測した結果です。ですから、当然、既に多くある未来予測本と一致している内容も多くあります。ただ、文献やデータが見つからない部分については、フューチャリストとしての僕の主観が入っていることもご承知ください。

先に言い訳をしておきます（笑）けど、後半の（つまりより遠くの）未来になるほど、政府の政策や新たに作られる法律などによって大きく変動することもあります。

——あ、まえがきが言い訳で終わってしまいました（笑）。

では、一緒に未来を旅しましょう。あ、そうそう、それと本書ではフィリピンの話が度々出ますが、それは今僕がフィリピン在住で本書を執筆中だから、たとえ話を出しやすいためです。

※1　前著購入者特典であることから「シークレットスキル」と表記しています。本書では「20番目の（シークレットスキル）」と表記します

目次

まえがき……5
今の生成ＡＩはまだ赤ちゃんだと知ってほしい／今回も危機感をあおる本に仕上がっています！（笑）／宇宙一わかりやすい未来予測本にしました。／本書の読み方／48項目はどうやって選んだのか

第1章 生成ＡＩ黎明期 2025年－2030年

未来予測1 ホワイトカラーの仕事単価が急落する……30
なぜそうなる？／今すぐあなたがやるべきこと／役立つスキル

未来予測2
芸能人・モデルの仕事単価が急落する……36
なぜそうなる？／今すぐあなたがやるべきこと／役立つスキル

未来予測3
声優の仕事単価が急落し、アニメクリエーターは増える……42
なぜそうなる？／今すぐあなたがやるべきこと／役立つスキル

未来予測4
各国の生成AI活用ガイドラインがすぐに骨抜きになる……48
なぜそうなる？／今すぐあなたがやるべきこと／役立つスキル

未来予測5
大企業の総務・経理・法務・人事は数人でよくなる……54
なぜそうなる？／今すぐあなたがやるべきこと／役立つスキル

未来予測6
生成AIを上手に使える人は年収1000万円を軽く超える……60
なぜそうなる？／今すぐあなたがやるべきこと／役立つスキル

未来予測7 アーティストの表現が三次元・四次元に向かう……66
なぜそうなる？／今すぐあなたがやるべきこと／役立つスキル
未来予測8 クオータ制導入で女性の社会進出が加速する……72
なぜそうなる？／今すぐあなたがやるべきこと／役立つスキル
未来予測9 「失われた40年」という言葉がはやり始める……80
なぜそうなる？／今すぐあなたがやるべきこと／役立つスキル
未来予測10 残念ながら、地球は温暖化し続ける……88
なぜそうなる？／今すぐあなたがやるべきこと／役立つスキル
未来予測11 意思決定の速い国がリープフロッグ現象を起こし続ける……96
なぜそうなる？／今すぐあなたがやるべきこと／役立つスキル

コラム　公務員がクビになる日が来る？……102

第2章　生成AI成熟期　2030年-2035年

未来予測12　地球上から携帯電話の圏外エリアが消える……108
なぜそうなる？／今すぐあなたがやるべきこと／役立つスキル

未来予測13　自称ミュージシャンや自称作家が供給過多になる……114
なぜそうなる？／今すぐあなたがやるべきこと／役立つスキル

未来予測14　フェイク動画の見分けがつかず映像が裁判の証拠にならなくなる……120
なぜそうなる？／今すぐあなたがやるべきこと／役立つスキル

未来予測15 白タクによるライドシェアが解禁される……128
なぜそうなる？／今すぐあなたがやるべきこと／役立つスキル

未来予測16 「おはようございます」という声で、うつ病が判明する……134
なぜそうなる？／今すぐあなたがやるべきこと／役立つスキル

未来予測17 あらゆる商品が時価になる……140
なぜそうなる？／今すぐあなたがやるべきこと／役立つスキル

未来予測18 怪しい宗教が乱立する……148
なぜそうなる？／今すぐあなたがやるべきこと／役立つスキル

未来予測19 オレオレ詐欺の被害が加速度的に増加する……154
なぜそうなる？／今すぐあなたがやるべきこと／役立つスキル

未来予測20 結婚は婚活アプリで！ 遺伝子情報の交換も常識になる……160
なぜそうなる？／今すぐあなたがやるべきこと／役立つスキル
未来予測21 メタバースでの企業研修が一般的になる……166
なぜそうなる？／今すぐあなたがやるべきこと／役立つスキル
未来予測22 地方の百貨店は完全に時代の役目を終える……174
なぜそうなる？／今すぐあなたがやるべきこと／役立つスキル
コラム 暗号資産（仮想通貨）が電子マネーのように使える未来は来る？……184

第3章 AGI誕生期 2035年-2040年

未来予測23 AGIの誕生でシンギュラリティーが到来する……188
なぜそうなる？／今すぐあなたがやるべきこと／役立つスキル

未来予測24 オンライン診療が普及し始め、薬剤師が淘汰される……198
なぜそうなる？／今すぐあなたがやるべきこと／役立つスキル

未来予測25 外国語を勉強しなくても会話ができる時代が来る（ただし勉強した方がいい）……210
なぜそうなる？／今すぐあなたがやるべきこと／役立つスキル

未来予測26 地方のテレビ局とユーチューバーの淘汰が始まる……218
なぜそうなる？／今すぐあなたがやるべきこと／役立つスキル

未来予測27 旅行代理店はジリ貧になり、日本人にとって旅行は贅沢になる……232
なぜそうなる？／今すぐあなたがやるべきこと／役立つスキル

未来予測28 ブルーカラーの仕事を徐々にロボットが代替し始める……240
なぜそうなる？／今すぐあなたがやるべきこと／役立つスキル

未来予測29 残念ながら、日本で犯罪が増える……246
なぜそうなる？／今すぐあなたがやるべきこと／役立つスキル

未来予測30 「学歴」という言葉が死後になり、塾は淘汰される……252
なぜそうなる？／今すぐあなたがやるべきこと／役立つスキル

未来予測31 日本人が海外に出稼ぎに行くようになる……266
なぜそうなる？／今すぐあなたがやるべきこと／役立つスキル
未来予測32 弁護士・税理士などの「士業」の淘汰が始まる……274
なぜそうなる？／今すぐあなたがやるべきこと／役立つスキル
未来予測33 3Dプリンターの建造物が爆発的に増える……280
なぜそうなる？／今すぐあなたがやるべきこと／役立つスキル
未来予測34 社員をクビにできるジョブ型雇用が当たり前になる……286
なぜそうなる？／今すぐあなたがやるべきこと／役立つスキル
未来予測35 EVがスタンダードになり、日本の自動車メーカーが減る……296
なぜそうなる？／今すぐあなたがやるべきこと／役立つスキル

コラム 家事・育児はテクノロジーで代替できる？……308

第4章 ASI誕生期 2040年-2045年

未来予測36 ASIが誕生し、未来はSF映画の世界になる……314
なぜそうなる？／今すぐあなたがやるべきこと／役立つスキル
未来予測37 戦争は自律型AI兵器同士の戦いになる……320
なぜそうなる？／今すぐあなたがやるべきこと／役立つスキル
未来予測38 核融合で世界のエネルギー問題が解決に向かい始める……328
なぜそうなる？／今すぐあなたがやるべきこと／役立つスキル

未来予測39
デザイナーベビー解禁でオリンピックがシラケる……336
なぜそうなる？／今すぐあなたがやるべきこと／役立つスキル

未来予測40
がんや糖尿病、薄毛などあらゆる身体の悩みが解決できる……346
なぜそうなる？／今すぐあなたがやるべきこと／役立つスキル

未来予測41
自動運転車が普通に公道を走っている……352
なぜそうなる？／今すぐあなたがやるべきこと／役立つスキル

未来予測42
正社員という言葉が死語になり、大企業の倒産が始まる……368
なぜそうなる？／今すぐあなたがやるべきこと／役立つスキル

未来予測43
多様性が極限に達し、安楽死を認める国が増える……376
なぜそうなる？／今すぐあなたがやるべきこと／役立つスキル

未来予測44 今は存在しない職業がたくさん生まれている …… 386
なぜそうなる？／今すぐあなたがやるべきこと／役立つスキル

未来予測45 道州制が導入され、過疎地に人がいなくなる …… 394
なぜそうなる？／今すぐあなたがやるべきこと／役立つスキル

未来予測46 貧富の差が拡大し過ぎて資本主義が限界！ ベーシックインカム導入!? …… 408
なぜそうなる？／今すぐあなたがやるべきこと／役立つスキル

未来予測47 30代の総理大臣が誕生する …… 424
なぜそうなる？／今すぐあなたがやるべきこと／役立つスキル

未来予測48 ポストヒューマンが誕生する …… 432
なぜそうなる？／今すぐあなたがやるべきこと／役立つスキル

AIが感情を持つ日は来る？　～あとがきに代えて～……446

購入特典「シークレット未来予測」動画

未来予測とビジネススキルのマッピング表……450

『2030　未来のビジネススキル19』で紹介したスキルの概要……454

第1章

生成AI黎明期

2025年-2030年

未来予測1

ホワイトカラーの仕事単価が急落する

なぜそうなる?

工場などの現場で肉体作業をする労働者がブルーカラー、PCなどを使ってデスクワーク中心の労働者がホワイトカラーです。なおホワイトカラーには、ライターやデザイナー、イラストレーターといったクリエーターと呼ばれる人たちも含みます。

18世紀の産業革命以降、肉体作業はどんどんテクノロジーでまかなわれ、ブルーカラーの仕事は機械に置き換わっていきました。ホワイトカラーの仕事もコンピューターが登場してから徐々にデジタル化が進んで作業の効率化が進められましたが、ブルーカラーに比べれば、「少しずつ便利になってきたな」程度の変化だったんです。

ところが2022年、オープンAIが開発したチャットGPTの登場により、生成

ＡＩの開発が加速し、ホワイトカラーの仕事も機械に代替される時代が到来したのです。

ブルーカラーの仕事の場合、人の物理的な動きをロボットが再現できなければなりませんので、開発や導入に相当な時間とコストがかかります（未来予測28でもう一度取り上げます）。自動車の組み立てラインを思い浮かべれば想像がつきますよね。

ところがＡＩの導入は、ＰＣ１台、場合によってはスマートフォンなどのデジタル端末が１台あるだけでいいのですから、簡単に導入できてしまいます。僕も含めたホワイトカラーの仕事は、どんどんＡＩに代替されていくわけです。

クリエーティブな仕事の参入障壁が下がる

コンピューターによるデジタル化は基本的に事務作業を対象としていましたが、ＡＩはそこにとどまりません。これまで才能やセンス、経験がなければ参入が難しいと考えられてきたクリエーティブな領域にもＡＩは進出しています。例えば、アイデアが勝負のコピーライター、文章力や要約力が必要なウェブライター、センスが必要とされるデザイナー、テクニックが必要なイラストレーター、経験や専門技術が必要なプログラマーなど、これら全部を生成ＡＩがこなせるようになってしまいました。

例えば電通が開発したキャッチコピー生成ＡＩ「アイコ」を使えば、さらに精度の高いキャッチコピーが作れるでしょう。プログラムに関しては、Codeium（コーディウム）のＡＩコーディングエンジンCortexを使えば1億行のコードを一気に処理することができます。商品開発のアイデアに困ったら、博報堂テクノロジーズが開発した生成ＡＩによるアイデア支援ツールNomatica（ノーマティカ）が一緒にアイデアを考えてくれます。

こうなると、前著『２０３０　未来のビジネススキル19』でも書きましたが、才能も経験もない素人が生成ＡＩを使うことで、コピーライターやウェブライター、デザイナー、イラストレーター、プログラマーなどの市場にどっと参入してくるようになります。しかも格安な売値で。

当然市場原理が働きますので、これらの業界の相場が一気に下がってきます。クラウドソーシングのスキルマーケットで、素人が生成ＡＩを使って「**御社の商品のキャッチコピーを50個作成します。しかも今なら５００円で！**」と売り出し始めることができちゃうんですね。

キャッチコピーを
50個作成します。
しかも今なら500円で!

今すぐあなたがやるべきこと

生成ＡＩは「ホワイトカラーの仕事単価の下落」を引き起こします。その備えとして、今すぐあなたがやるべきことは何でしょうか。

それは、「この人に頼めば悩みを解決してくれる」という信頼に基づいた**自分ブランド力**を持つことです。「仕事を引き受ける」のではなく、「発注者の悩みを解決する」ことがポイントです。

キャッチコピーが欲しいのではなく、売り上げを伸ばす手段が欲しい

先ほどの「キャッチコピーを50個作成します。しかも今なら５００円で！」の仕事で説明すると、発注者は50個のキャッチコピーを受け取った後、どれを選べばいいのか迷います。なぜなら、発注者が求めているのは多くのキャッチコピーではなく、広告効果が期待できる、売り上げを伸ばしてくれるたった1つのキャッチコピーだからです。

生成ＡＩを使えば簡単にキャッチコピーを作れるので、キャッチコピーを作るという仕事の単価は下がります。しかし、多くのキャッチコピーから「これこそが発注者の期

待に応えられるキャッチコピー」を選び出せる経験やセンスがあり、そしてそのコピーがなぜ効果的なのかを説明でき、さらにキャッチコピーをどのように使えば効果的な広告となるのかをコンサルティングできるなら、その人の価値は下がりません。たとえ1本数万円以上のキャッチコピーでも売れるのです。

発注者が求めているのは多くのキャッチコピーではなく、自社商品の売り上げを伸ばすことです。**それが発注者の悩みの本質です**。このことがわかればやるべきことは明白です。ヒットを生み出したキャッチコピーを作ったという実績と、発注者の悩みを理解できるコンサルティングスキルを磨き、**自分ブランド力**を高めることです。

記事が欲しいのではなく、アクセス数と高いコンバージョン率が欲しい

もう一つ例を挙げます。昨今、誰もが気軽に参入できると注目されているウェブライターです。生成ＡＩを使えば、特定のキーワードやテーマに関する記事を簡単に作成できますから、これからは「ご指定のテーマで10本の記事を５０００円で承ります！」という破格の値段設定の素人がどんどん参入してくるでしょう。

もしあなたがウェブライターなら、やるべきことは**自分ブランド力**を高めるために、発

注者の悩みを解決したという実績を作ることです。ホームページのアクセス数を圧倒的に増やし、コンバージョン率（成約率）を高め、閲覧者からの評価も高い記事を書いてきた実績です。なお、発注者の悩みを解決する記事を書くには**一次情報収集力**が必要ですし、その実績を発注者に**自己主張する力**も欠かせません。

発注者は、多くの記事が欲しいわけではなく、アクセス数と高いコンバージョン率が欲しいのです。そのことを理解して記事の提案や執筆ができるなら、生成ＡＩで量産するだけのウェブライターよりはるかに高い値段で発注してもらえるでしょう。

ホワイトカラーは「発注者の悩みの本質を理解し、それに応えてきたという実績を積んでおく」――。これが、今すぐあなたがやるべきことです。

役立つスキル

スキル１　一次情報収集力（454ページ参照）
スキル６　自分ブランド力（456ページ参照）
スキル７　自己主張する力（457ページ参照）

未来予測2

芸能人・モデルの仕事単価が急落する

なぜそうなる？

生成ＡＩは芸能人やモデルといった職業の人たちの相場も値崩れさせてしまいます。既に２０２３年の９月から放映された「お〜いお茶 カテキン緑茶」（伊藤園）のテレビコマーシャルでは、ＡＩが生成したと言われなければ気づかないほどリアルな女性が登場していいます。え、気づいていませんでしたか？ もしかすると、新人モデルさんが起用されたと思っていましたか？ それほど違和感がないんですよね。ＡＩタレントだと言われても信じられないほどリアルですから。いわゆる「バーチャルタレント」です。

バーチャルタレントはいいことずくめ

バーチャルタレントには肖像権がありませんし、芸能プロダクションに高いギャラを払う必要もありません。撮影のためのロケもスタジオも旅費も宿泊代も必要ありません。タレントさんの機嫌を取る必要もありませんし、照明やカメラマンも不要です。天候も気にする必要もありません。このようにCM制作には人件費も日数もかかっていたのですが、これからは**生成AIを使いこなすたった1人のビジネスパーソンの人件費だけ**で完結するのです。気になる人は「生成AI　CM　つくり方」などでユーチューブ検索してみてください。既にたくさんの情報が出てきています。

生成AIならではの強みもあります。それは、ターゲットに好感を持たれるキャラクターを容易に作り出せることです。例えば、朝早く出勤するビジネスパーソン向けモーニングコーヒーのCMを作りたいとき、ターゲットが50代男性であれば、事前に生成AIが作成した30人の女性の顔写真やデモ映像を50代男性のモニター1万人に見せ、最も好感度が高かったバーチャルタレントをCMに採用するということができるんです。

しかもですよ、ここはスポンサーにとって結構大事なポイントですが、**バーチャルタレントですから事故や不倫などのスキャンダルでイメージダウンすることもありません**。これは安心ですよね。ファッション業界のしまむらも、業界に先駆けてバーチャルモデルLuna（るな）をリリースしました。20歳の服飾専門学生という設定で公式インスタグラムで情報発信をしています。

さつきあいさんの写真集は発売後すぐに販売中止に

バーチャルタレントの起用には、まだ問題が残っています。２０２３年に、さつきあいさんというグラビアアイドルが登場しました。僕の鼻の下も伸びるほどの愛らしい女性です。このさつきあいさんの写真集は発売されたものの、すぐに販売中止になりました。

実はさつきあいさんは、『週刊プレイボーイ』（集英社）の編集部が生成ＡＩで生成したバーチャルタレントだったのです。もちろん、バーチャルタレントであることは周知された上で販売されたのですが、現実のグラビアタレントの仕事が減少することを心配する声や、実在するグラビアアイドルに顔が酷似しているのではないかといった懸念を編集部が問題視したためです[※1]。

このような現象は、僕に言わせれば新しいテクノロジーに対する典型的な「技術的保守反応」です。生成ＡＩがグラビア業界や社会に与えたインパクトが強過ぎて、みんなが「ギョッ！」として、反射的に拒絶反応を示してしまったんですね。とはいえ、このような拒絶反応は間もなく薄れてきますから、２０３０年ごろにはＡＩが生成したバーチャルタレントのグラビア写真集なども普通に販売されるようになっているでしょう。

動画編集の仕事をしている人の危機感もちょっとだけあおらせていただきます。ＮＴＴドコモは、映像配信サービス「Ｌｅｍｉｎｏ」で、２０２４年9月3日に無料ライブ配信したプロボクシングのダブル世界タイトルマッチ・井上尚弥選手vsＴＪドヘニー選手の試合のハイライト映像を生成ＡＩで自動制作したと発表しました。一番試合が盛り上がるシーンの抽出や編集、試合の要約文の作成もＡＩが自動で行います。

今すぐあなたがやるべきこと

ここまで読まれたあなたは、「それならもう、これからはバーチャルタレント一択じゃん」と思われましたか？　いやいや、実はバーチャルタレントにも大きな弱点があるんです。それは、ファンがいないことです。

「そんなことはないぞ、インフルエンサーでアーティストのリル・ミケーラさん（やっぱりさん付けしたくなりますね）のように、多くのファンがいるバーチャルタレントもいる」と言われるかもしれません。実際、２０２４年9月現在のミケーラさんのインスタグラムのフォロワー数は２５４万人、バーチャルタレントimmaさんのインスタグラムのフォロワーは38・8万人と大人気です。immaさんはＳＫ-ⅡやＩＫＥＡ、さらにはポルシェとのコラボ経験もあるぐらい人気です。

しかしこのようなファンが付いているバーチャルタレントは非常に希少です。しかもこのように人気が出てしまったバーチャルタレントは、結局リアルなタレントさんたちと同様に、起用の際のギャラ（使用料？）が相応に高くなってしまいます。

それでもバーチャルタレントの強みとして、ロケ代や人件費が節約できる面はありますので、やはり起用される機会は増えていくと思われます。

フォロワー数がより一層重視される

ここまでお話ししたことから既にお気づきだとは思いますが、これからの芸能人やモデルさんたちが生成ＡＩに仕事を奪われないようにするには、あるいは値崩れに引きずられないようにするには、圧倒的なファンを獲得することです。そのためには**自分ブラン**

ド力や自己主張する力を発揮せねばなりません。

圧倒的なファンの指標は、ＳＮＳやＴｉｋＴｏｋなどのフォロワー数です。**フォロワー数はこれまでも注目されていましたが、生成ＡＩ社会では、より一層重視されることになるんです。**

「自分は既にフォロワー数が多いから安心だな」と過信しないでくださいね。なにしろこれまでは存在していなかったバーチャルタレントが市場に参入してくるのですから、市場原理が働いて、これまでのフォロワー数では足りなくなってくる可能性があります。

役立つスキル

スキル６　自分ブランド力（456ページ参照）

スキル７　自己主張する力（457ページ参照）

※1 週プレ グラジャパ！「さつきあいデジタル写真集『生まれたて。』販売終了のお知らせ」（https://www.grajapa.shueisha.co.jp/post/202306/）

未来予測3

声優の仕事単価が急落し、アニメクリエーターは増える

なぜそうなる？

これからお話しすることは、声優だけでなく、ナレーターやアナウンサーといった声の仕事全般に関わる問題です。

梶裕貴《かじゆうき》さんという声優さんをご存じですか？　あのアニメ版『進撃の巨人』でエレン・イェーガーの声を担当するなど、売れっ子の声優さんです。その梶さんがクラウドファンディングで約3500万円を集めました。「梵《そよぎ》そよぎ」というソフトの製品化を目指すクラウドファンディングです。

このソフトは声優の声をＡＩが学習し、その声優さんの声で歌ったりテキストを読み上げたりできる、とっても画期的で素晴らしいアイデアです。実際に声の質や話し

方が声優さんそっくりでかなりクオリティーが高いです。このようなソフトは他にもVOICEVOXやReadSpeakerなど、たくさん出ています。

『ちびまる子ちゃん』の新作も声優TARAKOさんの声で

生成ＡＩによる読み上げソフトの登場で、どのようなことが起きると思いますか？

例えば、既に亡くなっている人の声を再現できるようになります。先日（２０２４年3月）、テレビアニメ『ちびまる子ちゃん』の主役まる子の声を担当していた声優のＴＡＲＡＫＯさんが63歳で急逝されました。本来なら、ＴＡＲＡＫＯさんが演じる『ちびまる子ちゃん』の新作を作ることはできません。

ところが、残されているＴＡＲＡＫＯさんの声を生成ＡＩに学習させれば、新作であってもＴＡＲＡＫＯさんの声でまる子を演じさせることができるのです。もちろん、これは技術的な話であり、実際にはご遺族の方々の同意を得たり、倫理上や法律上の問題に配慮したりする必要があります。

ＮＨＫのニュース番組ではＡＩによる音声を既に採用している

有名な声優さんが自分の声を生成ＡＩに学習させて安い使用料で使えるようにすれば、アニメ制作会社は、わざわざ無名で実績のない新人声優さんたちにギャラを払って採用するモチベーションは下がる可能性があります。

有名な声優さんの声を使わなくても、生成ＡＩに架空の声優を出現させて新作のアニメキャラクターの声として利用することも可能です。架空の声優だとしても、生成ＡＩにプロンプトで指示すれば、著名な声優さんに似た抑揚でセリフを読ませたり、「もっと落ちついた声で」「もっとうれしそうな声で」といった注文をつけたりすることができます。

声優さんほど豊かな表現力を必要としないアナウンサーの世界では、既に商業ベースで実用されています。ＮＨＫではニュース番組の一部にＡＩによる音声を既に採用しており、ＡＩだとは気づかずに聞いている方は大勢いるのではないでしょうか。

これからは、声の質や話し方を自由に変えられるだけでなく、方言やなまりまで自由に指定できるようになります。自分の好きなときに自分の好きな声でニュースを

読み上げてくれたり、本を朗読してくれたり、あるいは予定を知らせてくれたり、話し相手になってくれたりするようなサービスも登場してくると予想できます。

声優、ナレーター、アナウンサーなどの声の仕事はＡＩに代替されていくでしょう。

アニメクリエーターに必要なのは生成ＡＩとアイデア

一方で、アニメクリエーター自身が自分の作品に声を吹き込むことが増えてきます。

以前はアニメクリエーターが自作した作品（何らかのキャラクターが登場するもの）を完成させるには、声優さんにキャラクターの声を吹き込んでもらう必要がありました。お金がなければ声優さんに依頼できず、作品を完成できずに断念することもありましたが、これからは声優さんに依頼せずとも、クリエーター自身が生成ＡＩで作品に声を吹き込むことができます。既に音楽の世界ではボーカロイドに歌わせている作品が数多く登場しています。

アイデアさえあれば、生成ＡＩを使ってアニメや動画作品を作り、その作品に声を吹き込むことができるのです。クリエーターは、生成ＡＩを使いこなすテクノロジー駆使力と、「面白いアイデア」だけあればいいのです。

今後、アニメクリエーターは増えていくでしょう。

今すぐあなたがやるべきこと

もし「声優として声の仕事をしたい」と強く思うのであれば、今は受注単価を下げてでも、たくさんの実績を作ることが必要です。この期間は声優だけで食べていくことができないかもしれませんが、ギャラは安くても、ちょい役でも構わないので、どんどん有名なアニメに出演して声優としての実績を積み上げていきます。

同時に、声優としての活動や暮らしぶりなどをSNSに投稿し、**自己主張する力**を発揮して世間にアピールします。どんなアニメに出演しているのか、どのような思いで夢を実現しようとしているのか、担当したアニメのキャラにどんな思い入れがあるのか、そうした情報を発信し、アニメファンを自分のファンに取り込んでいくのです。

声優にとっては苦難の道、クリエーターはAIが支援

ただしこれからの生成AI社会では、少し苦難の道になるでしょう。なぜなら、声優・アナウンサー・ナレーターなどの声を仕事にしている人は、決められたセリフを決められたキャラクターで読み上げていくことがほとんどなので、個性を発揮しづらいからで

す。つまり**自分ブランド力**を発揮しづらい環境なのです。そのため、独特な声質を持っているとか、とっさのときにアドリブが巧みであるとか、メディアやバラエティー番組などに登場して人々に強い印象を与えるとか、そうしたことができなければなりません。

一方で、アニメクリエーターにとっては生成ＡＩが強力なツールになりますので、これまでお金がなかったことでイラストレーターや声優さんを集められなかった人でも、アイデアを作品として仕上げることができるようになります。生成ＡＩを使いこなす**テクノロジー駆使力**さえあえば、アニメクリエーターの仕事は広がるんです。

イタリアのベネチアでは既に「ＡＩ映画祭」も開催されました。生成ＡＩはこれからますます映画業界でも活用されていきそうです。

役立つスキル

スキル４ **テクノロジー駆使力**（455ページ参照）
スキル６ **自分ブランド力**（456ページ参照）
スキル７ **自己主張する力**（457ページ参照）

未来予測4

各国の生成AI活用ガイドラインがすぐに骨抜きになる

なぜそうなる？

２０２４年5月21日、ＥＵ理事会が世界で初めてＡＩの開発や運用を包括的に規制するＡＩ法の最終案を承認しました[※1]。同法案は２０２６年から正式に施行される予定です。これに先駆けた２０２３年7月、米国でも生成ＡＩに関するガイドラインが発表されています。このガイドラインの作成にはグーグルやオープンＡＩを含むテクノロジー企業7社が参加しています。日本でも２０２４年4月、経済産業省が有識者たちと議論を重ねてＡＩ事業者ガイドラインを取りまとめています。

このように世界では生成ＡＩの開発や運用に関するルールを作ろうとしていますが、残念ながらこれらのルールはすぐに形骸化してしまうでしょう。

僕がそのように予想する理由は２つあります。

ＡＩ規制の実効性がない

１つ目は、ＡＩは悪意のある人たちが開発したり利用したりできてしまうからです。

同じガイドラインでも、自動車の排ガス規定は効力がありますよね。規制を超えてＣＯ^{2}を排気していることがわかれば、その自動車を販売停止にできます。規制対象が**ハード**であり、その製造や販売は**組織（企業）**だからできるんです。ところがＡＩは**ソフト**ですし、開発や運用、利用するのは**必ずしも組織とは限りません**。個人でもできるんです。

例えばＥＵのガイドラインでは、生成ＡＩが作成した画像にＣ２ＰＡ[※2]が規定したデジタルコンテンツの生成元や変更履歴を証明できるメタデータを付与することで、フェイク情報の拡散を防ぐとしています[※3]。この規定に違反したら、世界売り上げの7％、もしくは３５００万ユーロ（約60億円）の高い方を制裁金として科すと言うんですね。

しかし、どこかの国が敵対国家への情報戦としてフェイク画像を拡散させるかもしれませんし、機密情報を収集するためのソフトを散布するかもしれません。そんなことになっても、悪意ある国家だと取り締まれず、制裁金を科しようがありません。

身近なところでは、皆さんが普段から視聴しているユーチューブはどうでしょう。**ユーチューブってよく考えたら世界最大の著作権違反プラットフォームですよね**。著作権で守られているはずの映像や音楽がアップされまくっています。なぜ、規制できないのでしょうか？

それはハードではなくてソフトだからです。そして組織ではなく個人が動画をアップしているからです。膨大な数のデータの動きを監視して制裁を科そうとしても、もぐらたたき状態で手に負えません。ユーチューブという一つのプラットフォームでさえ規制できないのに、世界のＡＩを規制できるわけがないんです。つまり僕は、世界のＡＩ規制法に書かれている義務が徐々に努力義務に書き換わり、やがて形骸化していくと思っています。

ＡＩは4年で1000倍進化する

２つ目は、その時点で最適と思われるガイドラインを策定しても、すぐに陳腐化してしまうほど速くＡＩが進化してしまうことです。

半導体は４年間で10倍進化するという経験則があり、その間にソフトも10倍、技術者のスキルも10倍進化するといわれています。これらの掛け算で成り立っている**ＡＩは、**

4年間で10の3乗、つまり1000倍進化する計算になるんです。

ですから現在のＡＩを基準にガイドラインを策定しても、それが施行される頃には既に形骸化してしまうんです。

また著作権違反などで裁判になったときの話をしますと、通常裁判は過去の判例が重要ですが、やっと裁判に決着がついて1つの判例が出る頃には、その判例ではあまりに古過ぎて、全く使えなくなっているのです。それぐらいＡＩの進化が速く、法律が追いつかない時代に向かっているのです。

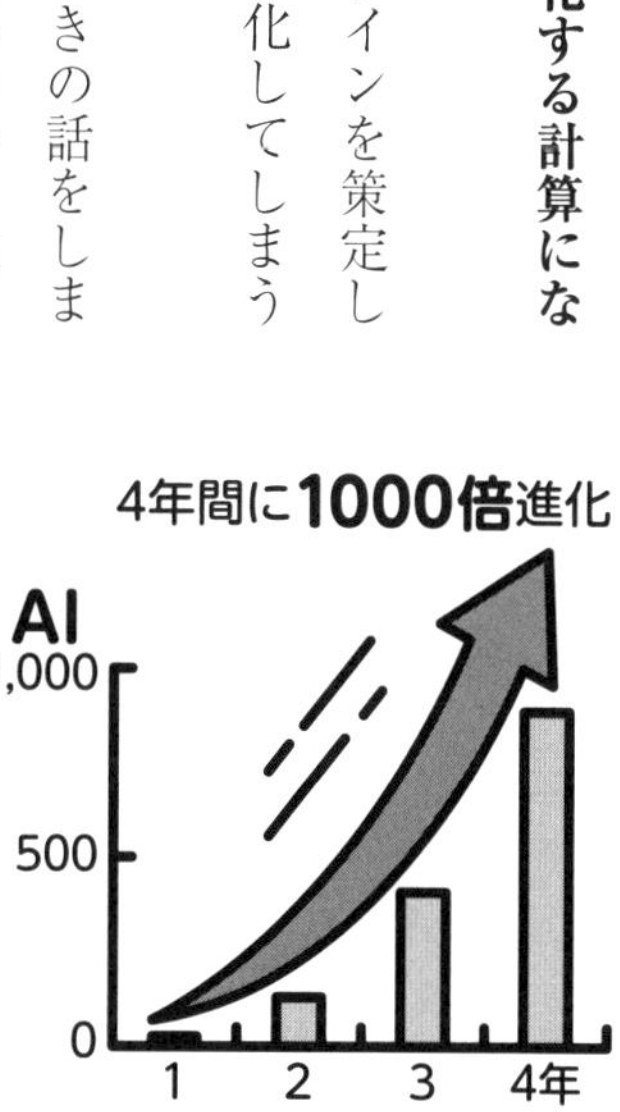

だからといってガイドラインを作らないわけにはいかないんです。それが大人の事情です。世界中から識者が集まってガイドラインを策定するのですが、参加している多くの外部有識者は心の中で「こんなもん意味ないわ」と思っているでしょう。想像ですが。

同様に、僕が本書で20年分の未来予測をする際、変化が速過ぎて「意味ないわ」と思うこともありましたが、危機感を抱いてもらうためだと思って書いています。

今すぐあなたがやるべきこと

ここでは、やるべきことというよりも、マインドセットが問題になります。

つまり、もしも自分の仕事がＡＩに取って代わられたり、ＡＩを武器にした後発者たちに取って代わられたりしても、ガイドラインや法律で守られると期待してはいけないということです。既にアーティストや脚本家がオープンＡＩをはじめとするＡＩ開発企業を訴えて裁判を起こしていますが、それはまるで18世紀後半の産業革命にあらがおうとしたラッダイト運動（または、機械打ちこわし運動）と似ています。そのような運動をしても、産業革命の流れは止まりませんでした。同様に、ＡＩの発展と普及も止まりません。

ＡＩは汎用技術である

ＡＩは汎用技術（General-purpose technologies：ＧＰＴｓ）と言えます。汎用技術とは社会を劇的に変化させる技術であり、蒸気機関、電力、コンピューター、インターネットなどと同等の技術です。

もし、あなたの業界や職種が生成ＡＩによって脅かされそうだと感じたら、ＡＩを使いこなす側に回るか、それまでのキャリアを捨ててでも転職することをお勧めします。

その際、プライドや過去の実績にしがみついてはいけません。大切なのは、自分が立たされている状況を冷静に批評できる**クリティカルシンキング**を身につけること、そして、過去の栄光を思い切って捨てられる**フルモデルチェンジ力**を持つことです。それに、できるだけ早く危機を予測できる**未来予測力**も必要ですね。

役立つスキル

スキル5 **未来予測力**（456ページ参照）
スキル11 **フルモデルチェンジ力**（459ページ参照）
スキル13 **クリティカルシンキング**（460ページ参照）

※1 Consilium『Artificial intelligence (AI) act: Council gives final green light to the first worldwide rules on AI』(https://www.consilium.europa.eu/en/press/press-releases/2024/05/21/artificial-intelligence-ai-act-council-gives-final-green-light-to-the-first-worldwide-rules-on-ai/)
※2 Coalition for Content Provenance and Authenticityの略。コンテンツの出所・来歴の認証に関する技術標準を策定している標準化団体
※3 Overview - C2PA（https://c2pa.org/）

未来予測5

大企業の総務・経理・法務・人事は数人でよくなる

なぜそうなる？

大企業の総務部、経理部、法務部、人事部では、人員削減が行われるようになるでしょう。もちろんこれらの部署は一例です。ご自分の所属する部署と重ね合わせながら以下を読み進めてください。なぜそうなるのか僕なりに考えてみました。

20人の部門なら4〜5人で済む

従業員が1000人以上の大企業では、総務部に20人ほど所属しているのが一般的です。ここに生成ＡＩが導入されれば、20人で処理していた業務は4〜5人ほどで処理できるようになるでしょう。もともと5人程度の総務部であれば、1〜2人になるかもしれません。これは総務部だけでなく、経理部や法務部、人事部も同様です。なぜなら、生成ＡＩが業務を自動化、もしくはアシストしてしまうからです。

例えば、次のようなことは間違いなく実現します。

- ＡＩが、履歴書や応募書類のチェックを自動で行う。
- ＡＩが、候補者と面接官のスケジュールを調整し、自動で面接日を設定する。
- ＡＩが、上司や同僚からのフィードバックを収集し、評価レポートを生成する。
- ＡＩが、プレスリリースや広告文を作る。
- ＡＩが、社員の給与計算、有給休暇の取得率をチェックし、社員に告知する。
- ＡＩが、社員の危険なＳＮＳ投稿や炎上リスク投稿を監視して通告する。
- ＡＩが、社員のスキルを基に教育プログラムを個別最適化する。
- ＡＩが、契約書をチェックし、想定されるリスクと回避策を提案する。
- ＡＩが、訴訟や調査のためのデジタル証拠を収集する。
- ＡＩが、リモート会議の議事録を作り、出席者の評価も、その会議での発言もチェックして出席者の評価も行う。

●ＡＩが、帳簿入力や伝票を作成し、経費の仕訳をする。

ここで示したことはほんの一部であり、まだまだ増えていくでしょう。それぞれの業務を細かく解説するだけでも1冊の本が書けそうです。

的確な指示を出せない人は仕事ができない人

「いやいや、この前ＡＩに自分の仕事をやらせてみたけれども、使い物にならなかったよ」。このように言う人は、ＡＩの使い方が未熟なのかもしれません。ＡＩに指示するプロンプトの作成にはコツがあります。これを理解できていない人がＡＩを使っても、期待外れの結果しか出てきません。

ちなみに、ＡＩに的確な指示を出せない人は、きっと部下や外注さんにも的確な指示を出せていない人かもしれません。的確な指示が出せるか出せないかはＡＩ時代には特に重要で、仕事ができる・できないを決定づけるんです。

「ＡＩは使いものにならない」と早々に結論を出してしまっている人は、ＡＩの進化の速さを見くびっているんです。アマラの法則を忘れないでください。前項で書きましたが、

ＡＩは４年で１０００倍進化しますので、今日できなかったことが来年どころか来月にはできるようになっているなんてことは当たり前のことなんです。

ＡＩをちょっといじって「使えないなぁ」と手放してしまった人は、諦めずにＡＩを使い続けた人たちに、あっという間に置いてけぼりにされてしまうでしょう。

今すぐあなたがやるべきこと

このような状況では「自分にしかできない仕事とは何か」を見極める必要があります。ここで必要なのが**テクノロジー駆使力**です。

前もって、AIに仕事を奪われない立ち位置に移動する

テクノロジーを駆使すればするほど、どの仕事がテクノロジーに代替され、どの仕事が当面は人の手に残されるのかが見えてくるようになります。つまり、**未来予測力**も身につくのです。

もし**未来予測力**を身につけていなければ、数年後に「この仕事はわざわざ君がやる必

要がなくなった」と言われてしまうかもしれません。このひと言は、その人にとっては「新たなテクノロジーが突然現れて自分の仕事を奪っていった」という青天の霹靂《へきれき》のような衝撃でしょう。

しかし、**テクノロジー駆使力**と**未来予測力**を身につけていた人にとっては、「予想通り」の事態でしかありません。しかも、このような人たちはＡＩには苦手な分野があることに気づいているので、ＡＩに仕事を奪われない立ち位置に移動できているはずです。

ＡＩは課題を解決できるが、課題を見つけられない

今のところ、ＡＩが苦手なのは課題を発見することです。ＡＩは与えられた課題に対して人より的確かつ迅速に解決方法を提案しますが、ＡＩには「仕事を改善しよう」とか、「より快適な暮らし方をしたい」といった欲がありませんので、自ら課題を見つけ出すことがありません（今のところです）。

ですから、ＡＩに仕事を奪われないためには、

課題発見力を身につけておく必要があります。業務上の課題、ビジネスモデル上の課題、社会の課題、日本の課題などを発見できるのは人なんです。

課題を発見できる人材はどこの分野でも不足していますので、課題発見力がある人は、AIが進化しても必要とされ続けるでしょう。

役立つスキル

スキル2　課題発見力（454ページ参照）
スキル4　テクノロジー駆使力（455ページ参照）
スキル5　未来予測力（456ページ参照）

未来予測6

生成ＡＩを上手に使える人は年収1000万円を軽く超える

なぜそうなる？

米国では、生成ＡＩに指示を出して使いこなす職業を「プロンプトエンジニア」と呼んでいます。高収入で知られており、23歳で年収５０００万円を超える人も出てきました。ネット上の求人でも、最低年収２５００万円以上ばかりだそうです※1。

1人で5〜10人分の仕事をこなせるようになる

このような高収入のプロンプトエンジニアが登場してきたのは、生成ＡＩを使いこなせばたった1人で5〜10人分の仕事をこなせるからです。

「未来予測2　芸能人・モデルの仕事単価が急落する」でお話しした『お〜いお茶』の

テレビＣＭの話を思い出してください。ＡＩを駆使すれば、ＣＭを制作するために本来必要なタレントさんやカメラマン、ディレクター、ロケ場所を手配する人やスタッフのスケジュールを押さえる係など、何人もの人件費を浮かせることができます。

他にも、優れたプロンプトエンジニアが１人いれば、マーケターやプランナー、コピーライター、アナリスト、プログラマーなど、何人分もの仕事を効率よくこなすことができます。例えばセガサミーは、おもちゃづくりに生成ＡＩを導入し、実証実験ではデザイン案が１００倍になったそうです[※2]。何人もの社員が集まってデザインを数個作るよりも、１人の人間があっという間に１００個のアイデアを出せちゃうわけです。生成ＡＩを使いこなす人の年収が上がるのも納得できますよね。生成ＡＩを上手に使える人材が正しく評価されれば、年収１０００万円なんて軽く超えるでしょう。

今すぐあなたがやるべきこと

エンジニアというと何やら難しいプログラミング言語を習得しなければならないような気がして腰が引けますが、プロンプトエンジニアは誰でもなれます。

あれこれ想像し、とにかく片っ端から試してみる

なぜなら生成ＡＩは、僕たちが普段使っている言葉で指示できるからです。プログラミング言語のコマンドや文法を覚える必要はありませんので、ぜひともあなたの仕事で生成ＡＩを使ってみてください。まずはチャットＧＰＴで試してみるといいでしょう。

このとき「生成ＡＩでできることはなんだろう」と考えるのではなく、自分の仕事のあらゆるプロセスにおいて、まずは「生成ＡＩが使えないだろうか」と考える習慣を持ちましょう。例えば企画書を作成しなければならないとき、「生成ＡＩでできるのは文章の作成部分だよな」と考えるのではなく、

- 市場分析をさせられないだろうか？
- 企画書のテーマを考案させられないだろうか？
- テーマに沿ったアウトラインを作成させられないだろうか？
- アウトラインに沿った文章を作成させられないだろうか？

と、あれこれ想像し、できるかどうかわからないけど、とにかく片っ端から試してみる

のです。これは、普段の仕事のどのプロセスに生成ＡＩを活用できるのかを見極めているのであり、**課題発見力**を駆使しているのです。

生成ＡＩを使う際の5つのコツ

米国で活躍しているプロンプトエンジニアのランス・ヤンクさんは、ＮＨＫの取材で生成ＡＩを使うコツを教えてくれています。次に示すのは『年収５０００万円！ChatGPT操る「プロンプトエンジニア」って？』※1（ＮＨＫ）からの引用です。ヤンクさんはこれらのコツの頭文字をつなげて「ＲＥＬＩＣ」と呼んでいるそうです。

「プロンプトのコツ〝ＲＥＬＩＣ〟」

１「Role」ＡＩに役職を与えること
２「Exclusion」含んで欲しくない情報をあらかじめ伝えること
３「Length」何文字以内で回答して欲しいか長さを設定すること
３「Inspiration」ＵＲＬなどを入力してＡＩに実例を示すこと
４「Context」質問の意図や背景を明確にすること

皆さんもこの「ＲＥＬＩＣ」を応用し、自分の仕事を効率化してみましょう。実践してみることが、プロンプトエンジニアへの第一歩です。

生成ＡＩを前にして、「自分はこの道何十年という実績があるから、これからもＡＩなどのテクノロジーに頼らずに人間力で勝負だ」などと、頑なにＡＩを避ける人がいますが、これはやめた方がいいです。

これからＡＩと無関係でいられる職業や現場はありません。ＡＩで何ができるのかを実感できていないと、ある日突然ＡＩに仕事を奪われるかもしれません。あるいはＡＩを使いこなせる新参者に仕事を奪われるかもしれません。

ですからテクノロジー駆使力を**身につけて、ＡＩを使って仕事を効率化する側の人になりましょう**。

ちなみに「Procreate」という画像編集ソフトを開発しているジェームズ・クーダＣＥＯは、Ｘ（旧ツイッター）で、「個人的に生成ＡＩは本当に不愉快です」と発言し、生成Ａ

Iを製品に一切搭載しないと表明しました。気持ちはすごくわかりますが、これは「スマホが気に入らないからガラケーを使い続ける」と言っているのと同じことです。

役立つスキル

スキル2 **課題発見力**（454ページ参照）
スキル4 **テクノロジー駆使力**（455ページ参照）

※1 NHK『年収5000万円！ ChatGPT操る「プロンプトエンジニア」って？』（https://www3.nhk.or.jp/news/html/20230518/k10014071011000.html）
※2 https://www.sankei.com/article/20240606-KDADCNNGNNZ7JRABCZQYOIEOM/

アーティストの表現が三次元・四次元に向かう

なぜそうなる？

生成ＡＩの登場で最も被害を受ける職業の一つはアーティストでしょう。

２０２２年、米コロラド州の美術コンテストに「Theatre D'opera Spatial（フランス語で『宇宙のオペラ劇場』）」と名付けられた作品が応募され、新進デジタルアーティスト部門でブルー・リボン賞（１位）を獲得しました。ところがこの作品は、生成ＡＩ「ミッドジャーニー」を駆使して生成された作品だったのです※1。応募者のジェイソン・Ｍ・アレンさんは「生成ＡＩを使用した」と明示していたそうですが、審査員がどこまで理解していたか定かでありません。

この作品が生成ＡＩで作られたことがわかると、世間からは批判や非難を浴びることになります。美術コンテストに生成ＡＩの作品を応募したことの賛否は別として、ＡＩが美術コンテストで受賞するほど優れた作品を生成できることが証明されたのです。応募したアレンさんは「生成ＡＩのすごさを示したかった」といったことを語っています。

生成AIによって描くことの技巧に対する評価のあり方が変わる

ここで紹介したい本があります。美術教師で東京学芸大学個人研究員であり、アーティストでもある末《すえ》永《なが》幸《ゆき》歩《ほ》さんが著した『「自分だけの答え」が見つかる13歳からのアート思考』（ダイヤモンド社）です。同書には、アートの世界が時代とともにどのような変貌を遂げてきたのかが解説されています。

例えば写真が登場したことで、それまで人気があった写実主義の絵画よりも、パブロ・ピカソやジョルジュ・ブラックに代表される、複数の角度から見た物を一つの平面に表すキュビスムと呼ばれる絵画が評価されるようになりました。「写実的な絵画なら写真でいいじゃない」ということですね。

オープンＡＩのダリをはじめ、ミッドジャーニーやステイブル・ディフュージョン、レオナルドＡＩのような画像生成ＡＩの登場は、これと同じように考えることができそうです。つまり、画家ではない素人でも生成ＡＩを利用することでプロ並みの絵を描くことができるようになり、描くことの技巧に対する評価のあり方が変わってしまうということです。

サグラダ・ファミリアのような四次元作品に向かう

そうなるとアーティストたちは、生成ＡＩでは実現が難しい、質感にこだわった作品を作るようになるかもしれません。例えば歴史的な建造物（様々な装飾が施された聖堂や寺院）や宗教的な彫刻のような、人でなければ作れないような作品です。既にある建造物に手を加える手法も考えられます。例えばパリの凱旋門に布を巻きつけるようなアート作品もありました※2。

生成ＡＩでちょこちょこっと作れてしまうような作品ではなく、お金も手間も、物理的なスペースも必要になる、大掛かりな三次元作品に向かうようになるかもしれません。あるいはアントニ・ガウディのサグラダ・ファミリアのように、１８８２年に着工してから１４０年以上も建築が続けられ、もはやプロセス自体がアートと呼べるような時間軸までアートに含まれる四次元を意識した作品が作られるかもしれません。

今すぐあなたがやるべきこと

生成ＡＩがアートを生み出すツールとして利用できるようになったとき、アーティストはどのようにして生き残ればよいのでしょうか。**ここでひとつバズっているブログ記事を紹介します。「『ＡＩに仕事を奪われた絵師』な訳だが」**※3**をご覧ください。**アーティストとしてお仕事をしている方は絶対に読んだ方がよいブログ記事です。

既に**自分ブランド力**があるアーティストは、生成ＡＩと競合せずに済むかもしれません。これからアーティストを目指すのであれば、既に話したように、生成ＡＩが苦手とする手間と時間と物理的な空間を必要とするリアルな作品で勝負するのも一つの道だと思います。または思い切って**テクノロジー駆使力**を発揮し、生成ＡＩを使いこなした上で、自分なりのオリジナル作品を創作する道もあります。生成ＡＩは初心者でもプロ並みの作品を生み出すことができるツールであると同時に、プロンプトの工夫次第で独自の世界観やモチーフを表現できる作品を生み出すこともできます。

つまり、テクノロジーをツールとして使いこなすことで効率化できた分、よりオリジナリティーを表現する工夫にエネルギーを注ぐことができると考えるのです。そうすれば、**生成**

ＡＩは脅威ではなく、むしろ自分の芸術性をより効率よく表現する武器になります。米国のヨークカレッジでは既に**生成ＡＩを活用したデジタルアートを作る学科**が誕生しています。

それともう一つ、自分のアイデアがいつも似てパターン化してきたなと思い当たる人は、すでにフィルターバブル（自分とは違う意見や情報が見えにくくなっている）状態になっている可能性がありますので、**レコメンド拒否力**を身につけましょう。

図表 7-1　生成 AI で作成した画像。左は著者の似顔絵、右は著者の妻の似顔絵

気をつけることは、素人や初心者が生成ＡＩをたずさえて参入してきたとき、「しょせん素人や初心者なのだから」とか、「実績のあるプロの自分にはかなわないだろう」などと高をくくらないことです。今はまだ脅威ではなくても、参入してきた人たちはあっという間に生成ＡＩのより高度な使い方をマスターしてしまうでしょう。

しかも参入者は生成ＡＩを駆使して大量の作品を生み出すことができますし、参入者の数も増加していきます。例えば上の作品は、正真正銘の超素人、芸術的センスのカケラもない僕が、生成ＡＩを使って作ったものです（**図表７−１**）。

自分のオリジナリティーをアピールするには、作品の良さだけではなく、自分の作品に気づいてもらえるようにありとあらゆる手段で積極的に仕掛けていく**自己主張する力**も必要になってきます。

役立つスキル

スキル3 **レコメンド拒否力**（455ページ参照）
スキル4 **テクノロジー駆使力**（455ページ参照）
スキル6 **自分ブランド力**（456ページ参照）
スキル7 **自己主張する力**（457ページ参照）

※1 朝日新聞GLOBE＋『AIで描いた絵はインチキ？！ 美術コンテストで1位受賞、芸術論争に』(https://globe.asahi.com/article/14751645)
※2 美術手帖『布で包まれたパリ・凱旋門。いまは亡きクリストとジャンヌ＝クロードの夢が実現』(https://bijutsutecho.com/magazine/news/report/24602)
※3 https://note.com/tokume_kibo/n/n05017591b28b

未来予測8

クオータ制導入で女性の社会進出が加速する

なぜそうなる？

クオータ制（quota system）とは、組織のマイノリティー（少数派）を強制的に増やす制度です。主に男女格差の是正のために使われ、企業の取締役数に導入される他、国会議員や地方議会議員にクオータ制を定めている国は増えています。

日本にクオータ制が導入される3つの理由

日本でも、2030年ごろまでには国政にクオータ制が導入されると僕は予想しています。その理由は3つあります。

1つ目は、少子化対策です。国は「異次元の少子化対策」などと言っていますが、子育ては母親の役割と疑わず、ほとんど子育てに関わらなかった〝おじさん政治家〟たちがいくら議論をしてもうまくいくはずがありません（図表8－1）。成果を出している女性政治家の多い国の制度に学ぶしかなく、注目されるのが北欧諸国で導入しているクオータ制です。北欧ではクオータ制の一環で育児休暇は義務化され、特に僕が視察してきたフィンランドでは男性も育児休暇を取得することが義務化されていました。

２つ目は、労働力不足対策です。日本では女性の社会進出は進められていますが、男女の給料格差は依然として解消されていません。妻は夫の扶養から抜けないように仕事量をセーブすると税金が安くなるなど、男性社

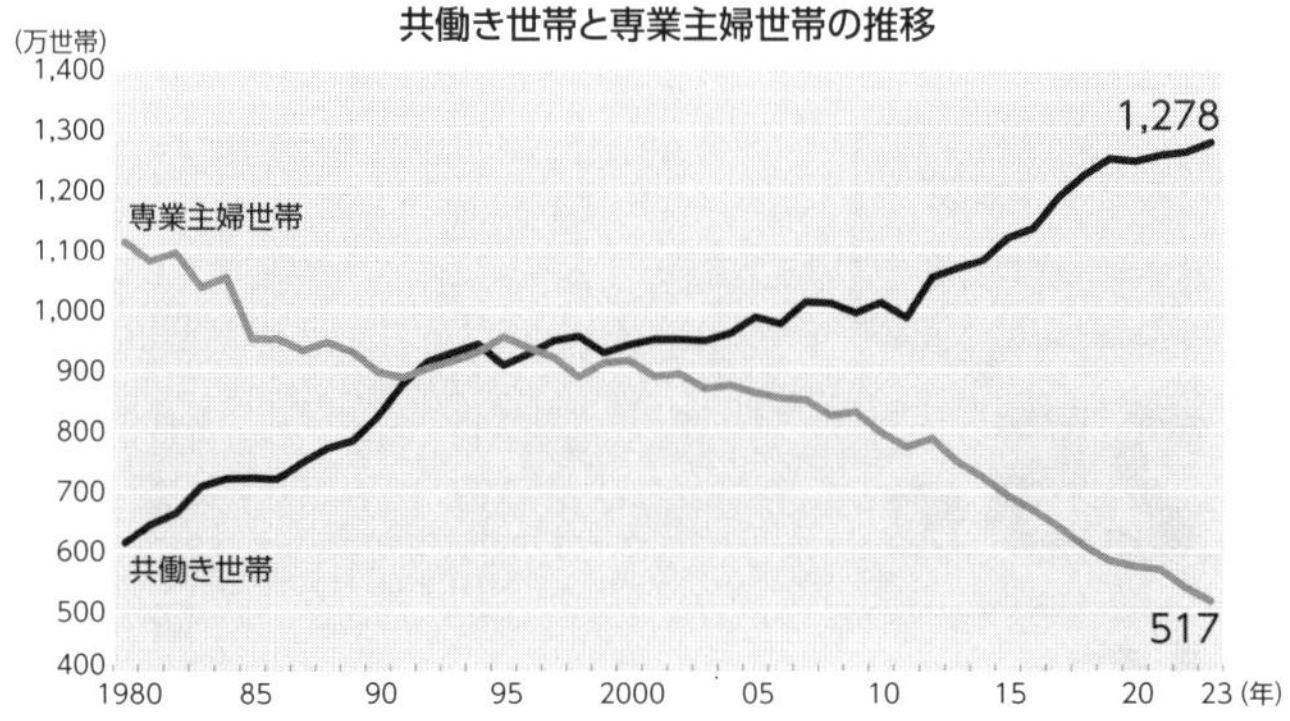

図表 8-1
（出所：厚生労働省ホームページ※1のデータを基に筆者作成）

会の仕組みが根強く残っています。社会の仕組みを変えるには法律の改変が手っ取り早く、クオータ制の導入で女性の国会議員を増やし、「男女格差を是正する法律」が作られるようになるでしょう。残念なことに男女の給料格差もOECD加盟国（38カ国）の平均以下になっています。

そして3つ目の理由は、クオータ制を導入しないままの日本では世界から相手にされなくなるからです。国政でクオータ制を導入している国は既に100カ国以上あります。OECD加盟国の中でクオータ制を導入していないのは日本を含めた4カ国だけとなっています。日本は、G20の中で女性国会議員比率も最低です。

女性議員が1割以下では「時代遅れ」と評価される

世界経済フォーラム（World Economic Forum：WEF）が発表した2023年版のジェンダーギャップランキング※2では、日本は146カ国中125位と、先進国では最下位でした。

このランキングは経済、教育、健康、政治の4部

ジェンダーギャップランキング

125位

146カ国

門で評価されており、部門別に見ると、日本は教育と健康はそれほど悪くはないのですが、**経済と政治が足を引っ張っている状況です**。経済は１２３位、政治は１３８位です。日本の衆議院議員の女性比率は約１割です（２０２３年7月時点）[※3]ので、政治分野は課題です。このような男女格差を改善できないままでは、日本社会は男性の意向しか反映されていない時代遅れの国だと国際的な評価をされてしまうでしょう。

今後、クオータ制の導入機運が高まると思われますが、その中身をよく見ないといけません。なぜなら、クオータ制には数字による明確な定義がないからです。導入している各国もそれぞれ独自の基準を設けています。

例えば世界で初めてクオータ制を導入したノルウェーでは、国政で男女のどちらかが４割を切ってはいけないとしています。台湾では女性が25％を切ってはいけないとしています。つまり台湾では、４人の議員枠に５人の候補者がいて、そのうち１人が女性だった場合、この女性が得票数で５位になったとしても、そのときは４位の男性を落選させて５位だった女性を当選させなければなりません。

今すぐあなたがやるべきこと

世界では優秀な女性リーダーたちが活躍してきました。英国のマーガレット・サッチャー氏、ドイツのアンゲラ・メルケル氏、フィンランドのサンナ・マリン氏、ニュージーランドのジャシンダ・アーダーン氏、イタリアのジョルジャ・メローニ氏など、たくさんいます。

こうした優秀な女性リーダーが日本に登場しないのは、男性社会が作り出す空気だと思います。以前、元厚生労働大臣が女性のことを「子を産む機械」と発言をして炎上したことがありました。これは氷山の一角だと思います。表向きは男女平等参画をうたいながらも、いまだにクオータ制が導入されていません。そこには、現在日本の〝おじさん政治家〟たちの本音が表れているように感じます。

もちろん夫婦別姓に関しても同様です。僕は女性のキャリアを考えたら絶対に夫婦別姓にすべきだと思っていますが、反対派の保守政治家の意見は「苗字が一緒にならないと家族の絆が薄れるのではないか?」というものです。**しかし日本は3分に1件離婚が成立している国**[※4]**なので、そんなさまつなことよりもっと別の原因のような気がし**

ます。

男女価値観は自覚している以上に根が深い

僕たち(特にオジサン世代)が心がけるべきことは、女性だから、男性だから、といった考えを改めることです。そこでは、旧来の男女価値観を改める**フルモデルチェンジカ**が必要です。なんとしてもやらねばならぬことです。

僕は今でも明確に覚えている出来事があります。僕が高校生の頃にテレビを見ていたら、とある男性のアイドルが女性記者から「好きな女性のタイプは?」と尋ねられて、**「気が利く女性ですね。例えば居酒屋で男性にさり気なくサラダを取り分けてくれたりするような女子力がない人は嫌ですね」**などと当たり前のように答えていました。今なら炎上確定じゃないですか?

女性はかくあるべき、という考え方の男性は、ますます結婚相手を見つけることに苦労するでしょう。この「男はこうあるべきだ」とか「女はこうでなきゃ」といった思い込みや偏見をアンコンシャス・バイアスと呼びます。これは自覚している以上に根が深く、自然に取り除かれるものではありません。**フルモデルチェンジカ**を意識するか、強烈な体験をしなければ改めることは難しいでしょう。

僕の場合は父が南九州出身で、年代と地域性もあったのか亭主関白の教科書のような人でした。**「男のくせに台所に立つな」**と母（つまり僕の祖母）から言われて育った人ですから、僕たち兄妹や僕の母を女中のように扱っていましたよ。そんな様子を見て育った僕は、「将来は絶対にこんな夫にはなりたくない」と思ったんですね。父のおかげでフルモデルチェンジできました（笑）。

役立つスキル

スキル11 **フルモデルチェンジカ**（459ページ参照）

※1 https://www.mhlw.go.jp/stf/wp/hakusyo/kousei/22/backdata/02-01-01-03.html
※2 WEF『Global Gender Gap Report 2023』（https://www3.weforum.org/docs/WEF_GGGR_2023.pdf）
※3 https://cdp-japan.jp/news/20230718_6459
※4 https://www.mhlw.go.jp/toukei/saikin/hw/jinkou/tokusyu/rikon22/dl/suii.pdf

2025-2030

未来予測9

「失われた40年」という言葉がはやり始める

なぜそうなる?

よく「失われた30年」と言われます。その始まりに明確な定義はないようですが、一般的にはバブルがはじけた1991年ごろから数えた年数となっています。政治的な面ではプラザ合意※1が発表され日米半導体協定が締結されてからでしょうか。

日米半導体協定とは、1986年9月2日に半導体に関する日米貿易摩擦を解決する目的で締結された条約です。当時世界で圧倒的なシェア(約70%と言われている)を誇っていた日本製半導体の販売価格を日本だけで決められなくなり、シェアの調整もさせられるようになった協定です。これをきっかけに、日の丸半導体の凋落が始まりました。

２０３０年になっても、経済面では何も改善されない

バブルがはじけて約10年たった２００１年には「失われた10年」という言葉が使われ、さらに10年後の２０１１年ごろには「失われた20年」というタイトルの本が登場し、２０２１年ごろになると「失われた30年」と言われるようになりました。

米国世論調査会社ギャラップが主要１２３カ国で「従業員のやる気度合い」を調査したところ、日本は５％で最下位でした。僕の予想では残念ながらこれからも景気回復は見込めず、２０３０年ごろになれば「失われた40年」と言われているでしょう。つまり、経済面では何も改善されないんです。

現在の世界時価総額ランキング（２０２４年9月18日時点）は、1位アップル（米国）、2位マイクロソフト（米国）、3位エヌビディア（米国）、4位アルファベット（米国）、5位アマゾン（米国）と米国のＩＴ企業が並びます※2。日本企業は影も形もありませんが、バブル崩壊前の同じランキングでは、日本の金融機関が上位を独占していたんです。

ウイニーはたたかれ、ユーチューブは世界に広がった

なぜ日本経済は失われてしまったのでしょうか。理由は一つではないと思いますが、

僕は**日本がＩＴに乗り遅れたことが最大の原因**だと考えています。日本には優秀な技術者がいたにもかかわらず、出る杭は打たれる文化が根強かったからです。

皆さんにぜひとも見てほしい映画があります。東出昌大さん主演の映画『Ｗｉｎｎｙ（ウイニー）』です。ウイニーとはＰ２Ｐ※3を応用したファイル共有ソフトのことで、素晴らしい技術に基づいた画期的なソフトでした。映画はウイニーを開発した天才エンジニア金子勇氏（享年43）のドキュメンタリーで、金子氏が逮捕・起訴され、裁判で闘う様子が描かれています。金子氏はＩＴの時代にその力を存分に発揮できたはずですが、そうした機会は奪われてしまったのです。

当時、日本ではＩＴをバカにしたり、あるいはいたずらに恐れたりして遠巻きにしていました。**日本でそんなことが起きていたとき、ウイニーと同様のサービスである動画共有サービス・ユーチューブが瞬く間に世界に広がっていきました。**なんとももったいないことですよね。

チャットGPTを触ったことがある人は3割

そして時代は今、ITからAIに変わりつつありますが、日本人は相変わらず時代の変化に無頓着だと思います。本書の「まえがき」でも書いたように、「チャットGPTの活用」をテーマにしたセミナー講師として、聴講者の皆さんに「チャットGPTを触ったことがある人！」と聞いているのですが、手を挙げるのは3割程度です。チャットGPTが公開されてから既に2年近くたっているにもかかわらずです。

実際、帝国データバンクの調査によると、生成AIを業務で活用している国内企業は、17・3％と2割未満にとどまることがわかりました。

僕の肌感覚では、日本のビジネスパーソンのAIに対する距離感はITのときの距離感と変わっていません。

『ジャパン・アズ・ナンバーワン』は予言の書だった

日本はITで犯した間違いを反省せず、AI時代も同じ間違いを繰り返しています。モノづくり一筋でメイド・イン・ジャパンのブランドを高めてきた日本は、その亡霊に取りつかれたように、「いいものさえ作っていれば売れるんだ」と今でも信じているんです。

しかし、もうハードの時代は終わりました。それを象徴する言葉が「Software is eating the world.」です。「ソフトが世界を飲み込んでいる」という意味ですね。ハードとソフトの立場が、完全に逆転しているんです。

僕が生まれた1979年、社会学者エズラ・ヴォーゲル氏が『ジャパン・アズ・ナンバーワン』（原題：Japan as Number One: Lessons for America）という本を出版します。この本では「日本のモノづくりはすごい」と称賛しているのですが、同書の「あとがき」に次のようなことが書かれています。

「今は日本がモノづくりで圧倒的なブランドを築いているけれど、おそらく途上国が日本と同じことをしてくるだろう。だからこのまま日本が単純にモノづくりを続けていれば、いずれ日本はジリ貧になるだろう」──。

まるで予言のようですよね。1991年以降、先進国の中で日本だけがほとんど経済成長せず、働いている人たちの給料が増えないという状況が続いています。このところ問題になっている円安についても、金利を上げるという悪手以外に手の打ちようがありません。残念ながら、日本は「失われた40年」に向かっているとしか思えません。

今すぐあなたがやるべきこと

僕は、「失われた○年」と思考している限り、今の延長の世界にしかならないと思います。世間の暗さに引きずられず、「今、自分にできることを最大限努力しよう」という考え方が大切なんです。

「失われた40年」という言葉が盛んに使われるようになっても、浮き足立ったり、いたずらに不安になったりすることがないように、本書で紹介している様々なスキルを身につけておきましょう。「世の中が悪いから」「不遇な時代だから」「政治が悪いから」「国が悪いから」といった他責にせず、**自己責任力**を持って、自分にできることは何か、やるべきことは何かを冷静に判断していきましょう。

出る杭は打たれる文化がなくならない限り日本にジョブズは生まれない

とはいえ、やはり社会全体として、出る杭は打たれるという国民性を変えていく必要はありますよね。東京ディズニーランドができるとき、ホテルが不足するだろうから民泊できるようにするために、今で言うところのエアビーアンドビーのようなアイデアが出たのですが、ホテル業界によって潰されてしまいました。ウーバーが日本に進出しようとしたときも、タクシー業界の脅威になることから規制緩和されませんでした。

出る杭は打たれる文化がなくならない限り、日本からイーロン・マスク氏やスティーブ・ジョブズ氏、サム・アルトマン氏のような起業家は育ちにくいと思います。

僕たち一人ひとりがやるべきことは、生成ＡＩに代表される新しいテクノロジーが社会をどのように変えていくのかを常にキャッチアップし、若者を応援することではないでしょうか。国民性はすぐには変わらないと思いますが、**未来予測力**を駆使することによって、少なくとも新しいテクノロジーをバカにしない、そこから変えていきたいですよね。

ＡＩ学者・松尾豊氏の存在に期待

未来に向けて悲観的なことを書きましたが、僕が可能性を強く感じていることがあります。それは、ＡＩ学者でありながらビジネスにも詳しい松尾豊氏（東京大学大学院工学系研究科人工物工学研究センター・技術経営戦略学専攻教授）の存在です。**日本にこの人がいる限り、失われた40年にならないかも！と希望を感じるんです。**

同氏は教え子たちが世界で戦えるスタートアップ企業を作るための支援をしていま

す。内閣府のＡＩ戦略会議の座長を務めたり、ソフトバンクグループの社外取締役を務めたりするなど多忙な中でも、日本からＧＡＦＡのような企業を排出すべく活動されています。本稿執筆時点（２０２４年９月）では、既に26社ものスタートアップを世に送り出しています※4。この中から、世界を変えるような企業が出てくるかもしれないと期待しているんです。ワクワクしますね。

役立つスキル

スキル５　**未来予測力**（456ページ参照）
スキル12　**自己責任力**（459ページ参照）

※1　1985年9月22日、先進5カ国（G5）の財務大臣・中央銀行総裁会議が発表した合意の通称。合意までに要した時間はわずか20分で、これをきっかけにメイド・イン・ジャパン製品の輸出が減り始めました
※2　Quick MoneyWorld『世界の時価総額ＴＯＰ１００　アップル、マイクロソフト、エヌビディアなど上位は変わらず』（https://moneyworld.jp/news/05_00061140_news）
※3　Peer to Peerの略。コンピューター同士がサーバーを介さずに直接通信する技術のこと
※4　松尾・岩澤研究室ホームページ（https://weblab.t.u-tokyo.ac.jp/startups/）

未来予測10

残念ながら、地球は温暖化し続ける

なぜそうなる？

地球温暖化が問題視され始めた30年ほど前、まだその原因について科学者たちの意見は分かれていましたが、その後の観測や研究結果から、現在ではＩＰＣＣ（気候変動に関する政府間パネル）の見解が正しいと考えられるようになってきています。『ＩＰＣＣ第６次評価報告書』（略称：ＡＲ６）[※1]に掲載されているグラフでは、世界の平均気温が産業革命後に急速に上昇したことを示しています。国連のアントニオ・グテーレス事務総長は「**地球は沸騰化の時代**」に入ったと発言しており、地球温暖化対策は待ったなしの状況にあると訴えています[※2]。もう温暖化なんて生ぬるい表現をしている場合じゃないと言いたかったのです。

地球沸騰化の時代

このまま温暖化が進むと、ツバルやマーシャル諸島の国々をはじめ、バングラデシュ、インド、中国、オランダ、パキスタンなど、多くの国で沿岸部に人が住めなくなり、地球全体で沿岸部に住んでいる9億人に影響が出ると考えられています。

「観測史上初の～」という言葉をよく聞く

思い起こせば、僕が子供の頃は「夏日（25℃以上）」「真夏日（30℃以上）」という言葉はありましたが、「猛暑日（35℃以上）」という言葉はありませんでした。調べてみると、「猛暑日」は2007年ごろから使われ出したようです。今後は、地域によって夏は猛暑日がスタンダードになり、**気温40℃以上を表す気象用語「酷暑日」も目にすることが増えるでしょう。**

最近では常に日本のどこかで異常気象や自然災害が起きており、気象予報士が使う「観測史上初の～」という言葉も、なんだか慣れてしまった感がありませんか？「この夏はやけに暑いなぁ」では済まされなくなっていることを、僕たちも肌で感じられるようになってきています。他にも「熱中症になる人が増えているなぁ」「台風が大型化してきている気がする」「集中豪雨が多くない？」「サンマの漁場が変わってしまい高級魚になりそうだな」などと思っている人も多いでしょう。

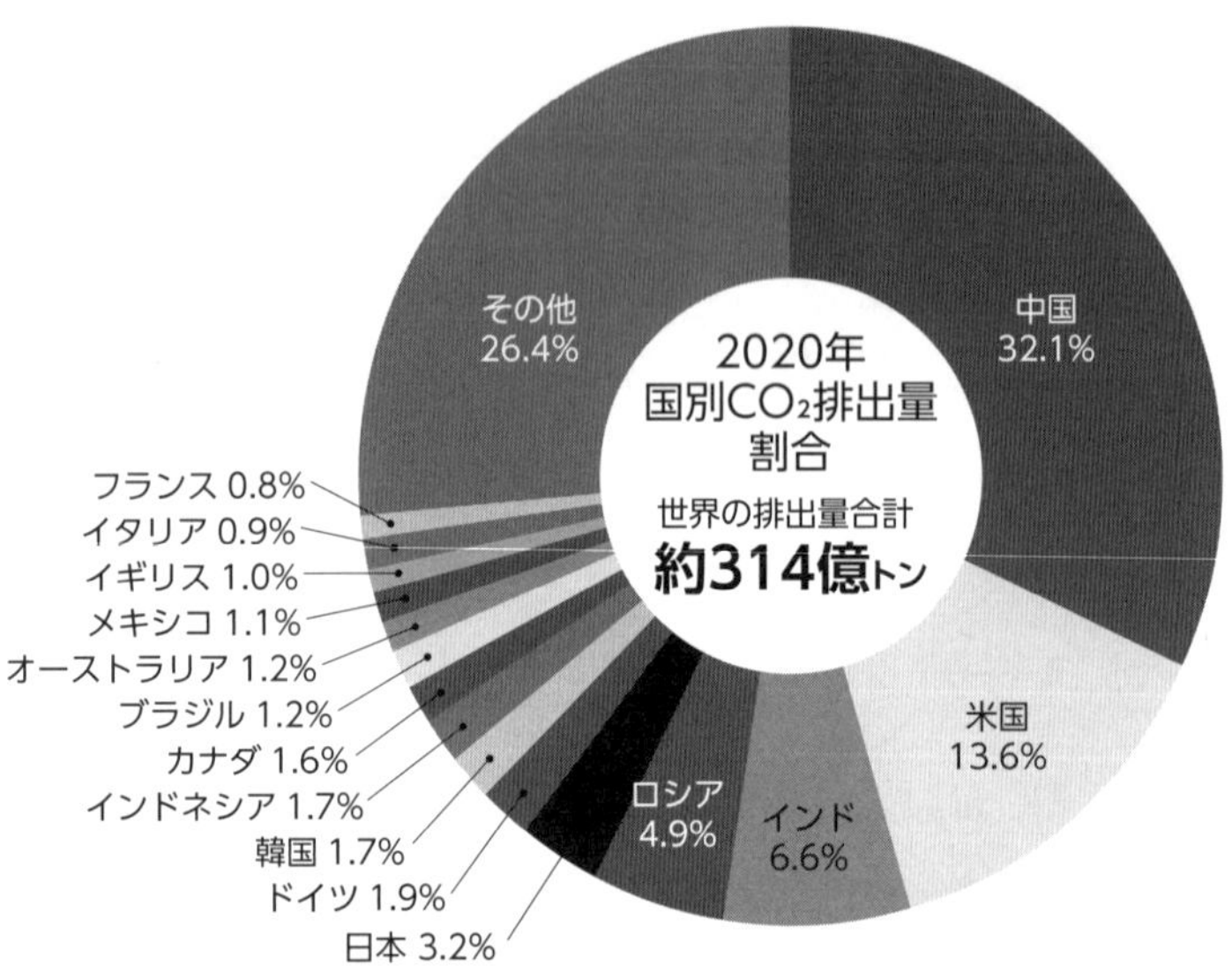

図表 10-1
（出所：JCCCA 全国地球温暖化防止活動推進センター『データで見る温室効果ガス排出量（世界）』※3のデータを基に筆者作成）

世界に目を向ければ、ハリケーンの被害や干ばつ、海面上昇など、穏やかならぬニュースが増えた気がします。

国際会議ではCO_2排出を目標とするが、実効性が伴わない

代表的な温室効果ガスであるCO_2を排出している国のランキングを見ると、さらに絶望的な気持ちになります（**図表10－1**）。グラフを見ての通り、CO_2排出量の上位は中国や米国、インドといった大国が過半数を占めています。

国際的に地球温暖化について話し合うCOPという会議があります。COPとは「締約国会議（Conference of the Parties）」

のことで、日本では「気候変動に関する国際連合枠組条約の締約国会議」のことを指します。最近では２０２３年11月にアラブ首長国連邦（ＵＡＥ）のドバイで開催されたＣＯＰ28があり、２０２４年のＣＯＰ29はアゼルバイジャン共和国で開催される予定です。イランの北側にある国ですね。

　ＣＯＰ21で採択された「パリ協定」では、２０２５年までに世界の平均気温を産業革命以前に比べて１・５℃の上昇に抑える努力をすることが決まっています。そこでもう一度先ほどのグラフのCO_2排出量上位国を見てください。米国は第45代トランプ政権のときに一旦パリ協定から離脱しました。２０２４年の米大統領候補演説でトランプ氏は、もしも自分が再選したら、「ドリル・ベイビー・ドリル」と発言しています。日本語だと「掘って、掘って、掘りまくる」のような意味で石油の大量生産を指しています。中国とインドも排出量を減らすどころか増加させています。**身も蓋もないことを言うと、人類は過去の歴史において、経済と環境がトレード・オフの関係になった際、環境を優先したことが一度もないんです**。

　インドのナレンドラ・モディ首相は、「先進国はこれまでCO_2をバンバン排出して経済成長してきたくせに、今度我々新興国が経済成長する番になると、地球温暖化対策のためにCO_2を排出するなと言う。そんなのフェアじゃないぞ」といったようなことを発言しています。それでもインドは、2070年までにカーボンニュートラル（温室効果ガスの排出量を実質ゼロにすること）を達成すると言っています。しかし御年74歳のモディ首相にとっては、「どうせ自分が死んだ後のことだから適当な目標を言っておけばいいや」と考えているとしか思えません。なにしろインドの現状は惨憺たる状態です。**世界汚染都市ランキングの上位100位内の半数以上がインドの都市なんです**※4。

CO_2排出国4位のロシアにいたっては核兵器をちらつかせながら戦争をしている状態ですから、地球温暖化になど興味がないでしょう。いや、むしろ極寒な地域が広い同国にとっては、**温暖化は大歓迎**と思っている可能性すらあります。

今すぐあなたがやるべきこと

僕たち一人ひとりがやるべきことは、地球温暖化に対して個人レベルでできることをやることも大事ですが、他にも大事なことがあります。それは進行中の地球温暖化による自然災害から、「自分たちの命を自分で守りましょう」ということです。これは大げさなことではありません。

自然災害では本当に大変な目に遭う

僕は2018年の西日本集中豪雨で街が洪水に見舞われた経験をしています。自然災害では本当に大変な目に遭うのだということを、身をもって体験しました。この体験から、自然災害でネットがつながらなくなり、家族と連絡が取れなくなったとき、どこに逃げ込むべきか、その後どこに集合するかなどについて、常に家族で確認し合っています。

皆さんも、自分が暮らしている地域のハザードマップを用意し、いざというときの避難経路や避難場所の知識を得ておいてほしいです。

ユダヤ人には「想定外」という言葉がないと言われるほど、危機管理能力が高いとされています。それは旧約聖書の時代から現在に至るまで、常に民族の危機にさらされてきたためでしょう。危機管理意識については、僕たちもユダヤ人を見習って、いざというときのシミュレーションを怠らないように心がけたいものです。

実際に自然災害に遭ったときは、捨てる力も必要だと思っています。これはいざというときに命を守ることを優先し、身軽になることを示しているだけではありません。例えば先祖代々の土地を持っていたとしても、この先、必ず河川の氾濫による洪水や津波による被害を受けることが予想できる場合、その土地に固執することなくより安全な土地への転居も真剣に検討すべきだと思います。**「先祖代々の土地」と「家族の命」、いったいどちらが大切なのですか**、ということです。

日本では「どこに居たって地震は来る」が専門家の本音

ちなみに昨今は南海トラフ巨大地震の可能性についてばかりメディアで取り上げられていますが、友人の地震研究の専門家に聞いたところ、日本の至る所で明日巨大地震が発生してもおかしくないのだとか。ただ、「どこに居たって地震は来るぞ」と言ってしまうと、「それじゃ、どうしようもないじゃん」となって結局誰も危機管理意識を持たないので、南海トラフ巨大地震の危機を報道して強調することで、国民の危機意識を高めているのだと言っていました。

現在のテクノロジーでは、地震を予知することは難しいとも言っていました。その理由は、海底のさらにその地下深くにあるプレートの状態を人間が直接観測できないためだそうです。もちろん今後テクノロジーの進化で地震が予知できるようになる可能性は大いにありますが、**予知できることと防ぐことは全く別物です。僕は科学の力で地震や台風などの自然の脅威を「無くす」ことは99％不可能だと思っています。**

そのため僕たちは**クリティカルシンキング**を発揮することで都市伝説や風評に惑わされずに、しっかりとサイエンスに基づく事実を自らリサーチする**習慣化力**、そして定期的に家族で逃げ場や連絡方法を確認し合う**習慣化力**を身につけておきましょう。

役立つスキル

スキル13 **クリティカルシンキング**（460ページ参照）
スキル16 **捨てる力**（461ページ参照）
スキル17 **習慣化力**（462ページ参照）

※1『Climate Change 2021: The Physical Science Basis』（https://www.ipcc.ch/report/ar6/wg1/）
※2 BBCニュース『7月は史上最も暑い月に　国連総長は「沸騰化の時代」と警告』（https://www.bbc.com/japanese/66333742）
※3 JCCCA 全国地球温暖化防止活動推進センター『データで見る温室効果ガス排出量（世界）』（https://www.jccca.org/global-warming/knowleadge04）
※4 IQAir『2023年の最も汚染されている都市』（https://www.iqair.com/jp/world-most-polluted-cities）

未来予測 11

意思決定の速い国がリープフロッグ現象を起こし続ける

なぜそうなる？

リープフロッグ現象という言葉を聞いたことがありますか？　リープ（leap）は飛び跳ねること、フロッグ（frog）はカエルですから「カエル跳び現象」となります。これは、既得権益がなくインフラ整備されていない新興国や発展途上国において、段階を経ずにいきなり最先端のテクノロジーが普及する現象を示しています。

よく引き合いに出されるのは電話の例です。日本では、現在のスマートフォンの普及に至るまでに、公衆電話、各家庭の固定電話、個人のポケベル、ＰＨＳ、フューチャーフォン（俗にいうガラケー）、そしてようやくスマートフォンが登場しました。ところが固定電話すら普及していない途上国では、いきなりスマートフォンが普及しています。

先進国が体験したインフラの変遷を一気に飛び越え、最先端のインフラが整えられる現象を「リープフロッグ現象」と言います。

ドローン、電子決済、デジタル化……新興国が先進国を飛び越える

先進国の変遷をたどらないどころか、先進国を飛び越え先行してしまう例もあります。

例えばドローンです。日本では現在もなお実証実験の域を出ていませんが、アフリカのルワンダでは医療分野のドローンが実用化しています。同国では道路が整備されていないので、輸血用血液を車両で輸送したくても困難な地域が多く、そこで導入されたのが時速１２０キロで飛行するドローンです。道路が整備されていれば、まずは緊急車両でなんとかしようとしたでしょうね。

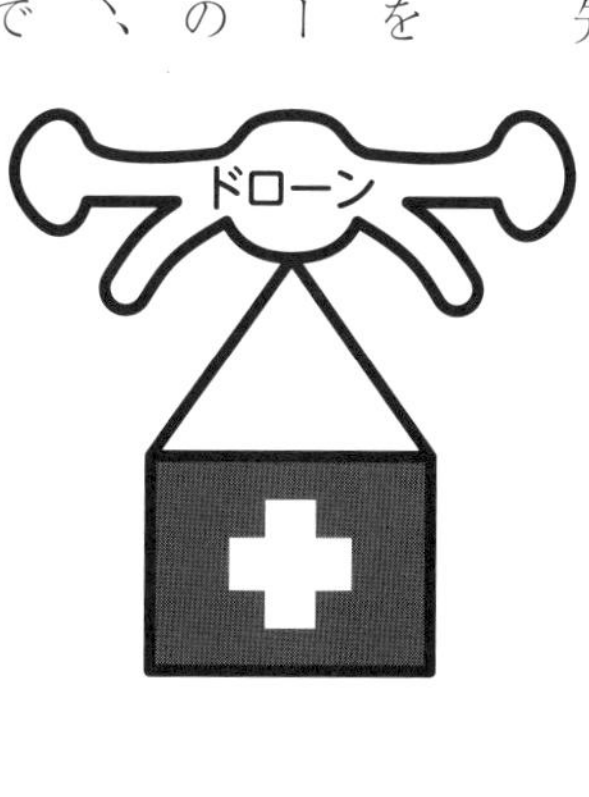

アフリカのケニアでは国民が貧しく銀行口座を開設できないことから、エムペサ（M-PESA）と呼ばれる携帯電話のショートメッセージを使ってお金を送ったり受け取ったりできる電子決済サービスが普及しました。日本のペイペイ（PayPay）に似たサービ

スです。銀行口座を持たない人々が、いきなり世界トップクラスのキャッシュレス社会を実現してしまったんです。

僕が実際に現地で視察してきたバルト三国のエストニアでは、マイナンバーカードをPCに挿入すれば、行政手続きの99%をネット上で完結できます。銀行口座も税務署がネット経由で確認できるようにしてあるため、売り上げと利益の計算や税金の引き落としまですべて自動処理されています。**そのため確定申告という作業が発生しませんので、税理士の仕事がないんですね**。「税理士はなにをしているの?」とエストニア政府の方に尋ねたところ、同国の税理士の業務は財務コンサルタントにシフトしているそうです。

リープフロッグ現象が起こる3つの条件

世界には、リープフロッグ現象が起こる条件がそろった国がたくさんあります。その条件とは次の3つです。

1つ目は既得権益がないこと。例えば日本ではタクシー業界という既得権益を守るためにライドシェアの導入が進みません。**2つ目はインフラが整っていないこと**。ルワンダのように道路が整備されていなかったからこそ、ドローンによる輸送が素早く実現しました。**3つ目は意思決定が速いこと**。これはかなり重要です。ＡＩをはじめとするテクノロジーの進歩は文字通り日進月歩です。今日の最先端が半年後には古いと言われる時代です。意思決定が速くなければリープフロッグ現象は起こせません。

リープフロッグ現象によって、この先、先進国が新興国や途上国から学ぶようになります。それを「リバース・イノベーション」と呼びます。例えば日本がドローンによる輸送を実現しようとすれば、既に実用化して様々な課題を解決してきたルワンダの事例に学ぶことが有益です。**こうして先進国日本は、アフリカなどの途上国から学ばせてもらう機会が今後増えてくるでしょう**。

今すぐあなたがやるべきこと

リープフロッグ現象についてここまでは国家レベルの話でしたが、企業や個人の問題として考えたとき、**この現象を起こす側になるマインドを持つことが大切です**。

カギを握るのは、既得権益にとらわれない意思決定の速さです。例えば社内で先端テクノロジーを使った新しいビジネスモデルを立ち上げよう、と思ったとき、過去の栄光にしがみついている頭の固い既得権益層の説得から始めるのは徒労に終わることがあります。**このような人たちを飛び越えていきなり最終決裁権を持っているトップを説得するくらいの気概を持たなければならないでしょう。**つまり、フルモデルチェンジ力を発揮しなければなりません。

意思決定の速さが成功要因の9割

テクノロジーが緩やかに進化していた時代は、新しいことを始める際、じっくり時間をかけて市場調査し、商品やサービスの完成度を高めて慎重にシミュレーションを重ねることができました。しかし生成ＡＩをはじめとしたテクノロジーの進化が速まった現在では、そのような悠長な意思決定では遅過ぎます。

それは現在のスタートアップ業界を見れば明らかです。**とりあえずサービスをリリースして、走りながら考えることが大事なんです。**意思決定の速さが成功要因の9割を占めているといっても過言ではありません。**せっかく画期的なビジネスアイデアを思いついても、社内のご年配の既得権益層を説得しているうちに時代遅れになってしまいます。**もしくはデジタル技術を駆使して既存のビジネスモデルを破壊して市場をさらっていってしまうゲームチェンジャーと呼ばれる企業に先を越されてしまうでしょう。**「思い立ったが吉日」という古いことわざが今ほど有用な時代はありません**。

また、リープフロッグ現象を引き起こすには、現状に対する疑問を持つ課題発見力も必要です。もし現在、ビジネスが伸び悩んでいたり自分のアイデアが生かされずにストレスを感じたりしているようでしたら、リープフロッグ現象を思い出してください。既得権益層を飛び越えることで、迅速な意思決定と実践が実現するかもしれません。

役立つスキル

スキル2 課題発見力（454ページ参照）
スキル4 テクノロジー駆使力（455ページ参照）
スキル11 フルモデルチェンジ力（459ページ参照）

コラム

公務員がクビになる日が来る?

結論から言いますと、僕は公務員がクビになるような日は来ないと思っていますが、「公務員は安泰」という社会の空気は今後大きく変わっていくと思います。

国家公務員法75条があるので公務員はクビにならない

クビというのは、民間企業であれば解雇を指しますね。公務員であれば免職となります。公務員の免職には大きく懲戒免職と分限免職があります。

懲戒免職とは、横領したり飲酒運転で事故を起こしてしまったりなど、犯罪もしくはそれに近い行為をしたときの処分です。これは民間企業でも同じ扱いになりますね。

分限免職とは、仕事ができないとか勤務態度がよくないときに、そのような職員をクビにすることです。とはいえ、この分限免職は、ほとんど発動されたことはありません。

もし発動されても、公務員は分限免職にされたことを裁判で訴えることができます。実際、最高裁まで争って勝訴し、職場復帰した事例もあります。

なぜこのようなことになるのかというと、国家公務員法75条と地方公務員法27条があるからです。国家公務員法75条には、「職員は、法律又は人事院規則に定める事由による場合でなければ、その意に反して、降任され、休職され、又は免職されることはない」と記されています。**これが公務員はクビにできないと言われている理由です。**この法律は、他ならぬ公務員自身が作っているのですから、わざわざ自分たちが不利になるような改定はしないでしょう。

しかし昨今のＤＸ（デジタル・トランスフォーメーション）の流れは、公務員といえども避けて通るわけにはいかなくなってきています。現在、役所のＤＸと民間企業のＤＸは少年草野球とメジャーリーグほどの差があります。

――などと書くと、本書を読まれている公務員の方から「いやいや、そんなことはない。公務員だってＤＸ化を頑張っているぞ」と言われそうです。しかし、はっきり言いますが、それは民間のレベルを知らないだけです。**もっとも、高島宗一郎市長が率いる福岡市だけは別格ですが。**

公務員だけが安泰という空気は変わる

後述しますが、民間企業でジョブ型雇用（いつでも従業員を解雇できる雇用形態）に変わっていく社会では、公務員だけが安泰という社会の空気が薄れていくと予想しています。その例が、北海道北見市で非正規公務員の1割に当たる90人削減というニュースです[※1]。

同市の発表に対して、NPO法人官製ワーキングプア研究会（東京）は「1割弱の非正規職員が一度に雇い止めになるのは聞いたことがない」とコメントしましたが、過去に前例がなくても、今後は徐々にこの流れが広まると考えられます。

初代デジタル大臣の平井卓也氏や、福岡市長の高島宗一郎氏などのように、デジタルリテラシーの高い公務員にはどんどんリーダーシップを発揮して組織改革を進めてほしいと思います。

ちなみにバルト三国のエストニアでは、行政手続きの99%が電子化されており、同国は世界で最もDXが進んだ国といわれています。僕が同国の首都タリンを訪問した時も、市役所にはほとんど人がいませんでした。エストニアがなぜこれほどの行政改革を実現できたのかについては、僕のユーチューブで詳しくまとめていますので、次のQR

コードからご視聴ください。

※1 北海道新聞『北見市、非正規公務員90人削減方針　25年度　経費抑制策の一環』(https://www.hokkaido-np.co.jp/article/1048564/)

第2章

生成AI成熟期

2030年－2035年

未来予測12

地球上から携帯電話の圏外エリアが消える

なぜそうなる？

２０３０年ごろに登場する見込みの通信規格６Ｇは、５Ｇの10倍程度の通信速度になるといわれています。そうなれば、ネットフリックスの２時間の映画が１秒以下でダウンロードできるようになります。驚くべき速さですよね。

５Ｇや６Ｇは周波数が高い電波は建物で遮断されやすくなるという弱点がありますが、この問題もいずれ解決されるでしょう。例えば東北大学・金森義明氏らの研究グループでは、断熱効果を持ちながら５Ｇや６Ｇの電波を透過する透明な窓を開発しています※1。

衛星通信なら地球上から圏外エリアが消滅する

もっとも、どこでも通信できるサービスは別のアプローチでいくつかあります[※2]。例えばスペースXが運用している衛星インターネットアクセスサービス「スターリンク」は、衛星による通信サービスなので、理論上は地球上から圏外エリアがなくなります。**どんなジャングルの奥地でも、大海原のど真ん中でも、ネットにつながるし通話もできます。**

ただし、スターリンクのような衛星通信サービスには問題もあります。それは、衛星軌道上に大量の人工衛星が飛び交うことになり、故障した人工衛星同士が衝突してスペースデブリ（宇宙ゴミ）が増え続けることです。既にスターリンクでは5000を超える衛星が打ち上げられているといわれています。

スペースデブリが地球の重力に引かれて落下してくれればすべて燃え尽きてしまうのですが、遠心力と釣り合って衛星軌道上を回り続けるスペースデブリも増えると考えられています。スペースデブリの飛行速度はライフルの弾丸のおよそ8倍[※3]で、もしロケットにぶつかれば致命傷となります。そこで現在、スペースデブリを回収するプロジェクトが進められています[※4]。

このように、テクノロジーの進歩に伴って生じたリスクは、新たなテクノロジーで解決していくのが人類の英知だと思うんですね。

無人島からでも救援要請できてしまう

圏外エリアがなくなると、無人島に流れ着いた人たちのサバイバルをテーマにした映画は成り立たなくなりますね。なにしろスマートフォンがあればどこの無人島からでも自分たちの位置情報を確認して救援を要請し、後はネットフリックスで映画でも見ながら待っていればいい、という何のスリルもない作品になってしまいますからね(笑)。

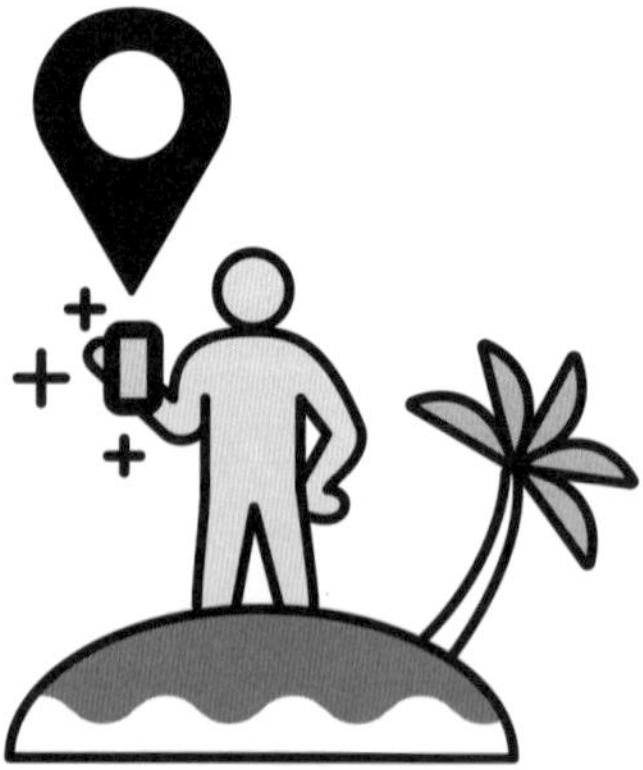

今すぐあなたがやるべきこと

6Gのようなテクノロジーは人々に便利な生活を提供してくれますが、テクノロジーに頼り過ぎて人間本来の能力を失わないように注意しないといけません。自動車が便利だからといって利用し過ぎると、自らの足で歩いて移動する足の筋力が弱くなってしまう、そんなことが脳でも起きるんです。

脳がスマートフォンに乗っ取られる

どこでもスマートフォンがつながるようになれば、スマートフォン依存症と呼ばれる症状をきたす可能性が増し、思考力や精神力が弱くなってしまいます。常にスマートフォンでSNSを確認していないと不安になったり、人と対面でコミュニケーションを取ることが苦手になったりします。学業や仕事への集中力がそがれたり、運動不足になったりする可能性があるんです。

スマートフォンがあれば何でも調べることができて便利ですが、スマートフォンの検索機能は利用者の嗜好に最適化しているので、あなたの欲求を刺激する情報や商品、サービスを巧妙にレコメンドしてきます。**しかしそれらの情報や商品、サービスは本当に必要だとは限りません。だけど必要だと思わせられてしまうんです。脳がスマートフォンに乗っ取られる、そんな状態です。**

こうしたことを予防するにはクリティカルシンキングとレコメンド拒否力が必要です。

クリティカルシンキングは、その情報は本当に正しいのか、その商品やサービスは本当に必要としているものなのかを疑う力です。レコメンド拒否力は、レコメンドに頼り過ぎて自分で考える能力が衰えないようにする力ですね。

スマートフォンを家に置いて出かける

最も簡単な方法は、定期的にスマートフォンを手放し、自然の中で過ごす時間を作ることです。スマートフォンの電源をオフにするのではありません。**デバイスそのものを家に置いて出かけるのです**。スマートフォンを持たずに出かけることに最初は不安を覚えるかもしれませんが、思い切って行動してみると、「あ、やればできるじゃん」と本来の自分を取り戻せる感覚を持つことができます。このように一時的にでも利便性を手放すことは、捨てる力を持つことになります。

里山のような環境があれば理想的ですが、それが難しい都会の人ならば自然を感じられる大きな公園を散策するのでもよいでしょう。すると脳がクリアになる感覚を得られ、「本当に必要なものは何か」とか、「より好ましい選択はどちらか」など、普段モヤモヤしていたことに対する思考が整理されてきます。

スマートフォンを持ち歩かない時間を過ごすことで、本来の自分を取り戻せるんですね。これは新鮮な感覚ですからぜひ試してみてください。

役立つスキル

スキル3 **レコメンド拒否力**（455ページ参照）

スキル13 **クリティカルシンキング**（460ページ参照）

スキル16 **捨てる力**（461ページ参照）

※1 通常の断熱効果のある窓は5Gや6Gの電波を遮断するそうですが、東北大学・金森研究グループが開発している窓は、断熱効果を持ちながらも5Gや6Gの電波を透過する透明な窓です。実用化すれば、エコでありながら高速通信を利用できる室内環境が実現すると期待されています（https://www.tohoku.ac.jp/japanese/2023/10/press20231016-02-5g6g.html）

※2 NTTドコモとSpace Compassは、AALTO、エアバスと資本業務提携し、2026年のHAPSサービス提供を目指しています。HAPSとは「High Altitude Platform Station（高高度プラットフォーム）」の略で、軽量なグライダーのような飛行機を成層圏に滞空させ続けるものです

※3 スペースデブリの飛行速度は秒速7~8キロメートル、ライフルから発射された弾丸の速度が秒速600~1000メートルですので、スペースデブリはライフルの弾丸の約8倍の速さで飛行しています

※4 例えばアストロスケールホールディングス（東京都墨田区）では、スペースデブリの除去を行うビジネスを進めています

未来予測13

自称ミュージシャンや自称作家が供給過多になる

なぜそうなる？

僕は音楽を聴くのは好きですが、音痴だし、楽譜は読めないし、楽器も弾けません。小学校の授業でリコーダーを吹いたことがあるくらいです。そんな僕が、楽曲生成ＡＩのＳｕｎｏを使って曲を作りました。次のＱＲコードを読み取っていただければ視聴できます。

どうですか？　プロの作品だと言っても誰も疑わない出来栄えではないでしょうか。しかしこの曲は紛れもなく僕のオリジナル作品だと主張できます。ではこの曲を作るのに僕はどれくらいの時間を費やしたのでしょうか。

答えは1分です。Ｓｕｎｏにプロンプトで「ロックバンドのThe 1975が作りそうな、近未来を舞台にしたロックを作って」と指示しただけなんです。なんと簡単でしょうか。

誰もが「なんちゃってミュージシャン」になれる時代

こんな体験をすると、素人の僕でさえ音楽業界が大変革期に突入したことを実感せずにはいられません。これまでも音楽業界はテクノロジーによる変革を経験しています。例えばエレクトリックギターや電子オルガンが誕生したことでロックが誕生し、シンセサイザーの誕生によって１人の奏者でオーケストラのような多彩な音を出せるようにしました。

サンプリングした声で歌声を合成できる「ボーカロイド」という音声合成技術をヤマハが開発したことで、ボカロという音楽ジャンルが登場しました。

そして生成ＡＩの登場で、音楽のイメージをテキスト入力するだけで作詞・作曲・編曲、そして演奏ができる時代になったのです。その結果、世界中の誰もが、音楽の専門知識やトレーニングを受けたことがなくても、簡単に楽曲を作成できるようになりました。

楽曲生成AI

誰もが「なんちゃってミュージシャン」になれる時代の到来です。これからは「あ、いい曲があるなぁ」と思って調べてみたら、無名の人が生成ＡＩで作った楽曲だった、ということが増えてくると思います。

感動できることが大切であり、生成ＡＩを使ったかどうかは重要じゃない

文芸の世界でも生成ＡＩの存在感を印象付ける出来事がありました。第１７０回芥川賞受賞作『東京都同情塔』の作者である九段理江さんは、受賞時の会見で、**「今回の小説は文章生成ＡＩを駆使して書いた」「全体の５％ぐらいは生成ＡＩの文章をそのまま使っているところがある」**と話し、「これからも（生成ＡＩを）うまく利用しながら、自分の創造性を発揮できるよううまく付き合っていきたい」などと語り、その創作スタイルが注目されたのです※1。

九段さんが生成ＡＩを利用した割合はまだまだ小さいかもしれませんが、今後は文芸の世界でも生成ＡＩが活躍することは間違いないでしょう。

そもそも音楽も文芸も、聴いたり読んだりした人が感動できることが大切なのであって、生成ＡＩが使われたかどうかは重要ではなくなってくると思います。

漫画の世界でもYouCam AI Proなどの漫画制作用の生成AIを駆使したなんちゃって漫画家が登場してくるに違いありません。既にキンドルなどの電子書籍の販売プラットフォームには、生成AIで創作された絵本が爆発的に増えています。

このように生成AIは創作活動のハードルを下げ、あらゆる人が創作活動に参加できる機会を作り出しました。その結果、既存のプロは稼ぐことが難しくなっていくでしょう。

今すぐあなたがやるべきこと

音楽配信プラットフォームは、生成AIで作成された楽曲を配信するでしょうか？

僕は配信するようになると思います。**なぜなら、音楽配信プラットフォームの評価基準は、その楽曲がはやるかどうかであって、どうやって創られたかではないと考えられるからです。**

例えば無名の誰かが生成AIで創作した楽曲がユーチューブでバズったとします。すると、スポティファイを利用している多くの人はその楽曲を聴きたいと思うでしょう。

もしスポティファイが「生成ＡＩによる楽曲なので取り扱わない」となれば、利用者は「それなら別のサブスクに切り替えよう」と思うかもしれません。

創作はＡＩでも、感動の共有はライブ

これから作詞・作曲・編曲を職業にしようと考えている人は、生成ＡＩでイメージ通りの楽曲を創作できる**テクノロジー駆使力**を身につけ、まずはあなたの作品を聴きたいと思う人を増やすために、無名のうちは無料で楽曲を流通させてたくさんのファンを獲得しながら**自分ブランド力**を高めていきましょう。

このとき、より多くの人が自分の作品に気づいてくれるように、ユーチューブをはじめとしたプラットフォームで作品を公開し、さらにＳＮＳなどで創作に対するこだわりや作品への思いを伝えてファンを増やしていく**自己主張する力**も必要になってきます。

ミュージシャンのキャッシュポイント（収入源）は楽曲を有料で配信するだけでなく、ライブ活動がメインになるでしょう。**創作がＡＩにシフトしていく半面、人と人とが直接触れ合える機会の価値がますます高まっていきます**。創作は生成ＡＩでも、その楽曲を生身の人間が演奏することで生み出される躍動感を共有できる感動には大きな価値があり

ます。

①ユーチューブでミュージシャンを知る（認知する）、②その音楽をスポティファイで聴く（興味を持つ）、③SNSで人柄に触れる（ほれる）、④ライブで時間と空間を共有する（感動する）――。そんな楽しみ方が増えてくるのではないでしょうか。

役立つスキル

スキル4 **テクノロジー駆使力**（455ページ参照）
スキル6 **自分ブランド力**（456ページ参照）
スキル7 **自己主張する力**（457ページ参照）

※1 ITmedia NEWS『芥川賞作「ChatGPTなど駆使」「5%は生成AIの文章そのまま」 九段理江さん「東京都同情塔」』（https://www.itmedia.co.jp/news/articles/2401/18/news090.html）

未来予測14

フェイク動画の見分けがつかず映像が裁判の証拠にならなくなる

なぜそうなる？

オープンＡＩのＳｏｒａやグーグルのＶＥＯを筆頭に、Gen-3やDreamMachineなど、動画生成ＡＩソフトがたくさん登場してきました。これらの画像生成能力は恐ろしいほど高度に進化しています。もしまだ触れたことがなければ、オープンＡＩが用意しているＳｏｒａのデモ映像をＱＲコードからご覧ください。百聞は一見に如かずですね。

いかがでしたか？　この動画は人がカメラで撮影したのではなく、ＡＩが生成したものだと信じられますか？　何の前情報もなくこの動画を見れば、実際にカメラマンが撮影したのだと思ってしまうでしょう。このような動画が出回るようになれば、それが現実の光景なのか生成ＡＩによって作られたフェイクなのか、素人には判別が困難です。

そうした懸念から、オープンＡＩはＳｏｒａの公開に躊躇《ちゅうちょ》し、本稿執筆時点ではまだリリースされていません。このテクノロジーのインパクトの大きさがわかりますね。しかし、同社が自制している間に競合がどんどん市場を占有し始めているので、２０２４年中にもＳｏｒａは公開されるであろうといわれています。

映像は裁判の有力な証拠とはみなされなくなる

このように、生成ＡＩで作った動画と実際に撮影された動画の区別がつかなくなることによるリスクを回避するために、Ｃ２ＰＡというデジタルコンテンツの生成元や変更履歴を証明できるメタデータを付与する認証規格が設けられています。

しかしこの認証制度はすぐに意味をなさなくなるでしょう。**マサチューセッツ工科大学の研究では、フェイクニュースは事実のニュースの6倍速く拡散するそうです**[※1]。「未来予測4　各国の生成ＡＩ活用ガイドラインがすぐに骨抜きになる」でも言いましたが、敵対関係にある国が情報戦の一環としてフェイク動画を拡散させればそれまでです。

ちなみにオープンＡＩは、中国やロシアが世論操作目的でチャットGPTを活用していると公式に発表しています。オープンＡＩによると、中国拠点の組織は東京電力福島第一原子力発電所の処理水放出を非難する文章などを作成していたそうです[※2]。

米国では、中国で人気の動画投稿アプリＴｉｋＴｏｋの利用禁止につながる法案が上院で可決しました。これはただの中国への嫌がらせではありません。本気でやろうと思えば、中国共産党が自国に都合の良いコンテンツを表示させて米国国内で世論を操作することが可能だからです。

今のところ、法律の世界では映像が裁判の有力な証拠として扱われていますが、生成ＡＩによるフェイク動画を捏造できるようになれば、必ずしも映像が有力な証拠とはみなされなくなるかもしれません。

テクノロジーの問題はテクノロジーが解決しますので、その動画がリアルかフェイクかを判別するソフトが登場するでしょう。例えばオランダのSensity AIが開発しているソフト[※3]は、唇の周りの筋肉がセリフと正確にシンクロしているかどうかというリップシンクの精度でフェイク動画かどうかを判別しているようです。

ただ、テクノロジーはいたちごっこです。生成ＡＩ側も、より正確なリップシンクを再現できる動画を生成できるようになるでしょう。また、いかにも裁判の証拠で使われそうな音声データも、生成ＡＩで捏造できるようになるでしょう。

生成ＡＩが進化すると、著作権や肖像権といった法律で守られている権利の有効性が縮小してくるかもしれません。**ある専門家は「現行の法律で守られている著作権や肖像権はほぼ意味がなくなっていき、一番単純な商標のようなものが残るだろう」という趣旨の発言をしています**。著作権や肖像権は、権利を主張できる範囲が広いのですが、侵害しているかどうかの線引きが曖昧で難しい。それに比べて商標は、権利を主張できる範囲が狭く判別が容易です。皮肉な現象ですが、権利を主張できる範囲が広い方が形骸化し、狭い方が生き残るのかもしれません。

今後、著作権や肖像権の適用範囲を見直していく必要がありますが、法律が改正される頃にはテクノロジーはさらに先に進んでいるでしょう。その意味では、裁判官など法律に関わる人たちにとって、生成ＡＩは厄介な存在です。

今すぐあなたがやるべきこと

フェイクニュースやフェイク動画にだまされないためには、何事もすぐに信じるのではなく、一旦疑ってかかる**クリティカルシンキング**が必要になります。

そして**レコメンド拒否力**も必要です。何度も同じフェイクニュースを見続けると、あなたのスマホがあなたの興味関心を学習して、同様のフェイクニュースばかりが表示されるようになります。そうするとやがて信じてしまうかもしれません。

さらにその情報が正しいかどうかを判断するには、自分の五感を使った**一次情報収集力**も必要です。しかし常に自らの五感を使って一次情報を集められるとは限りませんから、その場合は、ネットの情報より信頼できるとされる本を読むことを習慣化し、知識や考え方を広げるのです。ここで役立つのは**習慣化力**と**読書力**です。

テクノロジーと法律のいたちごっこの均衡が崩れ始める

人類の歴史では、先にテクノロジーが進化し、それに対応する法律が後から作られてなんとか追いついていくことの繰り返しでした。例えば、自動車が発明されて普及したことで事故が起き、その状況に対応すべく道路交通法が整備されるといった具合です。ネットが普及して個人情報が流出しやすくなったことで、個人情報保護法が整備されました。

ところが生成ＡＩが登場したことで、テクノロジーの進化が急激に加速し、法の整備が追いつかなくなってきています。ついに人類史上、テクノロジーと法律のいたちごっこの均衡が崩れ始めようとしているんです。新しいテクノロジーに対して法が整備されたときには、もう既に次世代テクノロジーがはるか先を行き、この差は今後埋まりそうもありません。

このような時代に僕たちに求められているのは、倫理観や道徳観に基づいて自らを律することができる20番目のシークレットスキルです。そうしたスキルがあれば、たとえまだ法的に禁じられていなくても、やって善いことと悪いことを判断することができます。

これからは、自分の倫理観、道徳観を培い、物事の善し悪しを判断して自制できるビジネスパーソンが求められるようになるでしょう。そうでなければ、上司やＡＩの指示通りに行動してしまい、気がついたら他人に損害を与えてしまうということになるかもしれません。そんな人は、誰からも信頼されなくなるでしょう。

役立つスキル

スキル１　一次情報収集力（454ページ参照）
スキル３　レコメンド拒否力（455ページ参照）
スキル13　クリティカルシンキング（460ページ参照）
スキル14　読書力（460ページ参照）
スキル17　習慣化力（462ページ参照）
スキル20　シークレットスキル（463ページ参照）

※1 MIT News | Massachusetts Institute of Technology 『Study: On Twitter, false news travels faster than true stories』
※2 https://nordot.app/1169020231557235475

※3『Sensity AI: Best All-In-One Deepfake Detection Software 2024』(https://sensity.ai/)

未来予測15

白タクによるライドシェアが解禁される

なぜそうなる?

海外旅行を経験された方ならわかると思いますが、「ライドシェア」はとても便利なサービスです。現在いる場所にすぐに車を呼び寄せることができ、車のサイズや目的地までの時間、料金も事前に明示されます。また、運転マナーや車内のきれいさ、ドライバーの評価もわかった上で選ぶこともできます。

米国ではウーバー、東南アジアではグラブ、中国ではディディ、インドではオラ、そして東欧ではボルトなどが有名ですね。米国や中国の一部の地域では、ドライバーがいない無人の自動運転タクシーも走行しています。自動運転の未来については後述します。

日本では「白タク」と呼んで法律違反

ところが日本では、二種免許を持たずに人や物を自分の車に乗せて運ぶことを「白タク」と呼び、法律違反になります。タクシー業界の保護のために頑なにライドシェアの解禁を見送ってきたんですね。でも、既に日本ではタクシー運転手が足りなくなっているんです。帝国データバンクの調査によると、タクシー会社1社当たりの従業員数は、２０１３年は平均66人でしたが、２０２３年には52人に減少しているんです※1。

また、政府は２０３０年に向けて訪日外国人を６０００万人にまで増やす目標を掲げています。現在の訪日外国人は２７００万人ですが、タクシーは既に不足しています。

観光庁が２０２３年11月から２０２４年２月までに訪日外国人に行った調査によれば、困ったことの１位は「ごみ箱の少なさ」、２位は「施設等のスタッフとのコミュニケーション（英語が通じない等）」、３位が「多言語表示の少なさ・わかりにくさ」で、４位に「公共交通の利用」がありました※2。自分が外国に行ったときのことを思い出すと、訪日外国人が土地鑑のない日本でちょっ

訪日外国人の困ったことランキング

1位 ごみ箱の少なさ

2位 施設等のスタッフとのコミュニケーション（英語が通じない等）

3位 多言語表示の少なさ・わかりにくさ

4位 公共交通の利用

と移動したいとき、ライドシェアが使えないのはとても不便だと容易に想像できます。

車の稼働時間は1割程度しかない

ようやく日本では2024年4月から一部の地域でライドシェアがスタートしましたが、現段階ではまだ運営元はタクシー会社になっていますので、海外のような本格的なライドシェアと同等ではありません。

もっとライドシェアの解禁が進めば、一般の人が会社帰りの空き時間や、フリーランスの人も本業が空いているときに、ちょっとした副業ができるようになります。ちなみに、車の稼働時間は1割程度しかないといわれているんです。これほど無駄なことはありませんよね。ライドシェアが全面解禁になれば、自家用車を持たなくても今いる場所から行きたい場所に簡単に移動できるようになります。

一度解禁されれば後戻りしない

政府はライドシェアの解禁地域を少しずつ広げていく方針で、僕の地元の広島も解禁地域に含まれています。一度ライドシェアを体験すると、今後も利用したいと思うようになるので、近い将来、ライドシェアは全国で解禁されるようになると予想できます。

ちなみに韓国ではライドシェアが一度解禁になったものの、再び禁止となりました。議論が進められていない段階で早々に解禁してしまったため、タクシー業界が猛反発したのです。57歳のタクシードライバーが、ライドシェアに反対して焼身自殺するというショッキングな事件もありました※3。

しかし日本では既に長い時間をかけて議論してきましたし、既にお話ししましたようにタクシードライバーが減少しているという現実がありますので、一度解禁されれば後戻りしないと思います。

今すぐあなたがやるべきこと

ライドシェアはタクシーと違って一般人の自家用車ですので、外で待っていてもドアは自動で開きませんし、料金メーターもありません。支払いもすべてアプリの操作だけで完結します。最初は違和感を覚えると思いますが、そこは**テクノロジー駆使力**を使って早く慣れましょう。近い将来、海外勢のウーバーやディディが進出してくれば、アプリを使ってライドシェアを利用することが当たり前になります。

満員電車でへとへとになった状態で得意先に到着するより……

もちろん、移動手段としてバスや電車の利用を否定するわけではありません。タクシーの良さとコストを比較し、合理的に判断すればいいんです。バス停や電車の駅まで歩く時間、混んでいる車内で踏ん張って立ったまま移動する労力、バスや電車の運行予定に合わせて待ち時間が発生すること、そうしたことを踏まえて、少し料金がかかっても、今いる場所から目的地までゆったりと座って移動できるライドシェアが自分にとって価値があるのかどうかを考えましょう。

このように判断することは、**お金の使い方**のスキルなんです。このスキルを身につけるには、そのお金を使うことが出費なのか、あるいは投資なのかを常に考慮することです。判断基準は、そのお金を使うことが自分の「脳に良いか」「体に良いか」「時間の節約ができるか」の3つです。僕はこれらの条件がそろったと判断できれば、それは出費ではなく投資だと考えて積極的にお金を使うようにしています。

考えてみてください。得意先のオフィスに出向く際、満員のバスや電車に乗ってへとへとになった状態で到着しても、余裕を持って満足な商談やプレゼンはできないですよね。特に夏の猛暑のときなど、汗みどろになった姿を見せるより、エアコンの効いた車でゆったりと座って涼し気な姿を見せた方が、得意先の担当者にも印象がいいはずです。

ライドシェアを使うことは出費なのか投資なのか、考えた方がいいでしょう。ちなみにライドシェアが解禁されるとタクシーとの価格競争になるので必ず料金はタクシーより安くなります。

役立つスキル

スキル4 **テクノロジー駆使力**（455ページ参照）
スキル15 **お金の使い方**（461ページ参照）

※1 株式会社帝国データバンク『特別企画：「全国タクシー・ハイヤー業界」動向調査』（https://www.tdb.co.jp/report/watching/press/pdf/p231101.pdf）
※2 観光庁『訪日外国人旅行者の受入環境に関する調査を実施しました』（https://www.mlit.go.jp/kankocho/content/001747173.pdf）
※3 AFPBB News『韓国のタクシー運転手が焼身自殺、相乗りサービス導入に抗議』（https://www.afpbb.com/articles/-/3201371）

未来予測16

「おはようございます」という声で、うつ病が判明する

なぜそうなる？

アマゾンは2017年、音声デバイス・アレクサに話し掛けた際、咳払いをしたりいつもと違う声だったりすると、「のど飴を購入しておきましょうか？」と提案する特許を取得しています[※1]。音声で人の健康状態を解析する技術は日本でも進められていて、PST（神奈川県横浜市）は人の声を聞き取るだけでその人の心身の健康状態を分析する技術を開発しています。声からうつ病や認知機能の低下なども判別できるそうです[※2]。

サイチ（愛知県西尾市）やPLEN Robotics（大阪市）は台湾の会社と業務提携し、画像解析による健康管理サービスの実現を目指しています。オフィスの入退出管理にＡＩカメラを利用し、撮影した人の皮膚下の血管の収縮具合や瞳孔の開き具合、呼吸、脈拍、挨拶の声の状態からその人の健康状態やメンタルの状態を分析するといいます※3。

ＡＩデバイスが自動的に健康状態を解析する時代の到来

これらは、病院で診察を受けなければわからなかった健康状態を、ＡＩデバイスが自動的に解析できる時代の到来を示していますよね。近い将来、通勤してオフィスに出社するだけで健康状態がわかったり、オンライン会議の最中に健康状態がわかったりするようになります。あるいは自宅にいながらにしてスマートスピーカーやＡＩ搭載カメラが健康状態の変化を知らせてくれることが可能にもなるでしょう。

本人が自覚していなかった健康上の問題を早期に知ることができますから、早めにカウンセリングを受けたり、医師の診断を受けたりするきっかけになります。

高学歴で高収入な職業ほど生成AIの影響を受ける

健康に関連して、オープンAIとペンシルベニア大学が気になる研究結果を報告しています。それは「GPTはGPT：LLMの労働市場への影響の可能性に関する初期の考察」と題した論文※4で、チャットGPTの基盤技術であるGPTが米国の労働市場に与える潜在的な影響を調査し、特に高学歴で高収入な職業ほど影響を受けやすいと述べています。例えば数学者、税理士、ライター、作家、ウェブデザイナー、会計士、記者などですね。米国労働者の約80％が少なくとも仕事の10％にGPTの影響を受ける可能性があり、約19％の労働者は仕事の50％に影響を受ける可能性があるというんです。**先ほどから本書で何度か言ってきたいわゆる「テクノロジーに仕事を奪われる」という現象ですね。**

なぜこれが健康に関連するかというと、人々のメンタルへのダメージが大きいからです。そのことを示唆しているのが、WHO（世界保健機関）の衝撃的な予想です。それは**「2030年ごろ、人類を一番死に至らしめている病気はうつ病であろう」**というものです※5。この予想は、残念ながらかなり高い確率で的中すると僕は思っています。一生懸命勉強してやっと取得した資格や、長年努力してマスターした高度な技術、あるいは匠と呼ばれるところまで磨き上げた技術が、あっという間にAIやテクノロジーに代替されるかもしれないんです。そうしたことによる虚しさやいら立ちは、計り知れません。

今すぐあなたがやるべきこと

このような環境の変化でも心身が病まないようにするには、これまでの常識が通用しなくなることを想定し、自分自身の脳に、アプリの付け足しではなくOSをアップデートするぐらいの**フルモデルチェンジカ**が必要です。また、環境の変化による失敗や挫折があってもへこたれない**レジリエンス**も身につけておかなければなりません。

特に注意が必要なのは、「仕事＝人生」と思っている人です。このような人は、今のうちから人生における仕事の比率を下げておくことをお勧めします。

感覚的な話ですが僕は、人生の中で仕事が占める割合は3割程度にするように常に心がけています。残りの7割は、家族や大切な仲間と過ごす幸せだったり、趣味に没頭する喜びであったり、未来の自分への投資になるような楽しい勉強であったり、そういうものに割り当てるようにしています。**ウェルビーイング**を大事にしているんです。

フィンランド人は午後4時を過ぎれば仕事をしない

SDSN（Sustainable Development Solutions Network）という組織が、毎年3月に世界幸福度ランキングという統計データを発表しています。2024年は7年連続でフィンランドが1位で、ちなみに日本は51位とかなり切ない結果です※6。そこで僕は、フィンランドはいったいどんな国なんだろうと、一次情報を求めて彼の国を訪れました。

一時情報収集力を発揮させたんです。

日本で売れている『フィンランド人はなぜ午後4時に仕事が終わるのか』（ポプラ社）という本を持っていって、現地の人に「この本に書いてあることは本当なの？」と尋ねて歩いたんです。すると逆に、**「なぜ、午後4時を過ぎても仕事をするんだい？」**と尋ねられてしまったんです。**「子供や家族、大切な仲間と過ごす時間が減ってしまうじゃないか」**と言うのですね。

フィンランドでは社会人でも夏休みが1カ月間あります。仕事はほどほどにして人生を楽しんでいるんです。満員電車に乗って残業までしている日本人は、フィンランド人の働き方や生き方からウェルビーイングを大いに学ぶ必要がありそうですね。

役立つスキル

スキル1 **一次情報収集力**（454ページ参照）

スキル10 **レジリエンス**（458ページ参照）

スキル11 **フルモデルチェンジ力**（459ページ参照）

スキル19 **ウェルビーイング**（463ページ参照）

※1 FPO DRIVING IP FORWARD『Voice-based determination of physical and emotional characteristics of users』（https://www.freepatentsonline.com/10096319.pdf）。特許のタイトルは「声によるユーザーの身体的および感情的特徴の決定」です

※2『PST株式会社 公式サイト｜音声バイオマーカーのリーディングカンパニー』（https://www.medical-pst.com/）

※3 PRTIMES『～顔の映像から心拍・血圧などをAI解析～（株式会社サイチのプレスリリース）』（https://prtimes.jp/main/html/rd/p/000000003.000141059.html）

※4『GPTs are GPTs: An Early Look at the Labor Market Impact Potential of Large Language Models』（https://arxiv.org/abs/2303.10130）。前者のGPTは「Generative Pre-trained Transformer」、後者のGPTは「汎用技術（General-purpose technologies：GPTs）」のことです

※5『THE GLOBAL BURDEN OF DISEASE 2004 UPDATE』（https://apps.who.int/iris/bitstream/handle/10665/43942/9789241563710_eng.pdf#page=61）

※6 World Happiness Report 2024（https://happiness-report.s3.amazonaws.com/2024/WHR+24.pdf#page=17）

未来予測17

あらゆる商品が時価になる

なぜそうなる?

ダイナミックプライシング（ＤＰ）という言葉を聞いたことがありますか？　ダイナミックは変動性、プライシングは値段の意味です。時間帯や曜日、天候、在庫量などの状況によってＡＩが自動的に商品やサービスの値段を最適化させる仕組みのことで、「時価」といってもいいでしょう。

人気のある選手が登板する日は自動的に値段が上がる北海道日本ハムファイターズ

日本でも既に多数の導入事例があります。

有名な例は、プロ野球チーム・北海道日本ハムファイターズの観戦チケットです。通常、プロ野球の観戦チケットは座席の位置によって値段が決まり、シーズン中に値段が変動することはありません。ところが北海道日本ハムファイターズでは、人気のある選手が登板する日や人気チームと対戦する日はＡＩが値段を自動的に上げるんです。あるいは休日と平日、天候の良し悪し、デイゲームとナイトゲームなど、いくつものパラメーターを考慮してＡＩが自動でチケットの値段を最適化しています。

同様の仕組みは、サッカーのＪリーグでも導入されているんですよ。

米国では何年も先行して旅行チケットやスポーツ観戦チケット、コンサートチケット、あるいはスーパーマーケットなどにＤＰが導入されています。例えば米国最大の小売企業のウォルマートではＤＰが導入されていて、商品棚の値札は自動的に数字を変えられる液晶画面になっています。休みの前になると液晶画面に表示されている値段が高めに変更され、在庫がだぶついてきたら値段が下がるんです。**ポイントは、人間がソフトを使って変えているのではなく、ＡＩが自動で値段を変えていることです。**

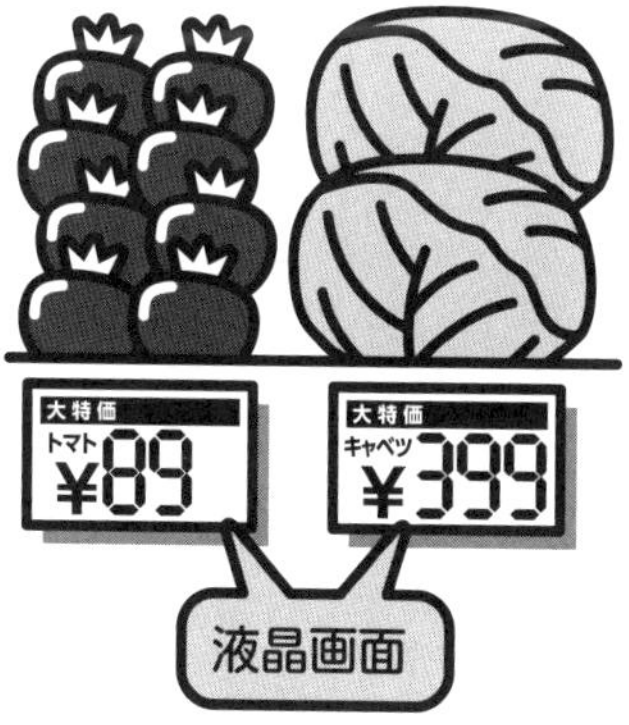

日本のスーパーでも、食品の賞味期限が近づくと割引シールを貼ったりしますよね。この作業には人件費とシール代がかかりますし、さらに売れ残るかどうかも人間の勘になります。ＤＰであれば賞味期限と在庫の関係などから自動的に値段が最適化されます。日本でもイオンやトライアルなどの一部の小売店舗で導入が始まっています。

僕が海外に行くときに利用している旅行予約サイトでも、ＤＰが導入されています。Booking.comでは同じ飛行機のチケットやホテルの予約でも、数時間おきに料金が変動しています。飛行機の座席やホテルの部屋数に空きが多ければ値段が下がりますし、残り少なくなれば値段が上がります。すべてＡＩが自動計算しているのです。

ＤＰで社会を変えられる

ＤＰは利用者にとって合理的な仕組みなんです。例えば、電車の乗車料金を考えてみます。ギュウギュウ詰めで息苦しい思いをしながら倒されないように踏ん張って乗っているときと、のんびり座席に座って読書しながら乗っているときでは、価値が異なるべきだと思いませんか？

企業は経済合理性で判断しますから、ＤＰで社会を変えられるかもしれません。例えば従業員の交通費です。各鉄道会社がラッシュ時の料金を高くすれば、企業は交通費を抑えるためにオフピークを奨励するようになるかもしれません。小池百合子都知事がマニフェストで掲げていた満員電車撲滅の実現が現実味を帯びてきますよね。

ゴールデンウイークやお盆、正月などの帰省ラッシュ時の料金を高くし、利用者が少ない期間の料金を安くすれば、日本人の休みの取り方も変わってくるかもしれません。同様に、高速道路の料金にもＤＰを導入すれば、渋滞を緩和できるかもしれません。

食料に関しては世界規模の社会貢献につながる可能性があります。日本で廃棄されているいわゆるフードロスは年間４７２万トン（２０２２年）[※1]あり、世界中で飢餓に苦しむ人に向けた世界の食料支援量は年間４８０万トン（２０２２年）[※2]と、ほぼ同量なんです。**つまり僕たち日本人は、世界中の飢餓を救える量の食料を、賞味期限を理由に捨てているんです。**もったいないと思いませんか？

ＤＰを導入しない企業は損をする

しかしＤＰがこれだけ合理的にもかかわらず普及しないのは、導入コストの問題があるからです。つまり、日本では1割引のシールをペタペタ貼る作業員の時給よりも、DPを導入するコストが高いわけです。

でもそれはこれまでの話です。間もなくテクノロジーの進化と製造工程の効率化、そして量産によるコストダウンによってDPの導入コストが劇的に下がり、2030年ごろにはシールを貼る人の人件費を下回ると予想しています。

それに、そもそも近年の企業はSDGsに貢献するとうたっているではありませんか。それなら多少コスト高になったとしても、食品ロスを減らすべきですよね。

いずれにしても、DPを導入しないと、企業イメージ的にも合理化の上でも、そして顧客満足度を上げる上でも企業は損をする時代になるでしょう。

今すぐあなたがやるべきこと

今後、DPによってあらゆる商品やサービスが時価に変わったら、最適なタイミングを狙って購入し、少しでも出費を抑える工夫が必要になります。

未来を予測してお得に購入

そのために僕たちが磨くべきスキルは**未来予測力**です。

商品やサービスが安くなるタイミングを予測するには、日ごろから様々な事象に関心を持つことが大切ですね。例えば北海道日本ハムファイターズの応援をしている人が最も観客動員数が多くなる対福岡ソフトバンクホークス戦を観戦しようとしたとき、エース同士の対決になりそうな日を予測できれば、その日のチケットが値上がりする前の段階で購入しておくことができます。あるいは逆に値動きに注目しておいて、値段が上がり始めたらそのゲームは盛り上がること間違いなしとして購入してもいいでしょう。

ＤＰを導入している花屋さんなら、母の日のカーネーションは高くなると予想できますので、値上がりが始まる直前のタイミングを予測して、値上がりする前に購入しておけばいいんです。

安くても不要なら買わない、無駄遣いしない

もう一つ大切なスキルは、**捨てる力**です。

コンビニエンスストアにＤＰが導入されると、賞味期限切れ間近のおにぎりの値段が

下がることは予想できますが、本当に買っていいのか、一旦冷静になって考える必要があります。自分はそれほどお腹が空いているのだろうか、そんなにたくさんのおにぎりを買っても、ちゃんと食べ切れるのだろうか。こうして目の前のお得感に振り回されないことも大切です。

人は物でも情報でも、あるいは人間関係でも、増やすことは得意ですが減らすことは苦手です。ですからあらゆる商品やサービスにＤＰが採用されるようになったら、値段の低さによるお得感だけに惑わされずに、本当に必要としているのかどうかを冷静に判断できるようにしましょう。

既にＤＰを導入している小売大手トライアルのＣＤＯ（Chief Digital Officer：最高デジタル責任者）兼ＤＸ責任者の長谷川秀樹氏が言うには、「人の購入の８割は非計画購買」だそうです。**つまり、僕たちの買い物の８割はなんと衝動買いなんです**。

スーパーマーケットに行ったとき、２割の買い物は計画通りですが、残りの８割は「あ、ついでにこれも買っておこう」「あら、これ、安くなっているじゃない、買っておこうっと」といった買い物なんですね。するとＤＰが導入されると、値段が常に最適化されているので、ますます非計画購買が増えてしまう可能性があります。ここはやはり、必要なものと不要なものを見極めるための**捨てる力**を養っておきましょう。

役立つスキル

スキル5 **未来予測力**（456ページ参照）
スキル16 **捨てる力**（461ページ参照）

※1 環境省『我が国の食品ロスの発生量の推計値（令和4年度）の公表について』（https://www.env.go.jp/press/press_03332.html）

※2 消費者庁『食品ロスについて知る・学ぶ』（https://www.caa.go.jp/policies/policy/consumer_policy/information/food_loss/education/）

未来予測
18

怪しい宗教が乱立する

なぜそうなる？

近代以降の日本では、大きく4つの宗教勃興ブームがありました。幕末から明治にかけての第一次ブーム、明治から大正にかけての第二次ブーム、戦中から戦後にかけての第三次ブーム、そして高度経済成長からバブル期にかけての第四次ブームです。ちなみに世間を騒がせたオウム真理教や旧統一教会（現・世界平和統一家庭連合）※1は第四次ブームのときに生まれました。

社会構造が大きく変わる不安定な時期に宗教が乱立する

これら4回のブームを見ると、宗教が乱立するときは、社会構造が大きく変わる不安定な時期と重なっていることがわかります。**その理由は、社会構造が大きく変わるときには人々が精神的な安定や新しい希望を求める傾向があるからでしょう。**

そして僕たちは、人類史上4度目となる過去に例を見ないほどの大きな産業革命の時代を迎えようとしています。当然、社会構造も大きく変わることになります。

この第四次産業革命は別名AI革命とも呼べるもので、僕は過去の3回の産業革命が束になってもかなわないくらいにインパクトの大きな革命になると感じています。それは同時に、これまでにないほど社会構造が変化して不安定な時期に突入することだと予想します。

しかも今度の社会構造の変化は、あらゆる仕事をテクノロジーが代替していくため、テクノロジーを駆使して富を増やしていく人と、テクノロジーに仕事を奪われる人との収入の格差がどんどん広がっていくことが必然です。

その上、先述の通り法律はテクノロジーの進歩に追いつきませんから、新たに発生する様々な社会の問題を各人が解決しなければならなくなるんです。

ここに、新たな怪しい宗教が乱立する土壌が形成されるんです。

今すぐあなたがやるべきこと

世界五大宗教（キリスト教、イスラム教、ヒンドゥー教、仏教、ユダヤ教）をはじめ、多くの伝統的な宗教は素晴らしい教えを説いています。

精神的な支えとなる教えであったり、善悪を判断するための倫理や道徳の教えであったり、あるいはコミュニティーによる相互扶助の大切さや社会奉仕の大切さ、人としての成長の大切さや人を許す心の豊かさを教えてくれたりします。

ところが残念なことに、新興宗教の中には人々の生活を破綻したり社会的なトラブルを引き起こしたりするものがあります。特にこれからの社会変革期にはたくさんの新興宗教や怪しげな自己啓発セミナー、オンラインサロンなどが誕生してくると予想できます。生活を脅かすほどの多額な金銭的な搾取、社会的孤立に誘導する心理的操作、過激な修行や薬物の使用などによる健康被害、違法行為への誘導など、トラブルに巻き込まれないように注意しなければなりません。

常に批判的精神を持って接する

そこで大切になってくるのが、**クリティカルシンキング**です。フェイク画像や巧妙な話術にだまされないように、常に批判的精神を持って接することが重要です。**クリティカルシンキング**は怪しげな宗教だけでなく、次項（「未来予測19 オレオレ詐欺の被害が加速度的に増加する」）で取り上げる巧妙な手口の犯罪から身を守るためにも必要なスキルです。

さらに**レコメンド拒否力**も必要です。怪しい情報をネットで見続けると、あなたのスマホがあなたの興味関心を学習して、どんどん同様の怪しい情報が優先的に表示されるようになり、やがて冷静に判断できなくなります。

もし、知人などから怪しげな話を持ちかけられたり、パンフレットを渡されたり、あるいは動画を見せられたりして判断に迷ったときは、信頼できる人に相談することも大切ですが、**テクノロジー駆使力**を使ってチャットＧＰＴなどの生成ＡＩに相談してみるのもありです。

生成ＡＩに聞いた「怪しい宗教の特徴」

生成ＡＩに怪しい宗教の見分け方を尋ねてみてもいいでしょう。

ちなみに、僕が生成ＡＩに怪しい宗教の特徴を尋ねてみたところ、非常に詳細な説明が返ってきました。ここではそれをダイジェストして箇条書きとして掲載しておきますので参考にしてみてください。

- 批判的思考や質問を抑制する。
- 家族や友人との関係を制限しようとする。
- 多額の寄付や金銭的貢献を要求する。
- リーダーが絶対的な権威を主張する。
- 脱会を困難にする、または脅迫する。
- 科学的に証明された事実を否定する。
- 現実世界からの孤立を奨励する。
- 恐怖や罪悪感を利用して信者を操作する。
- 急進的な信念の変更や生活様式の劇的な変化を要求する。
- 外部の情報源へのアクセスを制限する。

生成AI

いかがですか？　なるほどと思いますよね。

これから出てくる聞いたこともないような宗教団体や自己啓発系セミナーからの勧誘があったら、**クリティカルシンキング**と**レコメンド拒否力**と**テクノロジー駆使力**を使って、自分を守るようにしましょう。

役立つスキル

スキル3　**レコメンド拒否力**（455ページ参照）
スキル4　**テクノロジー駆使力**（455ページ参照）
スキル13　**クリティカルシンキング**（460ページ参照）

※1　1954年に韓国で文鮮明（ムンソンミョン）氏が設立し、日本では1964年に宗教法人として認証された

未来予測
19

オレオレ詐欺の被害が加速度的に増加する

なぜそうなる？

警察庁の統計によると、オレオレ詐欺などの特殊詐欺の被害は、対策が講じられたことなどから一旦減少傾向にありましたが、２０２０年（令和2年）を過ぎたあたりから再び増加傾向が見られます（図表19－1）。

そして生成ＡＩが普及するようになると、これまでの被害がかわいかったと思えるほど爆発的に特殊詐欺の被害が増加すると予想できます。

本当の子供の声でオレオレ詐欺が行われる

その理由は、ＡＩボイスチェンジャーなるアプリや装置が人の音声を学習して全く

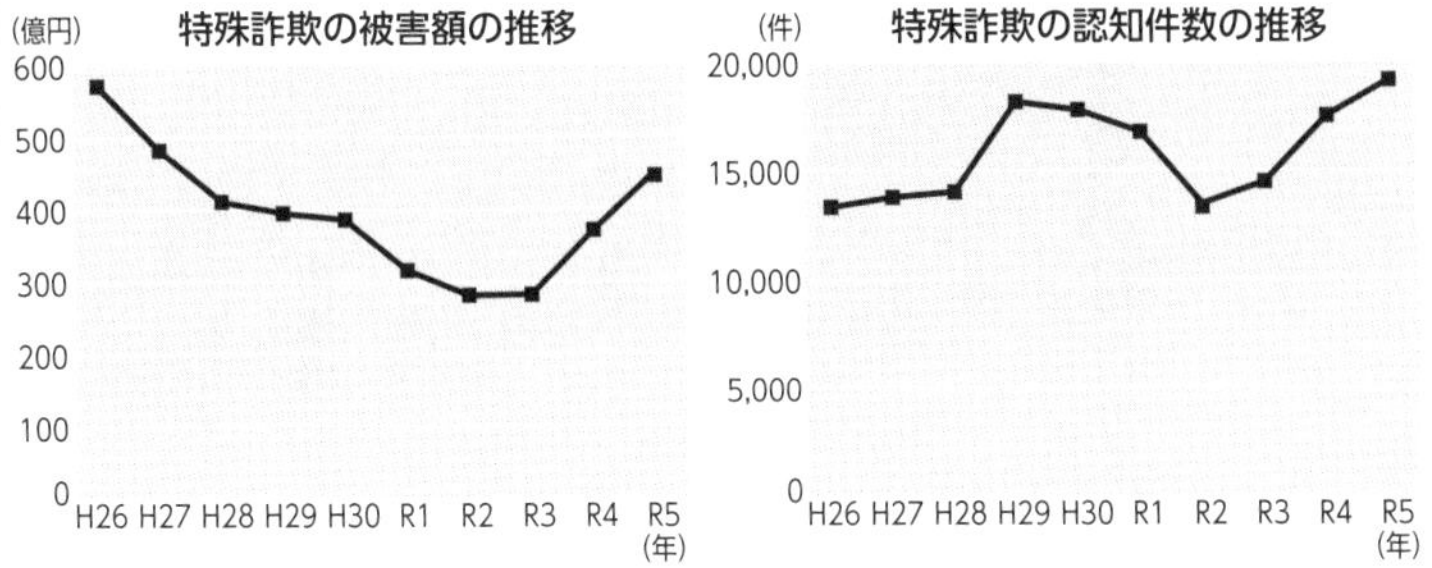

図表 19-1
（出所：警察庁『令和５年における特殊詐欺の認知・検挙状況等について（確定値版）』[※1]のデータを基に著者作成）

オリジナルのセリフをその人の声で再現できるようになったからです。犯人が語ったセリフが、わずか0・06秒の遅延で別の人の声で発声されるんです。

オレオレ詐欺の場合、故郷に離れて暮らす親に、本当の子供の声で「俺だよ、俺」と語りかけることができてしまうのです。現時点でも全く別人の声でさえ自分の子供からの電話だと思い込んでしまう親がいるぐらいなのに、これからは本当に我が子の声が再現されるので、疑いにくくなるでしょう。話す内容も、チャットGPTのような生成AIを使えば、ターゲットが暮らしている地域のローカルな話題を用意することができます。

生成AIはオレオレ詐欺の方法を教えないが……

いつの時代もどんなテクノロジーも同様ですが、悪いことを考える輩《やから》は必ず最先端のテクノロジーを犯罪に利用しようとします。**困ったことに生成AIの進化は、ビジネスに新規参入するハードルを下げるのと同様、特殊詐欺に新規参入するハードルを下げてしまうんです。**

ちなみに、チャットGPTなどにオレオレ詐欺をする方法を尋ねても、それは犯罪行為だからやめるようにと注意されますが、試しに、「オレオレ詐欺の被害者は、どのようなだまされ方をしているのか？」と尋ねてみたら、チャットGPTは詳しい方法を教えてくれました。質問の角度を変えるだけなんです。

あ、皆さんは生成AIを絶対に悪用しないでくださいね。

今すぐあなたがやるべきこと

このように、人の声でセリフを再現する技術が登場しているので、特にネット上で声を公開している人は注意してください。声を盗まれる可能性があります。

被害に遭わないと思っている人こそオレオレ詐欺に遭っている

まずは両親や親戚に、そして友人知人たちにも自分の声でオレオレ詐欺の電話がかかってくる可能性を伝えておいた方がよいでしょう。僕もユーチューバーですから、両親には注意するように伝えてあります。もし僕から電話が来てお金がどうのこうの、という話をされたら、僕の携帯電話に直接連絡、もしくは僕の兄妹に連絡して確認するようにアドバイスしてあるんです。

警視庁のデータによると、オレオレ詐欺の被害に遭った人の78・2％は「自分は被害に遭わないと思っていた」そうです※2。**つまり、オレオレ詐欺の存在は知っていたけど、自分はだまされない自信があったという人がだまされているんです。**

「自分はいつかだまされるかもしれない」と警戒しているぐらいがちょうどいいということです。そういう意味では、常に物事を疑ってかかるクリティカルシンキングが大事になってきます。

デジタル社会の隙をついた犯罪

生成ＡＩが声だけでなく、動画やウェブサイトなどのフェイクを簡単に生成できるようになると、かえってアナログな手法でデジタルの弱点を突いた犯罪が増えることに注意してください。それは「ソーシャルエンジニアリング」と呼ばれる犯罪手法です。

ソーシャルエンジニアリングは、（なぜか名前はカッコいいですが）ターゲットの知り合い、または社会的に信頼されている著名人になりすまして人をだまし、特定の行動をとらせたりして機密情報を取得する詐欺手法です。フェイクのウェブサイトに誘導してパスワードやクレジットカード情報を入力させるフィッシング詐欺が有名です。他人がパスワードを入力している様子を後ろからのぞき見して盗み取る方法（「ショルダーハッキング」と呼ばれています）は、超アナログですがデジタル社会の隙をついていますよね。

ソーシャルエンジニアリングへの対策としては、メールにリンクが貼られていたらうかつにクリックしないことや、パスワードを入力する際には周囲に注意するといった習慣をつけることです。つまり、**習慣化力**で対応するしかないんです、今のところ。

デジタルのサービスを使うからといって、アナログ面の油断をしてはいけないと思います。

役立つスキル

スキル13 **クリティカルシンキング**（460ページ参照）
スキル17 **習慣化力**（462ページ参照）

※1 警察庁『令和5年における特殊詐欺の認知・検挙状況等について（確定値版）』（https://www.npa.go.jp/bureau/criminal/souni/tokusyusagi/hurikomesagi_toukei2023.pdf）

※2 警察庁『オレオレ詐欺被害者等調査の概要について』（https://www.npa.go.jp/bureau/criminal/souni/tokusyusagi/higaisyatyousa_siryou2018.pdf#page=2）

未来予測20

結婚は婚活アプリで！遺伝子情報の交換も常識になる

なぜそうなる？

ブライダル総研の調査によると、2021年に結婚した2人に1人は婚活アプリを利用していたことがわかりました※1。また「婚活にあたって何をしたか」という質問に対して、2021年のデータでは1位が「恋活・婚活サイト、アプリ」で40・2％、2位が「結婚相談所」で34・1％でした（図表20－1）。

マッチングアプリは出始めの頃、「出会い系アプリ」と呼ばれ、いかがわしいアプリと思われていました。現在は婚活に特化したより健全で安全性の高いアプリが登場し、市民権を得ていると言えるでしょう。なんと東京都も市場に参入してきました※3。

このような状況になった理由は、婚活アプリを利用して実際に結婚できた人たちの

実施(利用)した婚活によって、結婚した人の割合
(1次調査/各年に結婚した人のうち、各婚活を実施(利用)した既婚者/各項目単一回答)

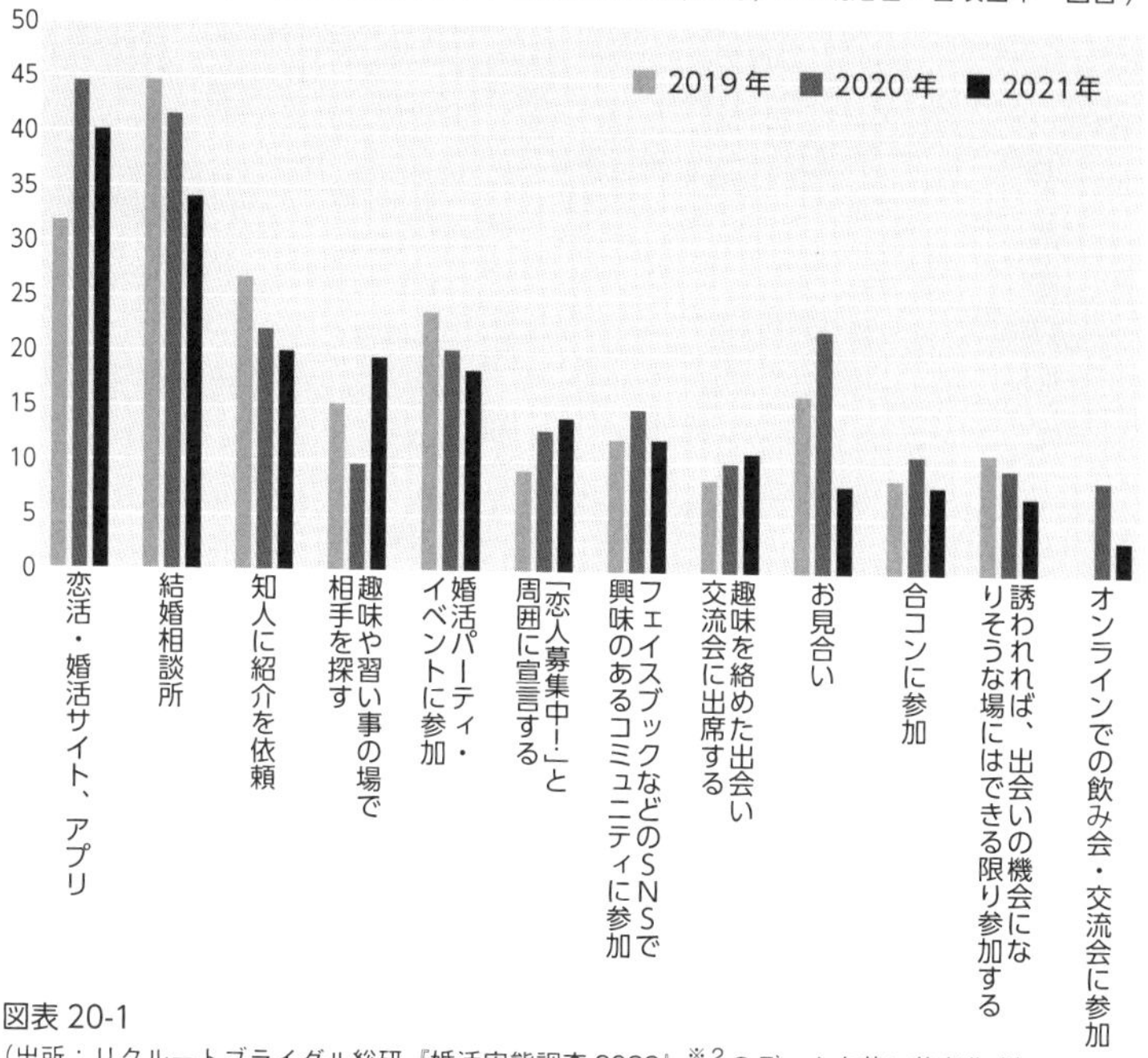

図表 20-1
(出所:リクルートブライダル総研『婚活実態調査 2022』[※2]のデータを基に著者作成)

データが実績として蓄積され始めてきたからです。**しかも、婚活アプリを利用して結婚した夫婦は、そうでない夫婦に比べて離婚率が低いこともわかっています**[※4]。

婚活アプリの利用者の離婚率が低いことは、考えてみれば納得がいきます。婚活アプリを使った場合、お互いのことをよく理解した上で出会っているからです。外見はもとより趣味や笑いのツボ、ワークライフバランスの価値観、欲しい子供の人数と産みたい

年齢、家事・育児の価値観、実家のある故郷、年収など、お互いに納得し合った上で付き合い始めるわけです。ですから、結婚した後も「こんなはずじゃなかった」とがっかりする可能性が低いわけですね。

ここからは僕の予想ですが、婚活アプリがこれからどのように進化していくのかというと、遺伝子情報や持病の情報交換、将来病気になるリスクのＡＩ分析の結果など、より相手のことを理解するための遺伝子レベルの情報交換が行われるようになるでしょう。**その結果、親が子供に「結婚相手を見つけるなら婚活アプリを利用しなさい」と勧める時代が来るでしょう**。その方が、子供が幸せな家庭を築く可能性が高いからです。これからのデジタルネイティブ世代を中心に、**偶然の出会いによる恋愛結婚はリスクが高過ぎる**と考えられるようになっていくでしょう。

個人信用評価システムは日本では普及しない

中国のマッチングサイトBaihe.comでは、アリババグループの関連企業が開発した個人信用評価システム・芝麻《ジーマ》信用のスコアが利用されています※5。このスコアは罪を犯したり公共料金の未払いが生じたりすると下がりますので、芝麻信用が普及してから中国の犯罪率が下がったなどという話もあります。

人の信頼度を数値化することの是非は置いておいて、芝麻信用のような仕組みが日本で普及するかというと、僕は普及しないと考えています。なぜなら、アリババのように個人のあらゆるデータを取り扱う中央集権的な組織が日本にはないからです。また、日本人の個人情報の秘匿性に対する意識が高いことも普及にブレーキをかけるでしょう。

実際、日本でもみずほ銀行とソフトバンクが共同で、信用スコアシステム「J.Score」を立ち上げましたが、結局普及することなく２０２２年にひっそりと幕を下ろしています。僕も試しに登録していましたが、みずほ銀行の残高が少なかったからなのか、僕の信用スコアは低かったです（泣）。

今すぐあなたがやるべきこと

これからのＡＩ社会では、婚活に限らず恋愛でも転職でも、個人の特性や信頼性などをデータとして効率的に評価して判断される機会が増えてくるでしょう。そのときのために、第三者にもわかりやすい**自分ブランド力**を高めておく必要があります。

採用面接などでも、まずはデータで評価し、最終決定で生身の人間が話している動画でチェックするという流れがスタンダードになると僕は予想しています。実際、コンテンツプラットフォームを運営しているU－NEXTでは、人材採用において90秒以内の自己アピール動画を評価に活用しています。**動画は単位時間当たりの情報量が文字の2000倍ともいわれますから、人材を効率よく評価できると考えられるわけです。**

となれば、この動画を作成するには**自己主張する力**が必要になりますね。もちろん、動画を撮影して効果的に編集するには**テクノロジー駆使力**も必要です。

このとき、Ｓｔｅａｃｈのようなサービスを活用するとよいでしょう。自分が話している様子をスマートフォンのアプリやＰＣ上のウェブサービスで撮影すると、表情や目線、姿勢、話すスピード、話した内容をＡＩが評価してくれるんです。表情は明るいか、目線は定まっているか、声の大きさは十分か、話の内容は明瞭かなど、ＡＩが解析してチャート化してくれます。僕も試してみましたが、とても精度が高いと感じました。

さらに言えば、恋愛用でも転職用でも、自己アピールの動画に20番目の**シークレットス**

キルを取り入れることができれば、ライバルに大きな差をつけることになるでしょう。

役立つスキル

スキル4 **テクノロジー駆使力**（455ページ参照）
スキル6 **自分ブランド力**（456ページ参照）
スキル7 **自己主張する力**（457ページ参照）
スキル20 **シークレットスキル**（463ページ参照）

※1 リクルートブライダル総研『婚活実態調査２０２２』（https://www.recruit.co.jp/newsroom/pressrelease/assets/20220908_marriage_01.pdf）
※2 リクルートブライダル総研『婚活実態調査２０２２』（https://www.recruit.co.jp/newsroom/pressrelease/assets/20220908_marriage_01.pdf#page=7）。「オンラインでの飲み会・交流会に参加」は２０２０年から項目に追加
※3 https://www.futari-story.metro.tokyo.lg.jp/ai-matching/
※4 MBSコラム『1万人アンケートでわかった〝マッチングアプリ婚〟のその後とは』（https://www.mbs.jp/mbs-column/mimi/archive/2020/08/24/020976.shtml）
※5 スコアの根拠は、ソーシャルメディアでの言動やアリババグループでの購入記録、アリペイでの支払い記録などのデータです

未来予測21

メタバースでの企業研修が一般的になる

なぜそうなる?

皆さんはメタバース空間を体験したことがありますか? 「いやいや、メタバースって超話題になったけど、そんなに、はやらなかったじゃん」と突っ込まれるかもしれませんが、実際に体験してみると、「おおっ!」ってなりますよ。数年前とは違って、現在は3Dゴーグルの性能もソフトの性能も格段に向上したので、メタバースの没入感は以前と比べものにならないほど深くなっています。

実際、僕はメタバースのバーチャル会議に参加したり、バーチャル歩行器でメタバースの空間を歩き回ったりしたこともあります。バーチャル歩行器とは、体をベルトで固定して、ハムスターが回転グルマの上を歩くみたいにしてジタバタするやつです。

3Dゴーグルの値段が高くて重い

体験してみるとすごいのですが、それなら今度こそメタバースがはやるかと言われると、「うーん、まだかな」と答えざるを得ません。なぜなら、ソフトに対してハードのクオリティーや価格が全く見合わないからです。

例えばメタバース体験に必須の3Dゴーグルの価格は、最も有名なメタのQuest3が約8万円、アップルのVision Proに至ってはなんと約50万円もするんです（両価格は2024年9月時点）。こんなに高額では市民権を得られません。ただし、技術の進歩や競争原理、量産化などの影響で低価格化する可能性はあります。

また、現在の3Dゴーグルは重いので、少し長い時間装着していると肩が凝るんです。僕は、大手メーカーがどんどん3Dゴーグル市場に参入すれば、2035年ごろには1万円以下で小型軽量化した3Dゴーグルが登場すると予想しています。

特殊な現場の作業研修では、メタバースが早くから使われる

もっとも、それを待たずにメタバースがはやりそうな業界があります。それは現場仕事のために社員研修が必要な業界です。

実際、僕は建築現場の高所で作業を行う研修を受けたことがあります。バーチャル空間で、骨組みしかないビルの建築現場の高所を体験することができたんです。**バーチャルだとわかっていても、足が震えて鳥肌が立つほどにリアルで怖い研修でした。**

これまで、実際の現場か研修用に作られたダミーの現場を使わなければできなかった研修が、バーチャル空間で実施できるようになっています。命綱の結び方や資材の運び方、声の掛け合い方など、様々なことを体験できました。

これが実際の現場であれば、万が一トラブルが起きたら人命に関わるわけですから、可能な限り安全なバーチャル空間で慣れておくことには大きな意義がありますね。

ANAは、既に整備士向け安全体験教育としてVRコンテンツ「ANA VR Safety Training System」を導入しています[※1]。JR東日本も既に、鉄道との接触などによる事故現場をメタバース空間で再現し、事故防止研修を実施しています[※2]。他にも、日立GEニュークリア・エナジーと日立プラントコンストラクションは、メタバースを原子力発電所における作業効率と安全性の向上や技術伝承、人材育成に活用していくと発表しています[※3]。

3Dグローブでリアルな触感を得る

最近は3Dゴーグルに加えて3Dグローブも開発されています。3Dグローブは仮想空間中でものに触れると、実際に手のひらや指先で触っているように感じることができるデバイスです。代表的なものにはメタのHaptic Glove、エーアイシルクのHaptic Metaverse Glove powered by LEAD SKIN、Diver-XのContactGloveがあります※4。3Dグローブを装着すれば、実際に硬いものや柔らかいものに触っている感触を得られるので、よりリアルな研修を行うことができます。

しかもメタバース空間では、1人の講師が同時に多数の受講者を指導できます。リアルな現場では物理的に限られた空間で研修を行うため、一度に1人～数人しか指導できないでしょう。メタバースであれば、本社と各地域の支社の人たちが1カ所に集まる必要がありません。お互いに離れていてもメタバース内で集まることができるのです。

メタバースに向いている研修

メタバース空間に向いている企業研修の特徴を挙げてみます。

- 実際に講師が目の前で手足を使って見本を見せて、それを模倣しないといけない研修。
- 危険な現場なので、慎重に行わないといけない研修。
- 現場に危険はないが、狭い場所なので一度に少人数しかできない研修。
- 受講者が複数の拠点に分かれているため1カ所に集まることが難しい環境での研修。

このような条件がそろっている研修では、たとえ3Dゴーグルの値段がまだ高額な段階でも、現場にみんなが集まって講師が何度も研修を行うより、はるかにコストが安くなります。**さらに、講師が話す内容をすべて録画しておけば、受講者は自宅にいながら24時間365日いつでも好きなタイミングで研修を受けることができます**。ゲーム形式にすれば、そのままその研修の合否のテストも楽しみながら行うことも可能になりますね。

言い換えると研修講師の仕事をしている人は、徐々にテクノロジーに代替されていくでしょう。

今すぐあなたがやるべきこと

メタバースのすごさや将来性を感じるには、とにかく体験することが肝心です。もしまだ体験したことのない読者がいたら、一旦本書の読書を中断し、家電量販店などのVR体験コーナーに行って体験してきてください！　実際に体験してテクノロジーに対する抵抗感を払拭することで**テクノロジー駆使力**が身につきますし、好奇心が高まり**一次情報収集力**が身につきますよ。

３Dゴーグルは高額なので「体験するために購入してください」と軽々しく言えませんが、家電量販店などで体験するのなら交通費だけで済ませることができますよね。

正直なところ、本書を買ってくださるような人、つまりこれからビジネスパーソンとして最前線で活躍しようと考えている意識の高い人であれば、メタバースのような新しい技術を実際に体験しておくべきだと、僕は思います。

新しいテクノロジーは思いもかけない場面であなたの仕事に関わってくる

生成ＡＩと同様に、メタバースはこれからの働き方を劇的に変える可能性がありま す。体験しておかないと、現時点で何ができて何ができていないのか、何が便利で何が不便なのか、ということを一次情報として持っていないことになります。

商談の雑談でメタバースの話になったとき、「いや、噂には聞いていますがまだやったことがないんで」と返してしまうと、「ああ、この人は新しいテクノロジーに興味がなさそうだから、この人には今後のビジネスのトレンドについて相談しない方がいいな」と思われてしまうかもしれません。

それに、新しいテクノロジーというのは、思いもかけないような場面であなたの仕事に関わってくる可能性があります。もしそうなったとき、「試したことがないのでよくわかりません」と答えてしまえば、どうなるでしょうか。発注先の担当者が自分よりも必要な分野の知識や体験が不足していれば、信頼されませんよね。

例えばあなたがウェブサイト制作会社の担当者で、顧客からウェブサイトのリニューアルを相談されたとします。顧客から「今度のリニューアルでは商品ページをＸＭＬデータベースと連携させたいんだけれども、その場合ってサーバーサイドはＰＨＰ、Ｐ ython、Java、どの言語を使うのが今どきの主流なの？」などと尋ねられたとき、顧客よりも知識がなくてオロオロしていたら、信頼を失いますよね。

それと同じです。

役立つスキル

スキル1 **一次情報収集力**（454ページ参照）

スキル4 **テクノロジー駆使力**（455ページ参照）

※1 https://www.anahd.co.jp/group/pr/202002/20200226.html

※2 https://metaversesouken.com/vr/safety-education/#JRVR

※3 日立ニュースリリース『日立、現場データの収集技術や生成AIを活用した「現場拡張メタバース」を開発』（https://www.hitachi.co.jp/New/cnews/month/2023/12/1218.html）

※4 順にMeta、知財図鑑『仮想空間にタッチ感触をもたらす触覚グローブのデモ映像を公開―遠く離れた相手とも触れ合う感覚を共有』（https://chizaizukan.com/news/3W3Z6PfVrFOtS4V0d6phbE/）、Mogura VR News『東北大発ベンチャー、機械部品を使わない"メタバース向け触覚グローブ"発表 導電性繊維だけで実現』（https://www.moguravr.com/haptic-metaverse-glove-powered-by-lead-skin/）、PRTIMES『Diver-X、SteamVR対応のグローブ型コントローラー「ContactGlove」を発表 -9月下旬にKickstarterにてリリース（6万5千円から）-』（https://prtimes.jp/main/html/rd/p/000000003.000079431.html）

未来予測22

地方の百貨店は完全に時代の役目を終える

なぜそうなる?

百貨店は2極化しています。伊勢丹の新宿本店は2023年度決算で過去最高の売上高3758億円をたたき出しました。この記録は1991年のバブル崩壊以前の絶頂期の3000億円を超え、2024年度決算では4000億円を超えそうだといいます。高島屋も33年ぶりに最高益となりました。外国人観光客が爆買いしてくれる都会の百貨店は過去最高の売り上げを記録する一方、インバウンド需要を見込めない地方の百貨店は次々と閉店に追い込まれています。

僕の地元の広島県呉市には、昔、駅前にそごうがあり、僕が子供の頃はとてもにぎわっていました。今の若い人たちは知らないと思いますが、当時はエレベーターにエレベーターガールと呼ばれる女性が立っていたんです。エレベーターに乗ってきたお客さんから降りる階を聞いてその階のボタンを押すという、今となっては意味不明な職業でした。景気が良かった頃ですから、百貨店にもそのような職種の人たちを雇用している余裕があったのでしょう（笑）。そのそごうも10年以上前に閉店しました。

２０１９年には徳島県が全国で初めて「百貨店のない県」という不名誉を与えられ、その後、山形県、島根県、そして岐阜県と百貨店がない県が誕生しました。**百貨店が1店しかない県は現在15県あり、これらの県の百貨店も次々と閉店に追い込まれていくでしょう**。10年後には、地方の百貨店は完全に時代の役目を終えているでしょう。

ではなぜ、百貨店の閉店が続くのでしょうか？　その理由は大きく２つあります。

理由1　憧れの場所ではなくなった

１つ目は、もはや百貨店には未来が詰まっていないからです。憧れの場所ではなくなってしまったのです。

百貨店の始まりは三越です。元は越後屋という３００年の歴史を持つ呉服屋で、それが１９０４年に日本で初めての百貨店となったんです。日本で初めてエスカレーターが設置されたのも三越でした。ちなみにエスカレーターを発明したのは米国人です。このようにして始まった百貨店には、エスカレーターの他にも日本の未来が詰め込まれていました。おしゃれな店内には高級な商品が並び、そこで買い物をして最上階のレストランで食事をすることが庶民の憧れだったのです。

しかし、インターネットの登場により、百貨店に行かなくても同じ商品を買えるようになってしまいました。もはや百貨店は、**ネットで販売されているのと同じ商品を3割増しくらいの値札を付けて売っている場所でしかなくなってしまったんです。**もちろん、今でも百貨店の店内はきれいでディスプレーも洗練されています。接客も丁寧ですし、高級感漂う空間に浸れる脱日常の場所です。でも、多くの若者にとっては、そこで気に入った商品があれば、「帰宅してからアマゾンや楽天で買えばいいや」ってなるんですね。

理由2　主力のアパレルにAI革命の波が襲う

2つ目の理由は、百貨店の主力商品であるアパレルがＡＩの大変革の波にさらされていることです。アパレルは試着などが伴うので来店購入されるケースが多かったのですが、それも不要になりつつあるのです。

例えばアマゾンのDiffuse to Chooseで服をバーチャル試着したり、Virtual Try-On for Shoesで靴をバーチャル試着したりできます。スマホを通して自分の足元を見れば、ＡＲ（拡張現実）技術で自分が履いているように見ることができます。ＺＯＺＯのバーチャル試着では、洋服の質感や着用時のシワ、ドレープ感（緩みやたるみ、ヒダの感じ）まで限りなく実物に近づけて再現されています（現在、試用期間が過ぎて実装準備中）。

バーチャル試着

また新しい形のアパレルショップも生まれています。原宿にある中国発のファッションブランド「ＳＨＥＩＮ」（シーイン）は、一見普通のアパレルショップに見えますが、試着後は店内で買わず、商品についているＱＲコードからＥＣサイトに移る仕組みとなっていて、いわゆる売らないお店（ショールーミング形式）になっています。
さらに、インスタグラムをはじめとしたＳＮＳによるネット通販攻勢があります。ライブコマース機能もどんどん強化してくるでしょう。中国のライブコマース市場の規模

が100兆円に膨張したのを見て、国内のSNS各社が黙っている理由がありません。僕が住んでいるフィリピンでもライブコマースは人気です。

これからは、インフルエンサーが着ている服の写真を見て、ライブコマースで愛用のアパレルやコスメを見ながら、欲しいと思ったらすぐにその場で買える時代です。事前にスマートフォンで自分の写真を登録しておけば、簡単にバーチャル試着ができます。色の変更も瞬時ですし、後ろ姿など別の角度から確認することも生成AIによる画像が可能にします。

メタバース空間に入れば、アバターの自分が気に入った服を着てバーチャル空間の中で鏡の前でクルっと回転したり、あるいはポーズを取ることもできます。これでは、ますます百貨店に足を運ぶ動機が弱くなってきますよね。

今すぐあなたがやるべきこと

「今すぐあなたがやるべきこと」では、アパレルに限らず、商品を売っているビジネスパーソン向けに共通する汎用性のある話をします。

まず、いつまでも古き良き時代の成功体験に浸っていないで、時代の変化に対応できる**フルモデルチェンジ力**を養いましょう。ネットに疎い年配者だけを相手にしていると、ジリ貧になることは目に見えています。これまでの常識にとらわれない意見を積極的に聞く耳を持つのです。いつの時代も、イノベーションを起こすのは「若者、バカ者、よそ者」です。

そこでしか買えない商品やそこでしか受けられないサービス

百貨店が今すぐやるべきことの1つ目は、お客さんが百貨店に足を運ぶ絶対的な理由をつくることです。百貨店の中で、今でも元気なのはデパ地下です。地方でさえデパ地下はにぎわっています。なぜなら**自分ブランド力**が高いからです。**デパ地下で売られているおいしいお惣菜は「デパ地下でしか買えないもの」が多いのです**。たとえ混み合っていたり行列ができたりしていても、お客さんたちは並んででも買ってくれます。ここに、需要と供給のバランスで供給過多になってしまった日本で、お金もうけをする基本戦略があります。そこでしか買えない商品やそこでしか受けられないサービスを作るんですね。

２つ目は、これまでの顧客を活用することです。例えば過去最高に調子が良い伊勢丹や高島屋は何をしたのか。インバウンド頼みだったわけではありません。実は**テクノロジー駆使力**を発揮し、ＤＸに徹底的に注力しました。それまでの勘による陳列商売から、徹底的にデジタルデータを活用するマーケティングを行いました。

アプリやクレジットカードの活用記録から、誰がいつ何をどれくらい購入しているのかをデータ分析したのです。例えば伊勢丹ではデジタルデータを駆使したマーケティングを行ったことで、年間で１００万円以上購入しているお客様を４割から５割まで増やすことに成功しています。このようなＤＸ化については、僕のユーチューブで公開している『宇宙一わかりやすいＤＸシリーズ』をご視聴ください。わかりにくいＤＸを宇宙一わかりやすく説明している自負があります（笑）。

百貨店の上のフロアの一部をＡＩ関連企業のオフィス専用にする

３つ目は、徹底的に外商（百貨店店外で上位顧客に直接営業して商品を販売する部隊）に力を入れることです。ＤＸを推進して顧客データを分析し、それぞれの年収や趣味嗜好などがわかれば、外商の出番です。データさえ駆使することができれば、後は優秀な外商が数人いるだけで十分です。最も優秀な外商員をリーダーに据えて**マネジメント力**を鍛え、少数精鋭のエリート外商部隊を育てましょう。

4つ目は、規模を縮小すること。**要するに、もう大きな箱は不要になるということです。** **捨てる力**を使って百貨店のプライドを捨て、百貨店の上の階には百貨店と関係ないテナントに入ってもらいます。

一つのアイデアとして、百貨店の上のフロアの一部をAI関連企業のオフィス専用にするのはどうでしょうか。特に地方のオフィスビルは、古臭い事務所感が半端ないので、昨今の若手スタートアップ企業からすれば魅力がありません。面白みがないんですね。しかし百貨店の上のフロアなら、下の階は高級感が漂う百貨店の空間がありますし、最上階にはおしゃれなレストランがあります。地下には華やかなデパ地下があるんです。

オフィスのテナント用フロアに緑を敷き詰めた遊び心のある空間を用意すれば、地方のAIスタートアップ企業や都市部の最先端IT企業が入居してくれる可能性がありまます。

ちなみに日本で一番老舗が多い業界は貸事務所業です※1。このビジネスモデルは、立地条件と一定の物件品質が保たれていれば、どんな時代にも一定のニーズがあるため生き残りやすいと言えます。

役立つスキル

スキル4 テクノロジー駆使力（455ページ参照）
スキル6 自己ブランド力（456ページ参照）
スキル8 マネジメント力（457ページ参照）
スキル11 フルモデルチェンジ力（459ページ参照）
スキル16 捨てる力（461ページ参照）

※1 https://www.tsr-net.co.jp/data/detail/1197122_1527.html

2030-2035

コラム

暗号資産（仮想通貨）が電子マネーのように使える未来は来る？

僕のユーチューブのコメント欄に次のような質問がしばしば来ます。

「ビットコインのような暗号資産（仮想通貨）は、将来、世界中どこでも使える電子マネーとなるのでしょうか？」

僕の答えは、「そんな日は来ないだろう」です。

今起きている現象を見てください。使える店やサービスがちょこっと増えたり、基軸通貨（ドル、ポンド、ユーロなど）に対する価値が暴騰したり暴落したりと乱高下を繰り返しています。これでは暗号資産で決済することにはリスクが伴いますよね。

確かに日本でもビットコインを使える店があります。ビックカメラが有名ですが、他はググってみてください。おそらく有名なところや大手で取り組んでいるのはわずかです。

なぜでしょうか？

暗号資産を国内の通貨（法定通貨）と認めた国の責任が問われる

理由は簡単です。国が暗号資産を認めたくないからです。そもそも国は土台として、通貨発行権を持っています。ユーロ加盟国のように自らの通貨発行権を手放してしまった欧州諸国もありますが、これは壮大な経済的実験ともいえる特殊な制度ですので、今は考えないでおきましょう。

ともかく、日本は自国通貨である「円」を発行する権利を持っています。実際の紙幣は日本銀行が発行していますので、紙幣の正式名は「日本銀行券」と呼びますよね。

自国通貨を発行できる国々は、国内経済が混乱しないように通貨の発行量をコントロールしています。ここにビットコインのような暗号資産が入り込んできて、大暴落でもしたときにはどうなるでしょうか？

もしもそんなことが起きたら、暗号資産を国内の通貨（法定通貨）と認めた国の責任が問われます。誰もそんなリスクを負いたくはありませんよね。そんな政治家も官僚もいません。

法定通貨と認めたエルサルバドルでは社会が混乱

本稿執筆時点では、世界で唯一エルサルバドル（中米にあります）という国だけが、ビットコインを法定通貨として認めています。1ビットコインが4万7000ドルだったときから認めており、2024年9月現在では1ビットコインが6万ドルくらいになっています。価値が増えたように見えますが、一時は1万6000ドルまで下落したこともあり、そのときには建築工事などがすべてボイコットされるなど、相当に社会が混乱したそうです。**暗号資産を法定通貨にすることは本当にリスキーなんですね。**

もう一つ、暗号資産が法定通貨として認められない理由には、大国の思惑があります。世界の基軸通貨を有する米国、そしてその米ドルに代わってデジタル人民元を基軸通貨にしたいと目論んでいる中国がいます。こうした大国は、暗号資産を法定通貨として認めるわけにはいきません。

特に中国は、デジタル人民元の普及に力を入れています。日本の日本銀行に当たる中国人民銀行によれば、中国でデジタル人民元を使用した取引は、2023年6月末時点で1億2000万人が口座を開設して1兆8000億元（約2492億7000万ドル）に達したそうです。

このような理由から、暗号資産がペイペイのように日本中で使える日は来ないと思っています。

第3章 AGI誕生期 2035年－2040年

Inconvenient Future Predictions 48

未来予測23

AGIの誕生でシンギュラリティーが到来する

なぜそうなる？

「ＡＩの研究開発をこれ以上続けるべきではない」と主張する科学者も出てきました。それほどＡＩの進化は劇的に世界を変えようとしています。現在のＡＩはやがてＡＧＩ（Artificial General Intelligence：汎用人工知能）となり、さらにＡＳＩ（Artificial Super Intelligence：人工超知能）へと進化します。ここではＡＧＩについてお話しします。

ここまでもジェットコースターに乗っているようなスピード感で未来を描いてきましたが、ここからは戦闘機に乗っているような世界に突入しますよ。もしかすると不安や恐怖を感じる方がいるかもしれませんし、ワクワクが止まらないという方もいるかもしれません。心の準備はいいですか？

今のＡＩは気が利かないが、ＡＧＩになると気が利くようになる

現在のＡＩはＡＮＩ（Artificial Narrow Intelligence：特化型人工知能）と呼ばれる段階にあります。ＡＮＩは人の能力をはるかに凌駕した処理能力を持ちますが、何かに特化した作業しかできません。例えば将棋を指す、難しい論文を要約するなど、人が命ずる特定の作業しかできず、命じていない作業は一切行いません。言われたことはちゃんとこなすけど、それ以外のことに関しては気が利かないんです。

これに対してＡＧＩは範囲の制限がなくなり、汎用になります。**自己学習し、気が利くようになるんです**。僕はＡＧＩが遅くとも２０３５年までに誕生すると予想しています。

なお、ＡＧＩの誕生をもってしてシンギュラリティーと呼ぶことがあります。シンギュラリティーとは、１０００ドル程度のＰＣ1台が全人類の知能の合計を超える瞬間のことで、「技術的特異点」とも呼びます※1。

ＡＧＩの誕生は、チャットＧＰＴの登場で10年以上早まったと考えてもいいでしょう。

さらに、オープンＡＩは２０２４年9月12日（現地時間）

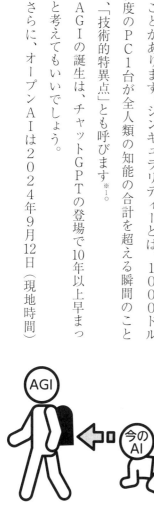

にチャットGPTの最新バージョンo1（オーワン）をリリースしました。オーワンは物理学、数学、生物学で博士課程の学生と同等の能力を発揮するそうです。僕は有料版に申し込んでいるので早速使ってみましたが、これまでのチャットGPTと違って、ただ回答するだけじゃなく、なぜそのような回答をしたのかという理由まで示してくれて、さらに人間と会話をしているように感じます。早く見積もると2030年までにAGIが誕生するかもしれません。そうすると本書のここから先の内容が自動的に5年ほど前倒しになるでしょう。

どこをどのように掃除すべきか判断してくれる

AGIは気が利くと書きましたが、どれくらい気が利くのでしょうか。

まず掃除で考えてみます。現在はANIを搭載したルンバのような掃除ロボットが床を掃くだけであったり、窓を拭くだけのロボットがあったりします。AGIになれば、どこをどのように掃除すべきかを自分で判断できるようになります。

次に会話で考えてみます。今のAIでも人と会話できますが、時々話が通じなくなったり、感情移入ができなかったりします。ユーモアも足りません。AGIになれば、人生相談をしたり愚痴を話して励まされたり、あるいは一緒に笑ったり泣いたりして共感を得られるなど、人とは区別がつかなくなるでしょう。まさにＡＩに恋をする男性を描いたＳＦ映画『her/世界でひとつの彼女』（原題：Her）が現実となります。この映画、お勧めなのでぜひ観てほしいです。

バーチャルヒューマンやアニメのキャラクターとの恋愛がオタクだけのものではなくなり、広く市民権を得るようになります。この頃になれば、結婚という概念も古く感じられるようになっているでしょう。ちなみに卓上サイズのかわいらしいロボットにＡＧＩが搭載されるようになれば、爆発的に普及すると思います。これらのロボットは、独居老人や老人ホームなどで活躍することになるでしょう。実際にＭＩＸＩ（東京都渋谷区）は会話ＡＩロボット「Romi」にチャットＧＰＴを搭載することを発表しています。

論文の執筆、薬の開発、商品開発、ゲームの遊び相手など、劇的に変わる

次に論文で考えてみます。現在のＡＩは、人の論文執筆を補助している段階です。ＡＧＩになると、人が1年間を費やして書き上げるような論文を、ＡＧＩだけの能力として1日に1000本でも書き上げることができるようになります。量子コンピューター

の専門家である北川拓也氏によれば、量子コンピューター上で今より進化したＡＩが作動するようになれば、**1時間に1回はノーベル賞級の論文を生成する可能性があるそうです**。すさまじい能力ですね。

そして薬の開発で考えてみます。現在もＡＩは薬の開発に活用されていますが、あくまで補助ツールの段階です。ＡＧＩになると、治したい病状を伝えるだけで自動的に薬を開発できるようになります。その結果、現存するあらゆる病気が治療可能になり、人の平均寿命がさらに延びると予想できます。

次は商品開発で考えてみます。現在のＡＩは商品開発のアイデア出しの補助や販路拡大のリサーチ補助、顧客対応のチャットサポートなどに活用されています。ＡＧＩになれば、「商品開発→ＳＮＳ集客→在庫管理→顧客対応」というプロセスのすべてを一気通貫で処理できるようになります。人はプロセスの節目のチェックを行うだけになるでしょう。

次にゲームの遊び相手で考えてみます。現在のＡＩは、ゲームに搭載されたコンピューターモードにより対戦する能力までは持っています。ＡＧＩであれば、たとえコンピューターモードを搭載していないゲームでも遊び方を学習し、コントローラーを操作して対戦相手として一緒にプレーできるようになるでしょう。**最初は下手な状態で、対戦するたびに腕を上げてくるという人間臭い愛嬌のある対戦相手となることもできます。**

AIの研究開発が止まらない4つの理由

ここまで、ANIからAGIに進化したときに変わることについて、具体的な例を見てきました。現在は第四次産業革命の真っただ中であると言われていますが、その革命のコアを担うのがAGIになるでしょう。本項の冒頭で、「『AIの研究開発をこれ以上続けるべきではない』と主張する学者も出てきました」と書きましたが、AIの研究開発が止まることはありません。それには4つの理由があります。

1つ目の理由は、人類の文明は便利な方に一方通行で進み、不可逆だからです。いまさら火や電気やネットや自動車のない社会に戻らないように、一度でもチャットGPTなどの生成AIを仕事で活用した人は、もう生成AIなしで仕事をしたいとは思わないでしょう。

2つ目の理由は、後述しますが軍事目的でAIの開発競争が進んでいるからです。米中の兵器開発競争は既に始まっています。ここでAI開発をやめれば国家の危機にさらされるのです。

そして3つ目の理由は、現在のGAFAのように、AI開発で覇権を握れば、莫大な富と名誉を手にすることができるからです。

最後の4つ目の理由は、AI覇者になろうとしている人たちはテクノロジーの進化が地球規模の人類の難題を解決すると信じているからです。僕もその一人です。

今すぐあなたがやるべきこと

AIの研究開発や利用方法に制限をかけても、すぐに形骸化してしまいます。EUは罰金を科すルール作りをしていますが、「自己学習する」AGIが登場したら制裁金の裁判だらけになってしまうので、結局努力義務といった程度のルールに落ちつくでしょう。

AGIに課題を与えるのは「人」、それは変わらない

あらゆる業界のあらゆる職種がAIに置き換わっていくことがわかっているのですから、今僕たちがやるべきことは、自分が従事している業務にどのように影響してくるの

かを考え、自分はどうすればＡＩを使う側、つまり**テクノロジー駆使力**を使う側になれるのかを予測するのです。**未来予測力**の見せどころです。

その際に肝となるのは、現在のＡＮＩからＡＧＩに進化しても、それはＡＩが対応できる範囲が「特定の分野」から「汎用的な範囲」に変わるだけであり、ＡＩに課題を与えるのは変わらず「人」だということです。あなたがどの業界でどのような職種に従事していようとも、**課題発見力**さえあれば、必要とされる人材でいられるということです。

また、**ＡＩがいくら進化しても、人という非合理的で感情的な生き物をマネジメントすることはできません**。マネジャーという仕事は人の役割として変わらないので、**マネジメント力**をしっかり磨いておけば、職場にＡＩが進出してきても恐れるに足りません。

そして、実際にＡＧＩが登場すれば、間違いなく関連書が増えるでしょう。ＡＧＩは仕事だけでなく、人の生き方に影響を及ぼしますので、ＡＩ学者や社会学者、心理学者などがそれぞれの専門性を生かして「ＡＧＩと何か、社会はどうなるか」を説いた本が発行されるのです。そうなれば、**読書力**を生かし、専門家の意見を取り入れ、いち早く自分なりの未来予測やＡＩとの付き合い方を学んでください。

「それはAIが勝手にやったことだから」では済まされない

そしてもう一つお話ししておきたいことがあります。ANIがAGIに進化すると、先の「論文の執筆」で書いたように論文の数が飛躍的に増え、自分たちの気づかないところで新しい学説や分析が登場する可能性があります。そのとき、これまで以上に厳しくチェックしていないと、想定外の問題を引き起こしてしまう可能性があります。問題が発生した際、「それはAIが勝手にやったことだから」では済まされません。あくまでも責任はAIを使った人間にありますので、**自己責任力**をしっかりと身につけておいてください。

子育てに例えるとイメージしやすいです。ANIのときにはまだハイハイしかできない赤ちゃんを育てているので、注意すべき範囲が限定的です。ところがAGIに成長すると自由に歩き回れる子供のようになるため、少しでも目を離すと何をしでかすかわかりません。

2035-2040

スキル2　**課題発見力**（454ページ参照）
スキル4　**テクノロジー駆使力**（455ページ参照）
スキル5　**未来予測力**（456ページ参照）
スキル8　**マネジメント力**（457ページ参照）
スキル12　**自己責任力**（459ページ参照）
スキル14　**読書力**（460ページ参照）

※1　米国のフューチャリストであるレイ・カーツワイル氏が「シンギュラリティーは2045年に訪れる」と予想したことで、「2045年問題」という言葉も提唱されています

未来予測24

オンライン診療が普及し始め、薬剤師が淘汰される

なぜそうなる？

2024年8月、子供のオンライン診療アプリ「キッズドクター」が「第18回 キッズデザイン賞」を受賞しましたが、まだまだオンライン診療は日本では全く進んでいません。世界ではどうでしょうか。

厚生労働省によると、コロナ禍前のオンライン診療の普及率は日本では約5％でしたが、コロナ禍中に15％まで増加しました[※1]。ところがフランスは約20％から50％に、米国は約20％から60％に、英国は約20％から70％に増加しています。ちなみにこの数字はオンライン診療に対応している病院の割合であって、オンライン診療を選ぶ人の割合ではありません。

日本は普及が遅れているのです。しかも、オンライン診療に対応している病院であっても、初診は対面でなければだめだとか、2回目以降のオンライン診療でもいろいろと条件がつけられるなど、オンライン診療のハードルは高いままです。コロナ禍というオンライン診療の必要性が高まるような出来事があったにもかかわらず、日本ではそれほど普及しなかったんです。

オンライン診療が普及しない4つの理由

なぜ日本ではオンライン診療が普及しないのでしょうか。4つの理由が考えられます。

1つ目の理由は、オンライン診療ではわからないことが多いと考えられるためです。カメラ越しに症状を聞くだけでは得られる情報が限られ、「見落としていることがあるのではないか」となり、責任を負えないので、結局「来院してください」となることが多いのです。

2つ目の理由は、自民党と日本医師会の関係です。オンライン診療を全面的に解禁するかどうかの権限を持っている政府与党の自民党と、その有力スポンサーである日本医師会の関係を考えなければならないでしょう。

もしオンライン診療を全面解禁したらどうなるのか。これは先行している他の業界を見れば参考になります。患者である僕たちが、オンライン診療を受ければ、間違いなくレビューやコメントを投稿することになります。そのとき、レビューの評価が高い医者や病院には全国から患者が殺到し、評価が低い医者や病院には、患者が来なくなります。同じオンラインでも英会話やヨガ教室のレビューと違って、医療に関するレビューの評価は健康や命に関わるので、その影響力の大きさは比べものにならないでしょう。

つまり、オンライン診療を全面解禁してしまったら、**人気がある医者はますます患者が集まり収入は増え、人気がない医者のところには患者さんが来なくなり、廃業に追い込まれてしまう可能性もあります**。病院は他の業界以上にオンラインの影響で格差が生じてしまうんです。

3つ目の理由は、評価基準が曖昧で合理的とは

限らないことです。２つ目のレビューと関係しますが、患者さんが医師を評価する際の基準は、必ずしも治療スキルの高さや専門性の高さといった合理的なものとは限りません。むしろ、患者の話をよく聞いてくれるとか愛想が良いとかでしょう。ですから、治療スキルが高い医者でも無愛想であったり傲慢そうに見えるだけで評価を下げてしまい、廃業に追い込まれる可能性があります。**これは、患者と医者の専門知識の差が大き過ぎるという業界特有の問題です。**

そして４つ目は、医者がもうからないからです。オンライン診療は対面診療よりも保険点数が低く設定されています。つまり同じ時間で診察するなら、対面診療の方が稼げるのでオンライン診療を避けてしまう動機があるわけです。

ＡＧＩから提案された病名を参照し、最終的な診断を医者が下す

以上、４つの理由を挙げましたが、最も大きな理由は１つ目の「オンライン診療ではわからないことが多い」でしょう。ただ、この問題はＡＧＩの登場で解消します。既に、「未来予測16　『おはようございます』という声で、うつ病が判明する」で説明したように、声だけでうつ病にかかっていることがわかりますが、ＡＧＩの登場後は、もっと診断能

力が高まります。

例えば6G回線でつながった8K解像度のカメラで撮影された患者さんの瞳孔の開き具合や、目の動き、表情、毛細血管の拡張具合、声の周波数、脈拍などをAGIで解析します。同時に患者さんから症状が出た時の様子などを聞き取ってAGIに投げかけることで、候補となる病名と確率がいくつか提案されます。このようにしてAGIから提案された病名を参照し、最終的な診断を医者が下すんです。

AIトイレで自動的に健康状態が判断され、必要な薬が宅配便で届けられる

この頃には、一部の家庭でAIトイレも使われているでしょう。AIトイレとは、便器の内側にカメラやセンサーが付いていて、毎日の尿や便を解析することで自動的に健康状態がクラウドにアップされる設備です。このとき、尿や便から病気の初期症状が感知されれば、アラームで利用者に知らせます。

このデータをオンライン診療時に医者に提供することで、さらに診断の精度が上がります。その結果、薬の処方が必要となれば、オンラインで処方箋が提供されますので、それをオンライン薬局に提示することで薬が宅配便により届けられるようになり

ます。

この段階まで進めば、今ほどの薬剤師は必要なくなりますよね。場合によっては薬局そのものが今ほど必要なくなるでしょう。

既にアマゾンは、薬局によるオンライン服薬指導から処方箋の配送までを利用できるサービス「アマゾンファーマシー」を2024年7月23日に開始しています。オンライン書店が登場してリアルな書店が2万1000店舗から1万1000店舗に約半減してしまったことを考えると、実店舗の薬局への影響も相当に大きくなると予想できます。

薬のピックアップが機械化されることについて不安を持たれる方がいるかもしれませんが、昨今の人間による調剤ミスのニュース※2を見る限りでは、ヒューマンエラーの方がよほど怖いと思います。

今すぐあなたがやるべきこと

今すぐあなたがやるべきことについて、薬剤師の方と医師の方に分けてお話しします。

まず、薬剤師の方へ

調剤薬局で働いている薬剤師の方には、メディカルユアーズ（神戸市）が開発した日本初のロボット薬局をチェックしてほしいと思います。

厳しい言い方になりますが、処方箋を見て薬をピッキングして提供する仕事は、正確さが保てるのであれば、本来は誰がやっても同じです。資格が必要と法律で決まっているからというだけで、薬剤師の有資格者業務になっているんです。

既に国内でもいろいろなロボット薬局の導入が進められています。それらの多くでは、人の薬剤師が5分かけていた作業をわずか30秒で処理できたり、4人必要だった薬剤師が1人でよくなったりしています。患者さんが薬を受け取るまでの待ち時間が平均10分から約1分に縮まったという事例もあります。AIに代替されやすい仕事の特徴の一つは、誰がやっても結果が変わらない仕事であることは既に前著（『2030　未来のビジネススキル19』）で述べました。調剤薬局の仕事は、まさにその典型だったんです。

薬剤師は現在人手不足で、年収の高い仕事です。しかしそのデータだけを見て転職先に決めるのは早計でしょう。ここはきちんとテクノロジーの進化状況に関する情報を収集する一次情報収集力を駆使し、未来予測力も高める必要があります。

だからといって薬剤師が不要になるわけではありません。言われた仕事しかできない付加価値の低い薬剤師が淘汰されていくだけの話です。自分ブランド力がある薬剤師は余裕で生き残れます。さらにマネジメント力があれば、なおさら付加価値が高まります。

もし、将来のことで悩んでいる薬剤師さんがいたら、ロボットを導入している薬局への転職を強くお勧めします。**実際にロボットと協業することで、ロボットには何ができて人の薬剤師には何が残るのかという一次情報を得ることができるからです**。すると将来、新たな薬局でロボットを導入する際、人の薬剤師はどんな働き方をするべきかという課題を発見することができます。

ちなみに老人ばかりが訪れる田舎の薬局に勤める薬剤師さんはしばらくは安泰だと思います。お年寄りたちには、待ち時間が短くなることよりも、薬を人から手渡されたい、ロボットなど信用できない、と思っている人が多いと考えられるからです。ただし、過疎化して薬局の利用者が減少してしまう可能性はありますが。

薬剤師の仕事が調剤だけでなく多岐にわたることも知った上で書いています。ただ調剤という業務の一部が淘汰されていくだけの話です。繰り返しますが、資格に守られているからＡＩに奪われないということはありません、法律なんてすぐに変わりますので。**薬剤師の方だけに言っているのではありません。誰がやっても結果が変わらない、正解のある仕事は、ＡＩが大得意だということを忘れないようにしましょう。**

次に医者の方へ

もはや逃げ切り世代だという医者であれば、読み飛ばしていただいて構いません。しかし若手の医者であれば、今のうちからオンライン診療を解禁し、テクノロジー駆使力を高めておくべきです。オンライン診療はＡＧＩが登場すれば急速に普及すると予想しています。そのときになって慌ててオンライン診療のノウハウを積み始めていたのでは、既にオンライン診療で人気を得ている全国の医者に患者さんを奪われてしまうでしょう。オンライン診療は地域性を取っ払ってしまうからです。

一方、オンライン診療が普及すると、癖のある患者さんやクレーマーも増えてきます。現在は自分の生活圏内にある病院に行けなくなってしまうと困るため、クレーマーも本心を表に出さずに我慢している可能性があります。しかしオンライン診療であれば病院は生活圏外にも探せますので、クレーマーも我慢しなくなると予想されます。

医者は、そもそもクレームを出されないように努める必要がありますが、それでも発生するクレームに対する**レジリエンス**を高めておく必要があります。そうしなければ、クレーマーのせいで医者側が精神を病んでしまうことになりかねません。

特に医者は忙しい生活を送っていますので、タイミングを見計らって、一度**ウェルビーイング**を意識する生き方を考え直す機会を持つことをお勧めします。

補足：歯科医の方へ

歯の治療には手先の器用さと慎重さという高度な技術が求められますので、テクノロジーで代替されることはないと言われます。このことは否定しません。しかしだからと言って安泰というわけではありません。大事な可能性が欠けています。それは、ＡＧＩが５００円程度で販売できる**「ガチで効く歯周病予防や虫歯予防の歯磨き粉」**を開発してしまう可能性です。僕は必ず開発されると踏んでいます。

テクノロジーは必ずしも現在の技術の延長で改善され続けるとは限らず、突然全く別の方法で改革されてしまう可能性があるんです。

読者の皆さんもうおわかりだと思いますが、AGIをはじめとするテクノロジーの進化の影響を受けない業界や業種はありません。常にテクノロジーに関する情報をキャッチアップし、自ら学び続ける**習慣化力**を身につけてください。せめて自分が属している業界に関しては、誰よりも詳しい状態を維持してほしいと思います。

役立つスキル

スキル1 **一次情報収集力**（454ページ参照）
スキル4 **テクノロジー駆使力**（455ページ参照）
スキル5 **未来予測力**（456ページ参照）
スキル6 **自分ブランド力**（456ページ参照）
スキル8 **マネジメント力**（457ページ参照）
スキル10 **レジリエンス**（458ページ参照）

スキル17 **習慣化力**（462ページ参照）

スキル19 **ウェルビーイング**（463ページ参照）

※1 厚生労働省の新型コロナウイルス感染症に対応する各国の医療提供体制の国際比較研究

※2 スギ薬局で薬剤師による「糖尿病薬混入」の調剤ミスがあり74歳女性が半年後に死亡し遺族が提訴しました（https://www.jiji.com/jc/article?k=2024082800866）

未来予測25

外国語を勉強しなくても会話ができる時代が来る（ただし勉強した方がいい）

なぜそうなる？

文章や言葉をコンピューターで処理する技術分野が「自然言語処理」（Natural language processing：ＮＬＰ）で、その最新の成果が生成ＡＩです。ＡＩ学者はチャットＧＰＴのような生成ＡＩツールが登場することはわかっていましたが、思ったよりも早く登場したので世界がびっくりしているわけです。

チャットＧＰＴが扉を開けたことにより、自然言語処理分野の進化はさらに加速します。既にオープンＡＩのチャットＧＰＴだけでなく、グーグルのジェミニ、マイクロソフトのコパイロット（主要部分はチャットＧＰＴを活用）、ＡｎｔｈｒｏｐｉｃのＣｌａｕｄｅ、中国の生成ＡＩなど、世界は激しい競争を繰り広げています。それによりサービスの向上と価格競争が同時に起き、普及を加速させるんです。

どんな言語でも日本語に変換されて会議ができる

自然言語処理の応用といえば、まず自動翻訳が挙げられます。既に、オンライン会議中に相手の言語をこちらの言語に同時通訳して音声やテキストで伝えてくれるリアルタイム翻訳サービスも登場しています。例えばオンライン会議ツールで英語を話す相手と打ち合わせをしても、わずか数秒遅れで同時通訳された音声を聞くことやテキストを読むことができます。しかも、人間の同時通訳よりも正確に翻訳され、かつ正しい語順で翻訳されるんです。**間違いなく同時通訳者の仕事は減っていくでしょう。**

今後、ＡＧＩがさらに進化し、通信速度も５Ｇから６Ｇになることで、同時通訳の遅延も数秒からコンマ何秒というレベルになっていきます。するとオンライン会議で、相手が英語

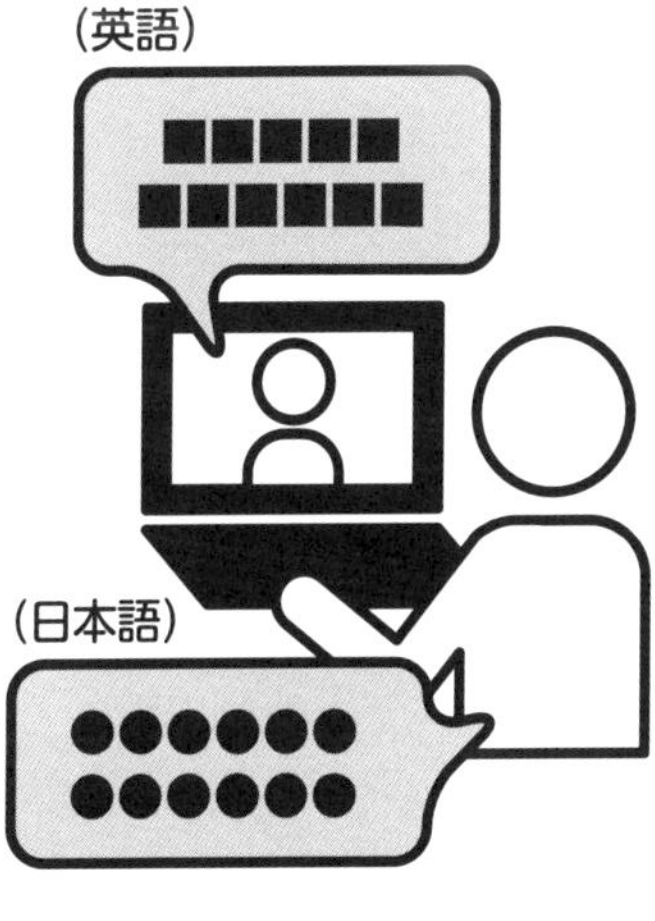

に限らず何語であっても、**こちら側にはその人の声質のまま日本語に変換されて聞こえるようになります**。

リアルで対面して会議をする場合でも、イヤホンを装着していれば同時通訳で会話できる時代がやってきます。日本人に限らず、世界中の人が外国語を勉強しなくても会話が成立する時代が来ます。

今すぐあなたがやるべきこと

これからはＡＩによるリアルタイムでの自動翻訳機能が向上しますので、外国語を勉強しなくても外国人とコミュニケーションが取れるようになります。**しかし僕は、それでも外国語を勉強した方がいいと断言します**。

自動翻訳を使い続けていると、「今ひとつ」と気づく

このことを理解してもらうには、まずは皆さんにテクノロジー駆使力を発揮してもらい、実際の自動翻訳を体験してほしいと思います。いろんな翻訳アプリがありますが、僕はPapagoというアプリを使っています。実際に試してみると、「ここまで進化したのか！　もう翻訳者いらないじゃん！」という驚きがあるでしょう。

しかし、しばらく使っていると、「確かに通訳されるけど、ちょっとした遅延が会話をもたつかせるなぁ。それに機械を介しているせいか、今ひとつ気持ちが伝えられていない気がしてもどかしいなぁ。なにより、デバイスやアプリを準備していないときに話しかけられたらアウトだなぁ」といった感想を持つと思います。

僕は「外国語を勉強しなくても会話が成立する時代が来る」とは言っていますが、「外国語を勉強しなくてもいい」とは言っていません。

実際、僕は現在44歳ですが、いま住んでいるフィリピンで毎日英語を勉強しています。人間の先生から教わるのと同時に、チャットGPTにも先生になってもらって、対話のトレーニングを続けているんです。

会話は心と心を通わすコミュニケーション

なぜ、英語を学ばなくても会話ができる時代が来たというのに、僕は英語を学んでいるのでしょうか。それは完全に逆張りの発想です。

ほとんどの日本人が海外の人たちとビジネスをするために自動翻訳機を使っているときに、直接外国人と会話している日本人がいたらどうでしょう。とても目立ちますよね、圧倒的に差異化できます。機械を介さずに直接外国人とコミュニケーションを取れるとかっこいいですし、本当に気持ちを伝え合えているように見えるじゃないですか。

これは前著(『2030　未来のビジネススキル19』)でもお話ししたことですが、例えばあなたの職場に外国人2人が異動してきたと想像してください。

1人は自動翻訳機を取り出して、外国語を話し出し、少しタイムラグを生じながら自動翻訳機が抑揚のない音声で「私の名前はマイク・スミスです。私はワシントン州のシアトルから来ました。私は今日からここで働きますので、よろしくお願いします」と翻訳された言葉が発せられました。もう1人は、自動翻訳機を使わずに、カタコトながらも一生懸命日本語で挨拶しようとしています。「わ、わたぁしは、リチャード・ジョンソンです。日本語、とーてーもむーずかしい。けっどがんばる。よろーしく、おねーがい、しますぅ」とたどたどしく挨拶しました。あなたなら、どちらに好感を持ちますか?

僕ならビジネスパートナーに絶対後者を選びますね。一生懸命相手の国の言葉を話すという面倒な方法を選んでいることから、相手の文化や伝統に敬意を払ってくれそうな気がしますし、相手のことを理解しようと努力している誠実さが伝わってきます。なにより愛嬌を感じますよね。

このことからわかるように、言葉を話すということは、情報を伝えることだけが目的ではないんです。**言語は心と心を通わすコミュニケーションであることを忘れないようにしましょう。**

電池が切れたらパニック

あなたが海外に出張して現地の人たちと商談をしたとします。取引内容については自動翻訳機を使ってなんとか理解を共有できたようです。すると現地の人たちが、「オーケー。それでは景気づけに食事でもいきましょう！」と誘われたらどうしますか？　飲食をしながら会話を楽しむ際に、自動翻訳機では味気ないですよね。翻訳機が誤訳しないようにかしこまった日本語を話し続けていると、打ち解けるのは難しいでしょう。

ここはやっぱり、多少ブロークンでも相手の言語で直接気持ちを伝え合いたいところです。行き先が騒がしいバーだったりすると、自動翻訳機の性能がガタ落ちするでしょう。電池が切れたら、もうパニックです。

観光旅行なら自動翻訳機で十分役立つと思いますが、信頼関係を構築していくべきビジネス上のコミュニケーションでは、自動翻訳機では今ひとつです。自動翻訳の精度が高まり外国語を勉強する人が減れば、**英語力**の価値は上がると思っています。そして何より外国人と話すと新しい価値観をもらえるので本当に楽しい！　だから僕は、英語の勉強を続けているんです。

最後にお勧めの勉強法をひとつ。Mantra（東京都文京区）のLangakuというアプリです。なんと漫画のセリフがすべて英語になっているのです。楽しく英語を勉強することができてお勧めです。

英会話教室はますます集客に苦労する

ここからは英会話スクールや翻訳業、通訳業に従事している方々に向けてお話しします。自動翻訳の精度が高まると、英会話スクールや翻訳業、通訳業は先細っていくでしょう。英会話の勉強をしようとする人がいたとしても、英会話スクールに通うのではなく、チャットＧＰＴなどの生成ＡＩを使った勉強方法に切り替えていくようになります。実際、中央大学では英会話の勉強にＡＩ英会話サービス「スピークバディ」を導入しました※1。このようなサービスが台頭してくれば、英会話教室はますます集客に苦労するようになります。

これらの業界の企業や個人事業主の人たちは、AIで学ぶ以上のことが学べると期待されるような**自己ブランド力**をつけなければなりません。そしてそのブランドをしっかりとアピールするための**自己主張する力**を身につけなければなりません。このあたりの考え方は、先述した芸能人やモデルさんたちの生き残り戦略と同じですね。

役立つスキル

スキル4 **テクノロジー駆使力**（455ページ参照）
スキル6 **自分ブランド力**（456ページ参照）
スキル7 **自己主張する力**（457ページ参照）
スキル9 **英語力**（458ページ参照）

※1 PRTIMES『中央大学が、学生の英語学習サポート施策としてAI英会話 スピークバディを導入』(https://prtimes.jp/main/html/rd/p/000000087.000017082.html)

未来予測26

地方のテレビ局とユーチューバーの淘汰が始まる

なぜそうなる？

テレビ業界は、時代の役目を終えつつあります。これはデータからも明らかです。テレビ広告費の市場は2兆円ですが、2020年にインターネット広告市場に抜かれました。現在ではテレビやラジオ、新聞、そして雑誌の広告費を合計しても、インターネット広告費には及びません。この差は開いていく一方です。

視聴率に至っては面白いデータがあります。インターネットがまだ世の中になかった1979年（僕が生まれた年）は、視聴率が30％を超える番組が1年間に1890本もあったそうです。それが2016年になるとたったの3本になっているんですね。

なぜ、人々はテレビを視聴しなくなったのでしょうか？　これには3つの理由が考えられます。

理由1：BPO審査が厳しく無難な番組ばかりだから

1つ目は、放送倫理違反への監視が厳しくなったことです。皆さんは次のようなニュースを見たことがありませんか？

「○○というテレビ番組に放送倫理違反の疑いがあり、BPO[※1]の審査が入りました」。すると後日、「BPOの意見を真摯に受け止め、再発防止に取り組んでまいります」とテレビ局側から謝罪のコメントが発表されます。

BPOはNHKと民放各社がお金を出し合って設置した第三者機関で、放送倫理に反した番組を制作していないかを監視する組織です。このBPOの審査が年々厳しくなっているんです。放送倫理規定に違反すると番組にスポンサーがつかなくなるので、BPOや視聴者、スポンサーの視線にビクビクしながら、放送する表現内容を自主規制して何度もチェックしているんです。その結果、**テレビ局は当たり障りのない無難な番組しか作れなくなってしまいました**。さらに、何重にもチェックするので、その費用もかさんでしまいます。

倫理規定違反かどうかはユーチューバー個人に委ねられる

この点をユーチューブと比較すると、性質の違いがよくわかります。ユーチューブにもある程度の倫理規定はあるものの、動画内容が倫理規定に反しているかいないかの判定は、基本的にユーチューバー個人に委ねられています。

ここからはユーチューバーである僕自身の話になりますが、僕はスポンサーや視聴者にこびる気は1ミリもありません。芸能人じゃないのでチャンネル登録者のことをファンだと思ったこともありません。もちろん、視聴してくださる方たちには感謝しています。でもだからといって迎合する気はないんです。

動画の内容も、僕の独断と偏見に満ちた趣味の延長です。だから「もっとこういった内容や方向性にすべきだ」といった意見が来ても、「視聴者の皆さまの声を真摯に受け止め、より良いチャンネルづくりにまい進してまいります」とは絶対に思いません。アンチコメントが届くと「**うっせえな。登録解除して二度と見に来るな！**」と思っているくらいです（あ、ちょっと興奮してしまいました）。

何が言いたいかと言うと、テレビは「守るものがあり万人に嫌われてはいけない姿勢」で番組を作っていて、ユーチューブは「守るものがなく嫌われても構わない姿勢」で番組を作っているんです。どちらがより攻めたコンテンツを作れるのかは明らかですよね、ということです。

理由2：テレビは「番組の途中から始まる」から

2つ目の理由は、「テレビ番組は途中から始まるので嫌だ」ということです。これは日本経済新聞の記事に書かれていたことです。皆さんは「途中から始まる」の意味がわかりますか？　僕は一瞬「?」となりました。だって、番組はいつも最初から始まるからです。しかし、はたと気づくんです。デジタルネイティブ世代にとっては、テレビは途中から始まるものなんだ、と。

ユーチューブやＴｉｋＴｏｋ、アマゾンプライム、ネットフリックスなどは、視聴したくなって再生ボタンをタップしたときに、番組は最初から始まります。一方で、テレビ番組を最初から見るには、番組の放送開始時刻に合わせてテレビの前に移動しなければならず、時間がずれると**既に始まっている**のです。

スマートフォンやタブレットを持ち歩いている世代にとっては、動画コンテンツはいつでもどこでも好きなタイミングで視聴できるものなんです。しかも自分の気分に合わせて再生速度も自由自在ですし、スキップしながら視聴することも自由です。このような世代にとっては、テレビはなんとも不自由なコンテンツメディアです。

このことに瞬時で気づかなかった僕は、さすがに世代ギャップを感じました。**「テレビはもっとコンテンツの質を上げよう！」じゃないんです。もう「テレビという仕組み自体」が時代遅れなんです。**

理由3：可処分時間の競争相手が増えたから

そして3つ目の理由は、可処分時間の奪い合いになっていることです。可処分時間とは、仕事時間や睡眠時間などを除いた、人が自由に使える時間のことです。インターネットがなかった頃、テレビは可処分時間を独り占めできました。競争相手といえば映画、本、新聞などでしたから、お茶の間で視聴できる動画コンテンツとして圧倒的に有利だったんです。ところがインターネットやスマートフォンなどのデジタルデバイスの普及により、競争相手が一気に増えます。ＡｂｅｍａＴＶ、ユーチューブ、ＴｉｋＴｏｋ、インスタグラム、X、ブログ、ネットフリックス、アマゾンプライム、その他、ニンテンドースイッチなどのゲーム機、スマホゲームも競争相手です。

ＮＴＴドコモの研究機関・モバイル社会研究所の調査（２０２４年8月15日発表）によれば、ここ１～２年のスマートフォン利用時間が「短くなった」と答えた人は５％、「長くなった」と答えた人は25％。一方、同期間中のテレビの視聴時間は、全体の10％が「長くなった」と答えたのに対して、20％強は「短くなった」と答えています。ユーチューブやネットフリックス、アマゾンプライムなどの動画配信サービスの視聴時間については、全体の２割強が「長くなった」と回答しています。

グーグルの発表によれば、日本市場のユーチューブ月間視聴者数が７１２０万人に達しています（２０２３年5月時点、18歳以上）。僕なりに計算してみたところ、18歳以上の約63％がユーチューブを視聴していることになります。18歳未満はもっと割合が高くなるのではないでしょうか。

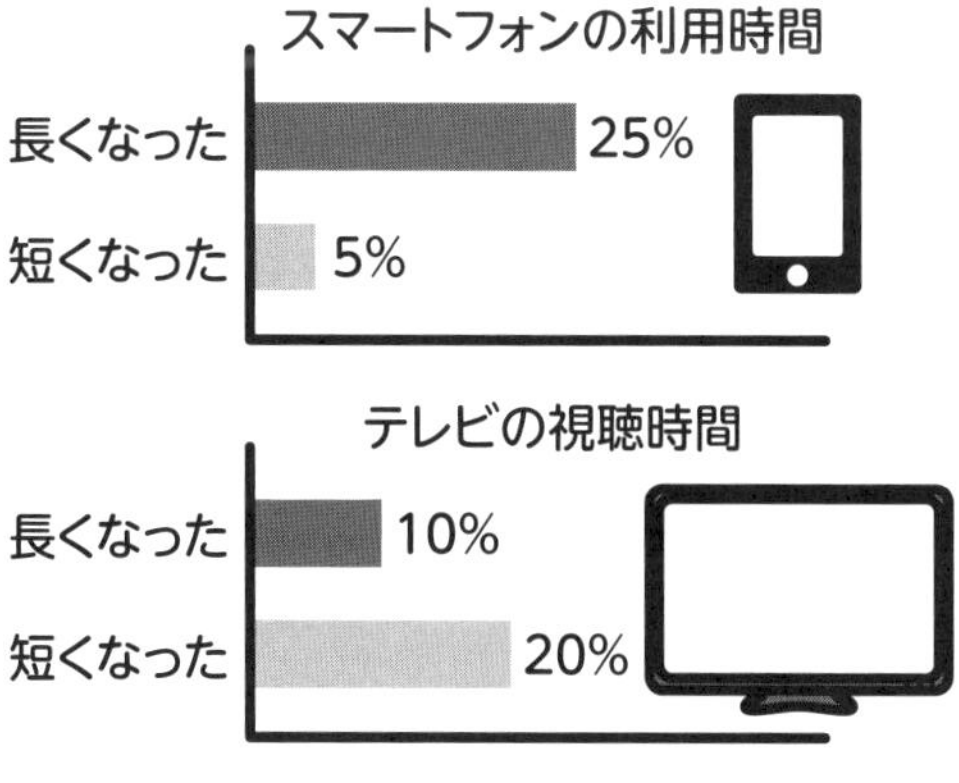

テレビを視聴する時間が減り、動画配信サービスの視聴時間が増えていることを象徴

する出来事があります。それは、チューナーレススマートテレビの登場です。ドン・キホーテが販売したチューナーレススマートテレビは、テレビチューナーがないのでテレビ番組を視聴できませんが、NHKの受信料を払う必要がありません。ネット対応になっているのでユーチューブやネットフリックスなどを視聴できます。このテレビは人気を博して累計1万5000台売れたそうです※2。

動画コンテンツは生成AIが大量に作るのでユーチューバーも淘汰される

では、これからはユーチューブがテレビに代わって台頭するのでしょうか?

僕の答えは否です。2030年代には、僕をはじめ多くのユーチューバーが淘汰され、ごく一部のブランド力があるトップユーチューバーしか生き残っていないでしょう。

理由は、生成AIが1日に1000本でも1万本でも動画を生成して公開できるからです。理論的には、現在どのような動画コンテンツが再生されているのかを学習し、同様の動画を1時間後に1000本アップできるでしょう※3。そうなればユーチューブの運営会社が規制をかけるかもしれませんが、そのような規制をかけると、規制の緩い別の動画プラットフォームが人気を博してユーチューブの市場を奪ってしまうかもしれません。

とはいえ、テレビ制作者やユーチューバーの方々の中には、「いやいや、それでも生成AIに負けない価値のある動画を作れば認められるはずだ」と思うかもしれません。

しかしこのような考え方は、「未来予測7　アーティストの表現が三次元・四次元に向かう」で触れたように、厳しくなっていきます。なぜなら、生成AIが10本や100本程度しか動画をアップしないのならコンテンツの質で勝負できるかもしれませんが、100万本や1000万本といったスケールで動画をアップさせてきたら、どうなるでしょうか？　たとえ日本最高峰のコンテンツを作っても、さすがに大量の動画コンテンツに埋もれてしまい、視聴者に見つけ出してもらうことが困難になります。まるで砂漠で砂金を探すようなものです。

今すぐあなたがやるべきこと

「今すぐあなたがやるべきこと」では、一般の視聴者の方向け、テレビ局の方向けと、最後にユーチューバーの方向けにお話しします。

まず、一般の視聴者の方へ

生成ＡＩ由来の動画が爆発的に増えるということは、似たような動画を見る機会が増えることを指します。そのような社会ではレコメンド拒否力を持っていないと、どんどん似たコンテンツをレコメンドされ、簡単にフィルターバブル（自分とは違う意見や情報が見えにくくなっている）状態に陥ってしまいます。

次にテレビ局の方々へ

東京のキー局の決算書を見ると明らかなのですが、テレビ局の経営は本業以外の不動産業などで支えられている部分が結構あります。このような収益構造を持っているテレビ局は、当面は安泰で、テレビを最もよく見る世代がお亡くなりになるまで、細く長く生き残ることができるでしょう。

ところが地方のテレビ局はそうはいきません。「ますますスポンサーがつかない→スポンサーが喜ぶ番組を作る→面白くないので視聴者が離れる」という負のスパイラルに陥ることが目に見えています。大みそかは日本中で家族がこたつを囲んで紅白歌合戦を見る、といった古き良き時代は終わっています。もはや完全に時代の役目を終えつつあるのだと認識し、**フルモデルチェンジ力**を発揮するしかありません。

そこで僕の提案は、新聞社のようなビジネスモデルです。大手の新聞社は、ネット上でサブスクリプションによる有料記事配信を行っています。テレビ局も当面、このビジネスモデルをまねてみてはいかがでしょうか。つまり、テレビという箱を捨ててネットに移行するのです。蓄積した番組制作ノウハウを活用すれば、素人のユーチューバーなどでは太刀打ちできない高品質なコンテンツを配信できます。

ビジネスやエンタメ、政治、経済などに特化したチャンネルを開設し、それぞれを有料にします。もちろんすぐには利益を出せないかもしれませんので、まずは少数精鋭部隊で運営するしかありません。少し古いですが、映画『カメラを止めるな！』（2017年製作・公開、制作費300万円）のような低予算でヒットするコンテンツ作りだけに集中するんです。

ここで「天下のテレビ局がそんなちまちましたコストダウンなど——」というプライドが首脳陣の頭にこびりついたままであれば、もはや倒産を待つだけとなるでしょう。

最後にユーチューバーの方たちへ

今後は有益なコンテンツを作ることはもとより、自分ブランド力を高めることが大事になります。つまり、「面白いから視聴したい」のではなく、「この人のコンテンツだから視聴したい」と思われるような状況を、今のうちにどれだけ作れるかが勝負です。ただ、競争相手はAIですから、ユーチューブ配信に人生をフルコミットするのは危険です。

僕自身は、いつユーチューバーとしての収入が途絶えても大丈夫なように収入源を多角化しています。いつでもユーチューバーをやめてもいいという捨てる力を発揮することになります。

それでもユーチューバーを目指す方にお伝えしたいのは、アンチコメントについてです。僕のユーチューブでは「こんな職業は将来消えてなくなる」といったことをよく語っていますので、その職業に就いている人はムカついて我慢できないのでしょう、頻繁にアンチコメントが書き込まれます。

もう、ひどい言われようで、「不細工！」「生理的に無理！」「黙れ、アホ！」「頭悪過ぎ！」「夜道に気をつけろ！」「詐欺師！」「童貞野郎！」「消えろ！」「○ね！」など、およそ人間が思いつく悪口はほぼ言われつくした自負があります。中にはＤＭや郵便物まで送ってくる熱心なアンチもいます。

しかし、もう慣れました。最近の僕の趣味は、アンチコメントに大喜利で返すことです。例えば、

「詐欺師！」→「近々ツボを売る予定です」

「生理的に無理！」→「母ちゃんは『あんたジャニーズに入れたよ』と言ってくれます」

「選民思想の持ち主で最低！」→「広島版ヒトラーと言われています」

などです。

これからユーチューバーを目指す人に言っておきます。チャンネル登録者数が増えると、必ずそれに比例してアンチコメントが増えます。ですから、アンチコメントに動じないメンタルがない人は、参入しない方がいいです。

僕がアンチコメントに大喜利で返しているのは僕が暇だからであって、あまりお勧め

しません。**アンチコメントへのベストな対応方法はシカトすることです。無視ですね。**なぜなら、アンチコメントを書く人は相手を苦しめたいだけなので、反論してくれれば、「よっしゃ、俺のコメントで不快になっているぞ！」と喜んでいるんです。それでますますアンチコメントの書き込みに精を出すわけです。

アンチコメントを見ても平然と無視できる**レジリエンス**を鍛えておきましょう。

役立つスキル

スキル3 **レコメンド拒否力**（455ページ参照）
スキル6 **自分ブランド力**（456ページ参照）
スキル10 **レジリエンス**（458ページ参照）
スキル11 **フルモデルチェンジ力**（459ページ参照）
スキル16 **捨てる力**（461ページ参照）

※1 BPOとは「Broadcasting Ethics & Program Improvement Organization」と呼ばれる組織の略称で、日本語では放送倫理・番組向上機構と呼ばれています

※2 https://ppih.co.jp/news/pdf/nl220810_4KtunerlessTV.pdf

※3 チャットＧＰＴが登場する前の２０１８年時点で、岡田斗司夫氏は著書『ユーチューバーが消滅する未来 ２０２８年の世界を見抜く』（ＰＨＰ研究所）で既に予言しています

未来予測 27

旅行代理店はジリ貧になり、日本人にとって旅行は贅沢になる

なぜそうなる？

コロナ禍が収まり、そのリベンジ消費の一つとして旅行業界が勢いよく回復してきています。「知らない場所に行っておいしいものを食べたい」とか、「日常から離れた体験をしたい」という人の欲求は、これからもなくなることはないでしょう。

ここで見てほしいデータがあります。観光庁が公開している「訪日外国人旅行者数・出国日本人数の推移」というグラフです（図表27－1）。訪日外国人旅行者数はコロナ禍前の79％まで回復してきていますが、出国日本人数は48％、つまりまだ半分も回復していません[※1]。

日本人の海外旅行者が回復しにくいのは、円安による影響であることは容易に想像で

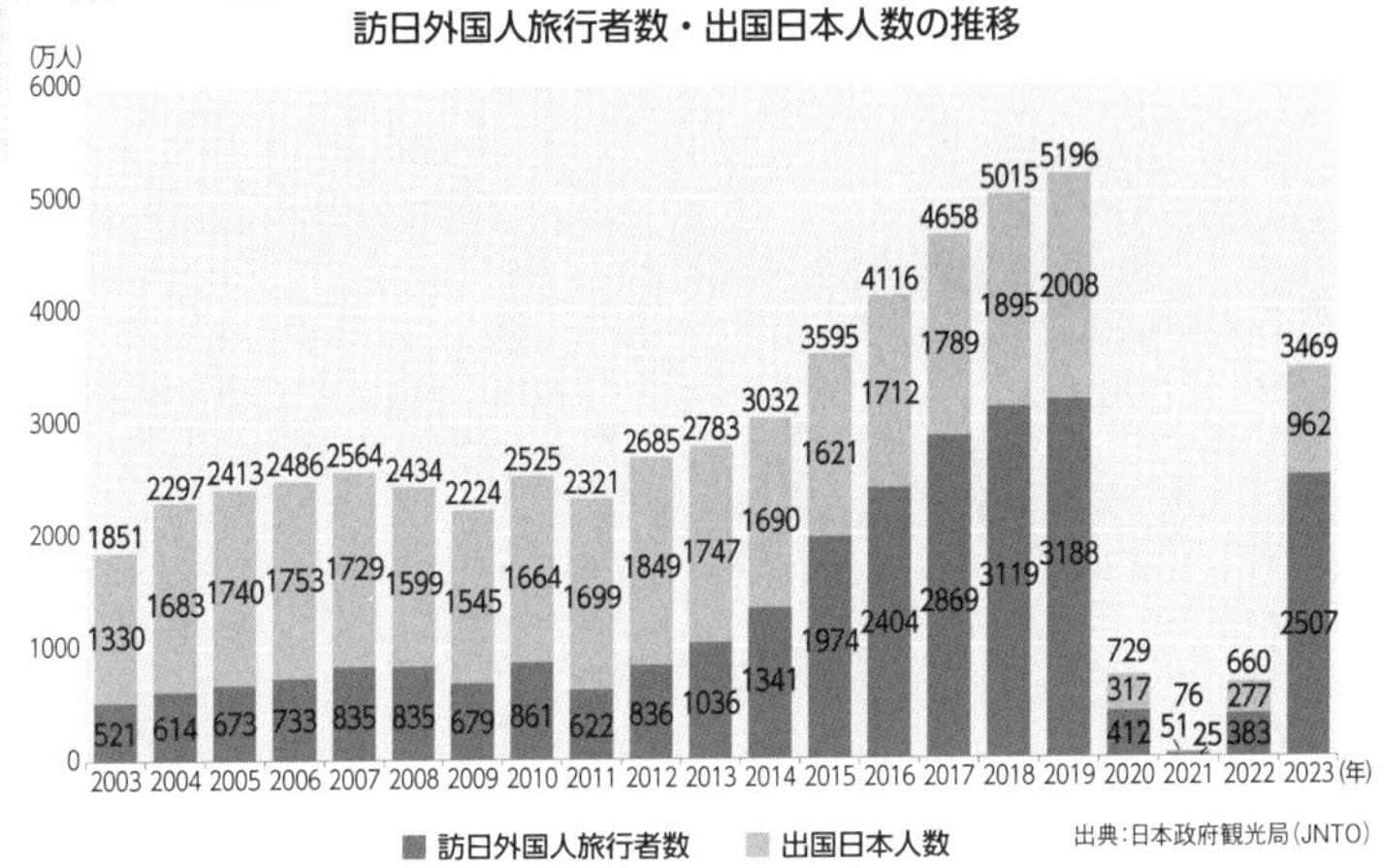

図表 27-1
（出所：観光庁『訪日外国人旅行者数・出国日本人数』※2のデータを基に筆者作成）

きますよね。僕はコロナ禍後に英国やフィンランド、エストニア、マレーシア、フィリピン、そして韓国などに行きましたが、もう何から何まで値段が高過ぎて、かつてなかったほどの節約旅行を強いられました。

日本は物価安天国、旅行先として選ばれる

それでは円安の影響を避けるために国内旅行でもするか――ともいっていられない未来が来そうです。有名な観光地には外国人が大勢訪れるからです。

よくテレビ番組などで、訪日外国人を街頭インタビューすると、**「こんなうまいラーメンがなんで800円なんだい？　俺の国だと3000円以上もするのにこれよりはるかにまずいぞ」**といったコメ

ントをしているのを見たことがありませんか？　例えば、米国や英国ではマクドナルドでアルバイトをすれば、時給は３０００円以上もらえます。そんな収入が得られている外国人からすれば、日本は物価安天国に見えるでしょう。旅行先としても選ばれやすくなります。

そして「未来予測17　あらゆる商品が時価になる」でお話ししたように、ホテルの宿泊料もダイナミックプライシングで決まるようになってきます。つまり訪日外国人が増えて供給に対して需要が高まると、ダイナミックプライシングでホテルの宿泊料は上がっていきます。その結果、日本人には予約できないくらいの価格になり、ホテルに宿泊することが贅沢になります。

こんなうまいラーメンが
なんで800円なんだい？
俺の国だと3000円以上もする
のにこれよりはるかにまずいぞ

同様の現象は観光地の飲食店でも見られますね。**一杯１５００円だった海鮮丼が３５００円に上がったことがテレビなどで話題になり、ＳＮＳで「これでは日本人が食べられない！」と批判されたりしていますが、これは仕方がありません。**もしもあなたが飲

食店のオーナーだったら、「私は日本人にこそ喜んでほしいから、お金持ちの外国人客は断ることにするよ」などと言うでしょうか？　ホテルも飲食店も商売ですから、躊躇なくお金を払ってくれる外国人客に合わせて値段を上げるのは合理的です。

僕は現在フィリピンに住んでいますが、首都のマニラやセブなどの都会は日本よりも物価が高くなっています。地方に行けば日本よりも安い地域もありますが、観光地の物価は日本と同じかそれ以上です。ただし、決定的な違いがあります。それは、同じ金額を払った場合、サービスも品質も、フィリピンの方が日本よりもはるかに劣っているんです。

例えば1泊1万円以上のホテルに泊まっても、エアコンは壊れているは、ゴキブリはうようよいるは、お湯は出ないしトイレも流れない、なんてことは日常茶飯事です。ちなみに英国に行ったときも、クオリティーが低い部屋でも1泊3万5000円ほどかかりました。これでは外国人が日本に押し寄せるわけです。安くてはるかに高いクオリティーのサービスを受けられるのですから。

生成AIが旅行代理店の役割を担う

ちなみに旅行業界で最も生成AIの影響を受けるのは旅行代理店です。例えば、AVA TravelやNAVITIME Travel AIでは、出発地と目的地、そして日程や趣味嗜好を伝えるだけで、AIが旅行プランを自動生成してくれます。試しにAVA Travelを使って「〇月〇日に家族5人で、箱根温泉で個室露天風呂付き、海の幸も堪能できて、徒歩で行ける観光名所あり」と希望を入力すると、詳細な日程とタイムスケジュール、そして移動時間も作成してくれました。

こうなると、もはやわざわざ混み合っている旅行代理店まで出向いて、中間マージンを支払ってまで利用する必要はなくなります。このようなサービスに大手も参入してくるでしょう。

今すぐあなたがやるべきこと

「今すぐあなたがやるべきこと」では、ホテルや飲食店オーナー・経営者向けの話と、旅行する消費者向けの話をします。

ホテルや飲食店のオーナー・経営者の方へ

今すぐ、英語力を駆使して英語を含めた多言語での案内やメニューを用意しましょう。英語以外では中国語の重要度が高く、穴場的言語がアラビア語です。アラブの王族の富裕層は桁違いのお金を使います。例えば1泊50万円以下のホテルはセキュリティーが心配で泊まれないという具合です。今の日本の地方観光地に不足しているのは高級ホテルです。とにかく高級なサービスを用意し、徹底的に高級路線を極めることをお勧めします。

イスラム圏の旅行者向けのハラル料理（イスラムで許された食材や料理）のメニューも忘れないようにしましょう。ちなみにイスラム圏の人口は増え続けていて、現在の伸び率が続くと2050年にはキリスト教徒を抜いて世界最大の宗教になるといわれています。

英語力を駆使したくてもこれから勉強するのでは間に合わないという場合には、テクノロジー駆使力を使いましょう。自動翻訳アプリを使えば外国語のメニューを簡単に作れますし、英語を話せるスタッフがいなくても外国人観光客を接客することができます。ここでも先述の翻訳アプリpapagoはお薦めです。テクノロジー駆使力を使って、トリップアドバイザーなどの海外の大人気旅行口コミサイトにも積極的に投稿することも忘れないようにしましょう。

ここで、あえて逆張りの戦略を実施することも検討の余地があります。例えば僕の地元は広島でお好み焼きが有名ですが、あるお好み焼き店では外国人が押し寄せてきたことで地元の人たちが入ることができなくなるという現象が起きました。これを見かねた店主が、「毎週金曜日の夕方5時以降は広島県民限定」という英語の張り紙をして外国人を含め県外のお客様の入店を規制したんですね。地元愛の強さから、あえて県民以外を規制したんです。これは20番目のシークレットスキルを発揮した戦略です。

旅行する消費者へ

賢い旅行日程を作るには、当然需要に対して供給が上回り、ダイナミックプライシングで宿泊料金が下がるタイミングを狙うことです。つまり、訪日外国人旅行客が少ないタイミングで国内旅行をすれば宿泊料を抑えられる可能性があります。これは未来予測力の応用ですね。

役立つスキル

スキル4 **テクノロジー駆使力**（455ページ参照）
スキル5 **未来予測力**（456ページ参照）
スキル9 **英語力**（458ページ参照）
スキル20 **シークレットスキル**（463ページ参照）

※1 グラフの数値から、2507÷3188＝78・6%≒79%、962÷2008＝47・9%≒48%
※2 https://www.mlit.go.jp/kankocho/tokei_hakusyo/shutsunyukokushasu.html

未来予測28

ブルーカラーの仕事を徐々にロボットが代替し始める

なぜそうなる?

2035年以降になると、ホワイトカラーに続き、ブルーカラーの仕事もどんどんとロボットに置き換わっていくでしょう。世界54カ国で稼働中のノルウェーAutoStoreのロボットは倉庫のピッキング作業を自動化し、米国のユニコーン企業Dexterityの積み荷ロボットTruck Loadingはトラックやコンテナに積み込む作業を自動化します。2035年以降になると、もっと緻密な作業もロボットができるようになります。

生成AIの競争に参加しない企業が狙うブルーカラー市場

この背景にあるのは、生成AIの開発競争です。オープンAIやAnthropic、

GAFA、中国のバイドゥ、バイトダンスなどのメガテック、そして多くのスタートアップ企業が、最先端でしのぎを削り合いながら熾烈なシェア争いを繰り広げています。

ここで注目したいのは生成AIの開発競争より、むしろその競争に参加しなかった多くの企業（ソフト市場の競争を諦めた企業）です。そうした企業は生き残るために何を考えるかというと、ブルーカラー業界を対象にしたロボット開発というハード市場を狙ってくるんです。**つまり「ロボット開発業者にとってブルーカラー業界はブルーオーシャン」なんです**[※1]。

ソフトとハードを人に例えると、ソフトが脳で、ハードが体です。ホワイトカラーの仕事は脳（ソフト）だけで完結しますが、ブルーカラーの仕事は脳（ソフト）と体（ハード）が組み合わさったロボットとして、正確で細やか、かつ柔軟な動きができなければならないという課題があります。

AGIがロボットの課題を解決する

しかしこの課題は、2035年までに完成するAGIによって解消され、2035年以降は大量の人型ロボットがブルーカラーの仕事を代替すると僕は予想しています。**な**

お、ロボットの高性能化のカギを握っているのはセンサーの数と関節の多さです。多くのセンサーと関節を持っていれば、後は優秀な脳（ソフトは勝手にメガテックが開発してくれる）をインストールするだけでその能力を100％引き出せるようになり、AGIの登場で、ロボットはきめ細かく柔軟な動きを再現できるようになります。そして、ロボット自身がロボットを生産するようになることで、ロボットの価格が劇的に低価格化します。

イーロン・マスク氏はテスラの人型ロボットOptimusを2026年ごろに約2万ドルで販売し、人類を危険で退屈な仕事から解放すると公言しています。他にも中国ユニツリーロボティクスのUnitreeや、マイクロソフトやエヌビディアが投資するスタートアップFigureが開発する人型ロボットも台頭してきそうです。人型ロボットの開発では一日の長があるボストンダイナミクスも、巻き返してくるはずです。

日本でもロボット開発のスタートアップが増えるでしょう。既に人機一体（滋賀県草

ブルーカラーの仕事をする
ロボットたち

2035-2040

津市）は、まるでＳＦ映画に登場するような汎用人型重機「空間重作業人機」の開発を行って注目されています。ちなみに世界各国のロボットが人型を目指している理由は明白です。今、世の中にあるあらゆる機械や道具は人が操作しやすいように作られているからです。これらの機械を操作するロボットも人型である方が汎用性を得られるわけです。その他の理由としては、ロボット博士古田貴之氏に言わせると、ロボット開発者の多くがアニメロボットが好きだからとのこと（笑）。

特定の作業に特化したロボットは最小限のアームとセンサーで開発され続けますが、汎用性を求められるＡＧＩを搭載したロボットは、ますます人型に進化し続けるでしょう。**ただし顔だけは、人間に似過ぎると、嫌悪感を抱くことがわかっています。これを「不気味の谷」現象**[※2]**と言います。**ロボット開発企業は「不気味の谷」現象を理解しているため、顔だけは人間っぽくしないでしょう。

今すぐあなたがやるべきこと

ホワイトカラー同様ブルーカラーの仕事も徐々にロボットに代替されていくでしょう

が、すべてが代替されるわけではありません。ロボットで代替できない高度な技術を必要とされる仕事であれば、むしろ年収は上がっていくと考えられます。

僕が注目したいのは、「知的ブルーカラー」になることです。ロボットとの協業方法を探って高生産性を実現するなど、新たな価値を提供できる仕事です。知的ブルーカラーに求められるのは、自分の専門性はもちろんのこと、それ以外に現場を俯瞰《ふかん》して課題を見つけることができる**課題発見力**、最先端のロボットと協業する方法を見つけ出す**テクノロジー駆使力**、そしてロボットと、そのロボットと協業する作業員の両方を管理する**マネジメント力**です。

ブルーカラー業界はテクノロジーから目を背けている人が多いのでは？

ホワイトカラーの人たちは、生成ＡＩの登場によって「遅かれ早かれ自分の仕事がテクノロジーに代替される」という覚悟ができつつあるように思います。それに比べ、ブルーカラーの人の多くは、自分の仕事がテクノロジーで代替されるとはあまり考えていないように感じています。**「まさか自分の仕事がロボットごときに取って代わられるわけがない」とテクノロジーから目を背けている人が多いように思うのです。**

今のうちに**未来予測力**を養い、自分の仕事の一部がロボットに代替されたり、ロボットと協業したりする日が来る未来に向けて、自分の働き方やテクノロジーに対して**フルモデルチェンジ力**を発揮してはいかがでしょうか。

役立つスキル

スキル2 **課題発見力**（454ページ参照）
スキル4 **テクノロジー駆使力**（455ページ参照）
スキル5 **未来予測力**（456ページ参照）
スキル8 **マネジメント力**（457ページ参照）
スキル11 **フルモデルチェンジ力**（459ページ参照）

※1 ブルーオーシャンとはまだ競合が少なく参入しやすい市場のこと。逆に競合がひしめき合って、もはや旨味のない市場のことをレッドオーシャンと呼ぶ

※2 「不気味の谷　uncanny valley」現象とはロボット工学者の森政弘氏が提唱した学説。ロボットの外観や動作が人間らしくなるほど好感を持つのですが、あまりに人間っぽいと、ある瞬間から強い嫌悪感を抱く問題

未来予測29

残念ながら、日本で犯罪が増える

なぜそうなる?

図表29－1のグラフは失業率と犯罪数の関係を示しています。犯罪数とはグラフの「刑法犯総数認知件数」のことです。

失業率が上がると犯罪件数は増える

グラフを見ると、犯罪件数は減り続けましたが、2021年を底に増え始めました。犯罪件数が減っている間、失業率も下がり続けていました(2020年と2021年はコロナ禍で失業率が上がっていますが、そもそも不要不急の外出を控える時期だったので、人々が接触する機会が減ったため犯罪件数は減ったと考えられています)。

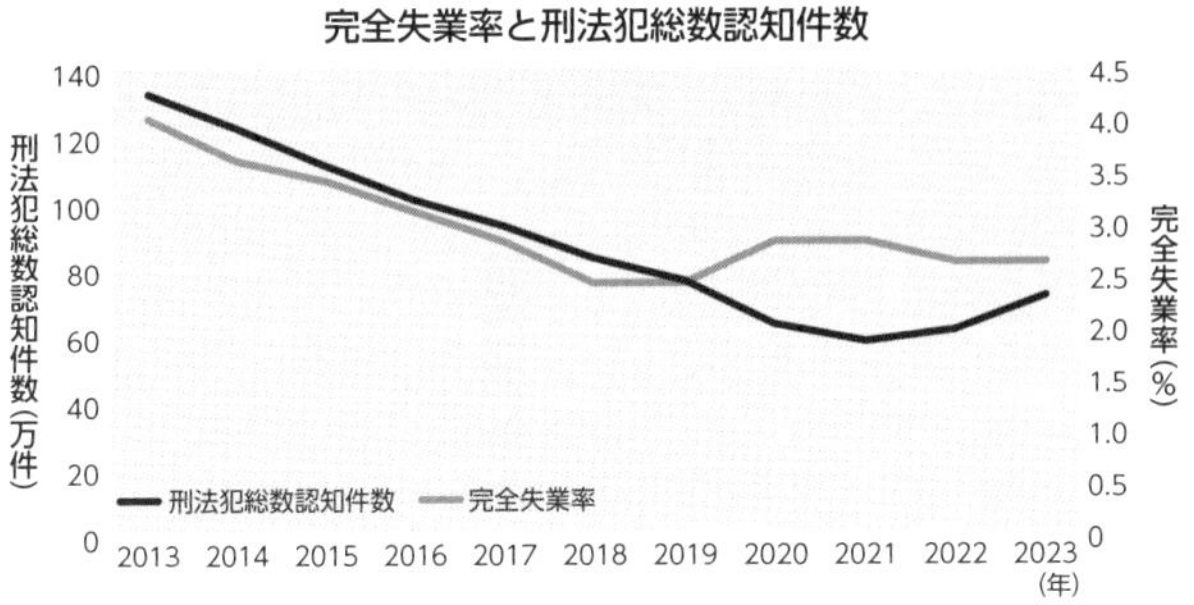

図表 29-1
（出所：独立行政法人労働政策研究・研修機構の「表　完全失業率、有効求人倍率」と e-Stat の「犯罪統計」のデータ※1 を基に著者作成）

一般に失業率と犯罪件数は、ただの相関関係ではなく因果関係と考えられています。相関関係とは2つのデータの間に「規則性がある」ことを示しているだけですが、因果関係とは、2つのデータに原因と結果の関係があることを示しています。**つまり、失業率が上がると、犯罪件数は増えるのです。**これはまあ容易に想像できますよね。

厚生労働省が2023年に発表した、2021年の相対的貧困率は15・4%で、先進国で最下位でした。相対的貧困率とは、日本人の年収の中央値の半額以下の年収（2021年は127万円）の人の割合を指します。相対的貧困の人々の特徴は、住む場所もあり、お風呂にも入り、普通に服も着ているので一般に気づきにくいことが挙げられます。例えば、電気代を気にしてエアコンをつけることができない、1日2食しか食べられない、趣味や旅行などの娯楽にあてる費用がない、子供は塾などの習い事に通えない、といった特徴が挙げられます。

先述の通り、ホワイトカラー業界の人々がこれからテクノロジーに職を侵食され時給が下がり（または失業し）、ブルーカラー市場に参入してきます。こうなるとブルーカラー業界では、人材の供給が増えるため市場原理が働いて時給が増えにくくなります。そこにさらにＡＧＩを搭載したロボットが参入してきてブルーカラー業界全体の時給が下がり、失業する人も増えることが予想されます。そして話はここでは終わりません。

貧富の差がますます拡大していく

日本企業はこれまでのメンバーシップ型雇用（会社が従業員を守ってくれて、その分みんな同時に収入が増えていく）から、ジョブ型雇用（仕事ができる人に多く給料を払うけど、そうでない人は解雇する欧米諸国型の能力主義）に移行していくと予想されます（「未来予測34　社員をクビにできるジョブ型雇用が当たり前になる」で説明します）。

ジョブ型雇用では社員の能力に応じた給与になりますが、仕事ができないと即失業につながるので、当然貧富の差は拡大し、予期せぬ失業者が増えることが予想されます。

このようにして、「金銭的な不満」「突如クビになり、職場の人間関係に対する不満」「格差を生み出す社会構造に対する不満」などの理由で、残念ながら、日本で犯罪に手を染めてし

まう人が増えてしまうことが予想されます。また、「未来予測19　オレオレ詐欺の被害が加速度的に増加する」で話した通り、生成ＡＩを活用したサイバー犯罪の手軽さも犯罪件数を増やすことを忘れてはいけません。

今すぐあなたがやるべきこと

犯罪から身を守るのは、なによりも自分自身の心構えが大事です。他に、ホームセキュリティーサービスの活用も検討してみてはいかがでしょうか。

今後セコムやアルソックのようなホームセキュリティー業界は成長し、参入企業も増えるでしょう。大手だけでなく、地域密着型のホームセキュリティー企業も増えてくると予想できます。日ごろからテレビや新聞、ネットなどで、防犯の専門家のアドバイスをチェックしておくことも有効です。

犯罪に巻き込まれるかもしれない

心がけるべきは、**自己責任力**を身につけることです。ここでは自分自身の身だけでなく、家族を守ることも含んでいます。備えあれば憂いなし、ですね。

ちなみに、侵入犯罪（つまり泥棒）を防ぐコツとして、警察庁が空き巣犯に調査した結果があります。**それによると、侵入に手間取って5分かかると7割は諦め、10分以上かかるとほとんどは諦めるそうです**※2。

つまり、侵入に手間がかかるようにしておくことが侵入犯罪を防ぐコツなんですね。ですからドアにカギを2つ取り付けておくなどの手を打っておくことも有効です。

海外ではビジネスライクな誘拐犯罪に注意

現在海外に赴任しているとか、これから赴任する予定がある人は、外国人を狙った犯罪に注意しましょう。今僕が住んでいるフィリピンでも窃盗などの犯罪は多数ありますが、この国には**ビジネス誘拐**なるものがあります。これはフィリピンに何年も住んでいた知人から聞いたのですが、とてもビジネスライクな誘拐犯罪です。

子供をさらって、「警察に言ったら殺す。しかし200万円渡せば子供は返してやる」と脅迫してくるんです。200万円がミソです。5000万円や1億円では、被害者はとても用意できませんので警察に相談してしまうかもしれません。しかし200万円なら、富裕層であればすぐに用意できるし、一般家庭でもなんとか頑張れば用意できる金額です。まして子供の命がかかっているのなら警察に相談せず、躊躇なく用意するでしょう。

その間、子供は快適な部屋で軟禁され、お菓子を食べたり、ゲームをしているそうです。最初から危害を加える気はないんですね。確実にお金を稼ぐことが目的ですから、犯罪手法が合理的なんです。それでも、万が一ということはありますから、気をつけるに越したことはありませんね。

役立つスキル

スキル12 **自己責任力**（459ページ参照）

※1 独立行政法人労働政策研究・研修機構の「表　完全失業率、有効求人倍率」（https://www.jil.go.jp/kokunai/statistics/timeseries/html/g0301.html）とe-Statの「犯罪統計」（https://www.e-stat.go.jp/stat-search/files?page=1&toukei=00130001&metadata=1&data=1）を参照

※2 警察庁『住まいる防犯110番』（侵入犯罪の脅威／侵入者プロファイリング～心理と行動3）（https://www.npa.go.jp/safetylife/seianki26/theme_a/a_e_3.html）

未来予測30

「学歴」という言葉が死後になり、塾は淘汰される

なぜそうなる？

本書が企画段階のときに、「どんな未来を予測してほしいか」を僕のユーチューブで募集したところ、教育の未来について取り上げてほしいという意見が多くありました。そこで本項では、僕なりに予測した教育の未来についてお話しします。先に結論を述べると、「『学歴』という言葉が死語になる社会が到来する」と予想しています。

人の常識を変えることは困難だから、学歴信仰はすぐになくならない

この予想の説明として、まず「なぜ現在も学歴信仰がなくならないのか」をお話しします。これは中世の天動説に似ているんですね。

それまで信じられてきた天動説に異を唱えたのが、天文学者ニコラウス・コペルニクス（ポーランド：１４７３〜１５４３年）です。彼が天動説を唱え、それがヨハネス・ケプラー（ドイツ：１５７１〜１６３０年）、ガリレオ・ガリレイ（イタリア：１５６４〜１６４２年）、そしてアイザック・ニュートン（英国：１６４２〜１７２７年）へと命のリレーをつないで、ようやく地動説が認められたのです[※1]。

彼らは既に科学的に証明したにもかかわらず、なぜそれほどまでに時間がかかったのでしょうか？　それは、天動説が正しいと信じて生きてきた人たちが、考えを変えることができなかったためです。**結局、天動説を信じてきた世代が死に絶えて世代交代が行われ、初めて地動説が世界共通の認識になったんですね。**これほど人の常識を変えることは困難なんです。

学歴信仰も同様です。学歴信仰世代が会社に現役でいる限り変わりませんが、そうした世代が退場すれば学歴信仰はなくなっていきます。日本ではソニーをはじめとした先進的な企業が履歴書の学歴欄を削除しています[※2]。このような考え方は広がっていくでしょうが、世間の常識が変わるにはまだあと10年ぐらいかかると僕は見ています。

危機感を抱いているのは、肝心の教育現場がまだ変わっていないことです。現在の文部科学省が定める日本の教育方針は、詰め込み式で知識量を競う偏差値重視です。この知識詰め込み式は生成ＡＩ社会には合わないのですが、**現場の教師も文部科学省の官僚も、生成ＡＩ時代の民間企業の現場を知らないが故に、今でも自分たちが受けてきた教育方針が正しいと信じて疑うことなく次世代に継承させようとしています。**

この状況を変えるには、まず教育に携わる側が生成ＡＩ社会を正しく知ることです。僕がユーチューブで「民間企業での社会人体験が最低３年なければ教員免許を与えるべきではない」と語っているのは、このような教育現場に対する危機感があるためです。

ちなみに一部の公立学校の教師は、自分たちが教えている授業内容は未来では役に立たないことにとっくに気づいています。しかし日本の公立学校の教師は諸外国と違い、地方公務員法第37条でストライキを禁止されているのです。このことも日本の教育改革が進まない要因になっていると思います。

「すべてを自分の頭で考えて決められるようにする」という教育方針

では、生成ＡＩ社会に合った教育とはどのようなものでしょうか？　僕が注目しているのはフィンランドです。実際に現地を訪れ、公立学校を視察してきました。

まずフィンランドには「学歴」という言葉が存在しません。卒業した大学名を自慢する人がいないんです。企業の採用面接で聞かれるのは大学名ではなく「何を学んだのか」です。

フィンランドでは、小学校で性教育を実施し、中学校で職業訓練を行い、高校からは生徒が自分で授業の時間割を作ります。**この国の教育方針は「早く自立してすべてを自分の頭で考えて決められるようになりなさい!」です**。大人が導くのではありません。

僕は前著『２０３０　未来のビジネススキル19』にて、生成ＡＩ社会で必要になるビジネススキル19＋アルファを書きましたが、フィンランドでは既にこれらのスキルを子供のうちから養えるようにしているんですね。なんと素晴らしい教育システムでしょう。

フィンランドではアールト大学も視察してきました。印象に残ったのは、キャンパスに老若男女がいたことです。日本の大学には若くていかにも学生らしい人たちが大多数を占めています。ところが海外では社会人のリスキリング(学び直し)が当たり前ですので、アールト大学でも様々な年代の人たちを見かけるんです。

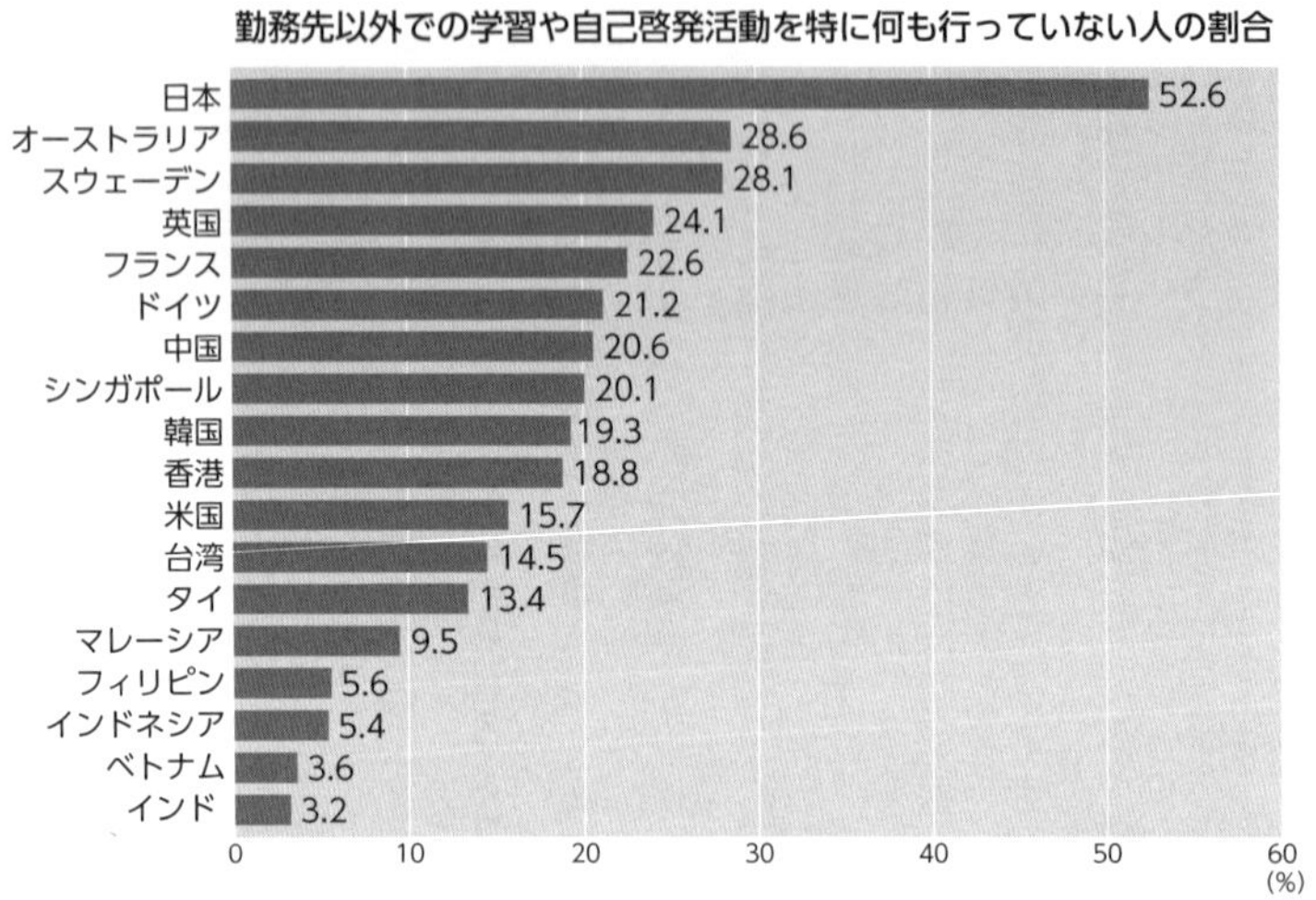

図表 30-1
（出所：パーソル総合研究所『グローバル就業実態・成長意識調査（2022 年）』※3 で公開されているデータを基に筆者作成）

大人が勉強しない国、日本

実は日本は、アジアで最も大人が勉強しない国です。総務省によれば、日本人の大人の、1日の平均勉強時間はわずか6分だそうです。パーソル総合研究所が世界18カ国・地域の主要都市の人々の働く実態として行った『グローバル就業実態・成長意識調査（2022年）』によれば、社会人が勤務先以外で自己研鑽を行っているかどうかの調査で、**「特に何も行っていない」と回答したぶっちぎりのトップはなんと「日本」（52・6%）でした**（図表30－1）。

日本人は勤勉というイメージが強いのですが、これは真面目に仕事に取り組む姿勢のことであって、「将来の自分磨き」に関してはダントツで無気力なようです。これ、ヤバくないですか? 教育については、諸外国から学ぶべきことが多そうですね。

学校は勉強するところではなく、勉強習慣を身につけるところ

日本の現在の学校では、1人の先生が30人程度の生徒を教えていますが、とても非効率です。AIを取り入れて生徒一人ひとりの強みと弱みを把握し、個別最適化された学習環境を整備するか、中田敦彦氏ばりに日本一面白おかしく講義できる先生がすべての公立学校でビデオ講義をすればいいんです。各校の先生はビデオの補足を説明したり生徒からの質問に答えたり、あるいは生徒たちのモチベーションアップに努めればいいでしょう。

つまるところ、教師としての「熱い思い」と「教える能力」は関係ありません。**情熱はあるけれども教えるのは下手といった先生に当たった生徒はふびんでなりません。**

学校は勉強するところではなく、勉強習慣を身につけるところです。そう考えると、教師の本分は何かが見えてきます。**それは偏差値を上げることではなく、生徒一人ひとりに目を向けて、それぞれが持つ長所を伸ばして短所を克服させ、自己肯定感の高い立派な社会人を育てることです。**

枠からはみ出した子は、「落ちこぼれ」ではなく「噴きこぼれ」

――と、ここまで考えてくると、そもそも論としてある疑問が浮かんできます。「やりたいことがわかっていて独学できる子なら、そもそも学校に行く必要があるのだろうか?」という疑問です。

僕は「行く必要はない」と考えています。学歴づくりのための大学進学が前提の教育もやめるべきです。**どうしても大学で学びたいことがある、という人以外は、さっさと社会に出るべきだと思います。**

日本の大学は、多くの学生が4年間(人によってはそれ以上)の歳月をかけて高校生(受験生)の頃よりもバカになってしまうという意味不明な学府です。米国やフランス、インドなど、多くの国では飛び級や留年が当たり前です。小学生でも平気で留年します。

親が「うちの子は算数が弱いからもう一回小学校2年生をやらせることにした」と平気で言うんです。それに対して周りの人たち、例えば同級生の親なども、「あらそう、いいんじゃない」と普通に受け入れます。日本だったらどうですか?「あの子留年らしいわよ。ヤバい子なのかしら」などとヒソヒソと井戸端会議で噂のネタにされるでしょう。

以前、何かの本で読んだのですが、枠からはみ出した子を「落ちこぼれ」とは呼ばずに「噴きこぼれ」と呼ぶべきだと書かれていました。とてもいい呼び方だと思います。あまりに長所や才能が突出していて、沸騰したお湯が噴き出してあふれてしまうわけです。

今、世界を動かしているメガテックの創業者の多くが、学校を中退したり性格に難があったりしたことはよく知られていますよね。つまり、「噴きこぼれ」だったのです。

個別最適化された学習の場が増える

みんなが机を並べて同じ教科書を同じペースで学ぶなど、本当に時間の無駄だと思います。N高等学校やS高等学校のようなオンラインスクールは年々生徒数が増え、2024年8月30日時点では3万人を超えたそうです※4。2025年にはR高等学校も開講予定です。SOZOWのようなフリースクールもあります。他にもコーセラ(Coursera)というアプリで学ぶこともできます。コーセラはハーバード大学やオックスフォード大学などの名門校の有名な教授の講義をオンラインで無料で受講できるアプリで単位も取得できます。フィンランドのハーガヘリア応用科学大学は世界で初めてＴｉｃｋＴｏｋで授業を開始しました。もちろん、単位が取得できます。

これからは個別最適化された学習の場が増えるでしょうし、その気になればユーチューブでも学べます。噴きこぼれた子供たちには、自分の長所や才能を伸ばすことだけに集中して学ぶという選択肢を持たせてあげたいものです。

個別最適化は塾でも進められています。そもそも塾の目的は偏差値アップですから、スタディサプリやバイジューズのようなＡＩにより個別最適化された学習ツールが進化し、人間の塾講師は成績を上げるテクニックでは太刀打ちできなくなるでしょう。

ＡＩを活用した個別最適化学習の具体例を１つ挙げます。最初にＡＩに自分の趣味を伝えます。例えば野球が好きなら、ＡＩが野球をからめて算数の問題を数秒で何百問も作ってくれます。例えば、「６対２で味方が負けていますが、逆転して相手に５点差をつけて勝つにはあと何点必要ですか？」といった具合です。そうすると勉強が楽しくなってくるんです。

今すぐあなたがやるべきこと

「今するあなたがやるべきこと」では、学校・塾の先生向けと、親御さんに向けてお話しします。

まず、学校・塾の先生へ

「先生」と呼ばれている教育現場の人たちには、なによりもまず『さる先生の「全部やろうはバカやろう」』（坂本良晶著、学陽書房）という本を読んでほしいと思います。

この本には、教師がどれだけ無駄で効率の悪い仕事をしているのか、そしてどうやって効率化すべきかについて、現役教師の目線で書かれています（現在、さる先生は教師を引退しています）。ちなみにフィンランドでは、教師も夕方には仕事を終わらせてみんな帰宅します。日本のように夜遅くまで残業している教師はいません。「なぜ、自分はこんなに残業ばかりしているのか。どこに無駄や効率の悪さが潜んでいるのか」と**課題発見力**を発揮して、自分の仕事の仕方を見直してみましょう。

そして学校の先生にも塾の先生にも共通して言えることは、**自分ブランド力**を身につけることです。例えば「日本初！授業をしない。」でおなじみの武田塾のようにコーチングに特化するのは時代にマッチしています。他にも、横浜にスイングアカデミーという学習塾があります。**この塾では、親や先生から「勉強しろ」と言われなくても、生徒が自ら勉強を始めることで有名です**。そのため、全国の塾の講師が視察に来ます。

僕は同塾の塾長である藤野雄太氏に、その秘訣について直接尋ねたことがあります。藤野氏の話を聞いてわかったのは、藤野氏が生徒の心理を完全に理解していることです。どんな言葉をかければ自ら学習を始めるのかという一次情報を持っているんですね。詳しいことをお知りになりたい方は、藤野氏の著書『勉強しなさいと言わずに成績が上がる！　すごい学習メソッド』（永岡書店）を読んでみてください。

藤野氏のように、**一次情報収集力**を持ち、**自分ブランド力**があれば、生成ＡＩ社会も少子化も塾経営は恐れるに足りません。

次に親御さんへ

グーグルで大規模な社内調査が行われ、社内貢献度と卒業した大学名に相関関係がないことがわかりました。その代わりに社内貢献度と相関関係があったのは、若いときにどれだけ苦労しているかという項目だったそうです。つまり、**レジリエンス**が重要だったんですね。

若いときにどれだけ苦労や失敗をして恥をかいたか、悔しい思いをしたのかという経験は、ＩＱ（知能指数）とは関係ありませんが、ＥＱ（心の知能指数）を高めてくれます。現在は数値化できるＩＱより、数値化できないＥＱの時代になっているんです。

しかし、ＥＱは今のところ公教育のカリキュラムでは高められません。残念ながら、現在の教育に対する考え方は、文部科学省の役職クラスや学校の校長・教頭クラスの年配者たちが全員引退しない限り変わることはありません。

だからといって、子育ては待ったなしです。**学校で教えてくれないなら、親が自ら家庭で教えるしかないんです**。僕はユーチューブで、「２０５０年未来の子育てシリーズ（２０２４年9月現在の累計再生数２００万回以上）」いう動画を何本か公開しています。

皆さんが我が子に将来、「好き」「得意」「社会から求められている」の３つの輪が重なるゾーンで能力を発揮できる仕事をしてほしいと願うのであれば、今のうちに子供に苦労をさせてほしいと思います。どうも昨今の親御さんはその逆で、我が子が苦労する前に障害を事前に取り除いていているように見えます。せっかくの「失敗する」チャンスを奪っているのです。そのくせ、給料が少ないなどを理由に我が子の目の前で夫婦喧嘩し、「大人って生きていくのが大変なんだぞ！」と言っていませんか？　そんな大人の姿を見て、子供が将来、「大人って楽しそう、将来好きな仕事をしたい」「結婚したい」「子供を持ちたい」って思うわけありませんよね。異次元の少子化は本当に社会情勢だけが原因でしょうか？　もっと身近に根本的な原因があるかもしれません。

すみません。ちょっと熱くなり過ぎました。家庭教育に関しては言いたいことがたくさんあり過ぎて……。**本書は僕の2冊目の著書になりますが、3冊目は「生成ＡＩ社会における未来の子育て教育」だけにテーマを絞り込んだ本を書く予定です。**

役立つスキル

スキル1　一次情報収集力（454ページ参照）
スキル2　課題発見力（454ページ参照）
スキル6　自分ブランド力（456ページ参照）

スキル10 **レジリエンス**（458ページ参照）

※1 地動説に関しては、魚豊さんの漫画『チ。―地球の運動について―』（小学館）がとても面白いのでお勧めです

※2 ソニー創業者の盛田昭夫氏は、大宅壮一氏との対談で、「学校では全教科同じように成績が良いことを善としているようだが、ソニーでは一つの突出した面を持っていることの方が価値がある」というようなことを言っていました

※3 https://rc.persol-group.co.jp/thinktank/data/global-2022.html

※4 https://nnn.ed.jp/news/blog/archives/hos92iat1/

未来予測
31

日本人が海外に出稼ぎに行くようになる

なぜそうなる？

最近、「日本人が海外に出稼ぎに行ったら、めっちゃ稼げた」というニュースをよく見ませんか？

海外で日本と同じ仕事をしたら、年収が2倍に

例えば、さほど経験を積んでいない若い寿司職人が、英国や米国で寿司を握ったら年収が1500万円や2500万円になったというニュースを時々見かけますよね。中には5000万円を超えたなどという例まであるそうです。

これは寿司職人だけの話ではありません。他にも、日本では月給30万円だった看護師さ

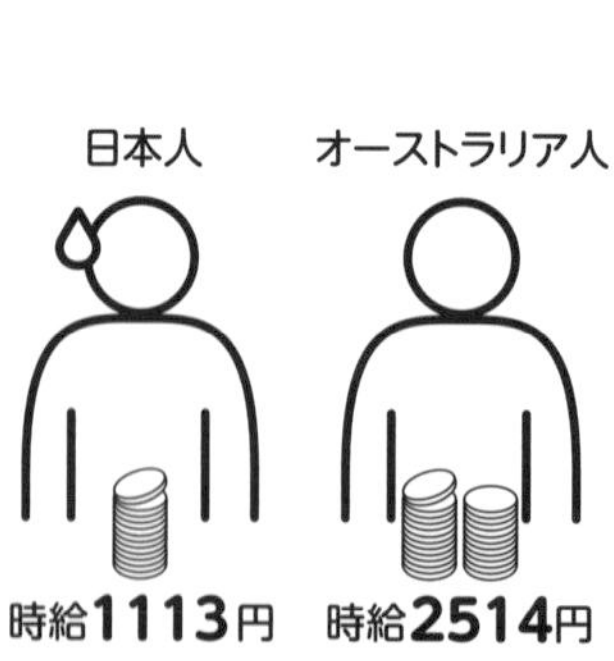

んが、オーストラリアで働いたら月給が80万円になったというニュースもありました。

このように、「海外で日本と同じ仕事をしたら年収が2倍になった」といった話は、ネットで検索すれば本人の体験談のブログや動画がいくらでも出てきます。

僕は、10年後には日本人が海外に出稼ぎに行く人が増え過ぎて、いちいちニュースで取り上げるようなネタじゃないぐらい普通になると予想しています。驚くことではありません。**これまで、日本は低賃金労働者を海外から連れてきて働いてもらっていました。その逆のことが起きるだけの話です**。なにしろ、日本の最低時給は東京でも1113円（2023年度）[※1]ですが、オーストラリアでは24・10豪ドル（約2514円）です[※2]。

ちなみに米国はチップの国ですが、ファストフードで働く店員さんはチップをもらえないので、カリフォルニア州ではファストフード店の従業員の最低賃金を上げる法案が施行され、最低時給が20ドル（おおよそ3000円）になりました[※3]。

このような話をすると必ず、「確かに海外は時給が高いけど、その分だけ生活費も高いから結局一緒じゃないか！」と言う人が一定数います。しかしちょっと算数をするとすぐにわかります。例えば、日本で月給20万円、生活費10万円で暮らしていると、手元に残るお金は10万円です。この人が日本より物価も給料も2倍高い国に行ったとします。そうすると給料は40万円、生活費は20万円となり、手元に残るお金も20万円に増えています。そうすると母国に送れるお金が増えるわけです。

日本人が海外に出稼ぎに行く理由

そもそも、日本人が海外に出稼ぎに行く理由はいくつかあります。

1つ目は円安の問題です。円安は日米の金利差だけが原因とはいえません。相対的に日本の国力が低下していることが原因でしょう。GAFAのような企業が生まれず、G7諸国の中で日本だけ給料が増えていません。海外の投資家からすれば、日本円を買うほどのポテンシャルを日本に見いだせないんです。ただし、「未来予測9『失われた40年』という言葉がはやり始める」で話したように、僕は松尾豊氏の存在が日本復活のラストチャンスだと思っています。

海外から日本にやってくる外国人労働者たちにしても、そろそろ気づいているはずです。「同じ仕事でも、米国やオーストラリア、欧州の時給は日本の2倍だぞ」と。日本は平和で親切な人も多いですが、彼・彼女らは本国にいる家族へ仕送りするために出稼ぎに来ているわけですから、時給のいい国に行くのは当然のことです。

その証拠に、日本に出稼ぎに来ている外国人労働者の国籍がだんだんと変わってきました。以前は中国人や韓国人が多かったのですが、最近はミャンマー人やネパール人、カンボジア人が増えてきています。もちろん、中国人は今でも増えていますが比較的微増といえる状況になってきました。やがて減少に転じるでしょう。

既に日本人はオンライン上で、中国に出稼ぎに行っている

実は出稼ぎというのは、その国に行って働くこととは限りません。オンライン出稼ぎもあり、既にホワイトカラー業界では始まっています。

例えば日本のお家芸のアニメ業界を見るとわかりやすいでしょう。近年、中国のアニメ市場はすさまじく成長しています。ジェトロ（日本貿易振興機構）によれば、中国のアニメ市場は３０００億円規模で、既に日本と拮抗しています。中国人アニメクリエーターの時給は高くなり、一部の中国アニメ制作会社は日本のアニメスタジオに外注しているくらいです。

日本のアニメクリエーターは優秀でありながら時給が中国のなんと3分の1で済むため、日本人に外注した方がコストダウンになるんですね。しかも質が高い。**つまり、アニメ業界では既に日本人クリエーターがオンライン上で中国に出稼ぎに出ていっている状態なんです**。世

界のアニメ界をけん引してきた日本人クリエーターにとっては屈辱的な現実かもしれませんが、背に腹は代えられません。中国の下請けに甘んじる方が時給が高くなるのですから。これは、日本にいながらにして外国で寿司職人になっているような状況だと言えますね。

今すぐあなたがやるべきこと

「今すぐあなたがやるべきこと」では、経営者の方向けと労働者の方向けに分けてお話しします。

まず、経営者の方へ

日本が少子化で労働不足に陥っているからといって、外国から補填すればいいという考えは徐々に通用しなくなる可能性が高いです。もしも現在、外国人労働者に頼り切っている事業モデルを採用しているなら、これまでの成功体験を捨てて**フルモデルチェンジ力**を発揮した方がいいでしょう。**テクノロジー駆使力**を使って社内のＤＸ改革を推進しましょう。人が足りないから「どうやって人を集めるか？」ではなく、「どうやって社内

DX進めて少人数で会社を回すか？」という発想に変えるという意味です。

次に労働者の方へ

出稼ぎという言葉にはネガティブな印象を持っているかもしれませんが、これを機に**英語力**を磨いて海外で勝負してみてはいかがでしょうか？

考えてみてください。日本では一流の寿司職人になるのに10年以上かかってしまいます。しかし海外に行けば、頭に鉢巻きを巻いて江戸っ子ぶって寿司を握れば１５００万円以上の年収になるんです。もちろんちゃんとおいしいお寿司を握れなければだめですよ。

寿司職人に限りません。先人たちの努力のおかげで、様々な分野で海外でのジャパンブランドはまだ健在なんです。試しに、海外に転職して成功した人たちの情報をネット上で検索してみてください。年収が増えたという話と同時に、必ずみんなが紹介している話があります。**それは、「日本人というだけで、誠実で尊敬するべきビジネスパーソン」という印象を持ってもらえることです。**これは、高度成長期からバブル期までに、日夜働き続けた日本の企業戦士たちのおかげです。これには本当に感謝しなければなりません。

50代でも採用不利になることはないが、仕事ができないと簡単にクビになる

海外で成功するには、必ずしも物価が高い国を選ぶ必要はありません。例えば僕は今、フィリピンで暮らしています。この国では国民のほとんどが英語を話せますし、人口は日本と同じくらいですが、国民の平均年齢は24歳と若いんです。そしてビジネスチャンスがあふれんばかりに転がっています。**これほどインフラが整っていない国では、何をやっても成功するのではないかと錯覚するくらいにビジネスチャンスがあるんです。**

周りの重圧が気になって少しでも日本が生きにくいと感じているのであれば逃げ出す力を意識して思い切って日本を飛び出してみてはいかがでしょうか？

しかも多くの国々では、日本のような年功序列がないので、若いからと言って見下されることもありません。仕事さえできればすぐに出世するし時給も増えます。でも、仕事ができなければ簡単にクビを切られます。50代以上の年配者でも同じですが、これは逆を言えば、50代以上という年齢差別で再就職が不利になることはありません。**海外では、仕事ができるのかどうかがすべてなんですね。**

基本的に多様性を重視する国が多いので、何事も他人のせいにせずに自分次第だと考えられる自己責任力を発揮できる人が評価されるでしょう。

役立つスキル

スキル4　テクノロジー駆使力（455ページ参照）

スキル9　英語力（458ページ参照）

スキル11　フルモデルチェンジ力（459ページ参照）

スキル12　自己責任力（459ページ参照）

スキル18　逃げ出す力（462ページ参照）

※1 https://www.mhlw.go.jp/stf/seisakunitsuite/bunya/koyou_roudou/roudoukijun/minimumichiran/index.html

※2 https://www.news.com.au/finance/work/at-work/26-million-minimum-and-award-wage-earners-set-for-july-1-pay-boost/news-story/b015df20d0b29e9537a7b520a4f33202

※3 ＮＨＫ『米カリフォルニア州 ファストフード店の最低賃金３０００円に』（https://www3.nhk.or.jp/news/html/20240402/k10014410631000.html）

未来予測32

弁護士・税理士などの「士業」の淘汰が始まる

なぜそうなる?

士業とは、弁護士や税理士、司法書士、行政書士、弁理士、あるいは社労士などの難しい国家資格が必要な仕事の総称です。士業の「士」が武士の「士」と同じことから、「士業」と書いて「さむらいぎょう」や「しぎょう」と呼ぶことがあります。

僕はこの士業の淘汰が始まると予想しています。その理由は、市場が大きいこととひな型仕事の部分がまだまだ多いことです。それは、業務効率化ソフトを開発するIT企業からすれば魅力的な市場です。

弁護士の出番が減り、税理士は財務コンサルタントにシフトする

弁護士の市場にはLeagal AIというＡＩが登場し、オンライン上でバーチャル弁護士に相談することができます。リセ（東京都千代田区）のソフトLeCHECKを活用すれば、契約書の作成やチェックができるため、弁護士や企業内法務部の手間が削減できます。英国のリンクレーター法律事務所が開発した判例検索ツールLinkRFIを使えば、必要な判例を瞬時で見つけ出すことができるので、業務時間を劇的に短縮することができます。この流れでＡＩが進化すれば、例えば交通事故が発生した際にも、保険会社のＡＩツール同士が和解策を見つけ出してもめ事を減らすため、弁護士の出番が減るでしょう。

税理士はどうでしょうか。既にマネーフォワードやフリー（freee）といった有名な会計ソフトが登場し、それぞれがチャットＧＰＴとの連携を発表しています。これからは、ＡＩによって仕分け作業が自動化されるので税理士の作業は減っていくでしょう。

僕が昨年訪問したバルト三国のエストニアでは、税務署が自動的に個人や会社の口座を見ることができるため、収入から経費を引いた利益の計算なども自動で行われ、税金が自動的に確定します。**その結果、確定申告という作業が必要なくなったため、税理士の仕事もなくなりました。**そこで政府の人に「税理士はなにをしているのか?」と尋ねたところ、財務コンサルタントに仕事をシフトしているそうです。

司法書士や行政書士の仕事だった会社登記はＡＩで自動処理される

次に司法書士や行政書士はどうでしょうか。会社設立の際には定款を作らなければなりませんが、ベンチャーサポート税理士法人が無料で提供している定款自動作成システムなどを利用すれば、司法書士や行政書士に頼らなくても定款を作成することができます。２０３０年ごろには、定款だけでなく会社登記までＡＩが自動的に処理してくれるようになっているでしょう。

そして弁理士です。弁理士の仕事と言えば特許の申請代理業務がありますが、AI Samurai（東京都千代田区）のAI Samurai ONEを活用すれば、弁理士を介さなくても誰もが特許庁に提出する特許書類を作成することができます。

以上、いくつかの例を紹介しましたが、これらのＡＩツールは今は未成熟です。しかし今後ＡＧＩと連携して急速に進化していくことは間違いありません。

今すぐあなたがやるべきこと

とはいえ、ＡＩの台頭によって士業がなくなることはありません。ただ、難しい資格を苦労して取得した割には稼ぎにくくなるということです。

他で断られた案件でも特許取得できるほどのノウハウがあれば心配ない

この時にやるべきことは、自分ブランド力を磨いて、SNSなどでアピールする自己主張する力を身につけることです。例えば僕が商標や特許を申請する際にいつも依頼している大阪の弁理士さんがいます。彼は、どの弁理士に頼んでも特許は取得できないと断られた案件の駆け込み寺として有名なんです。どういうわけか、他の弁理士で断られた特許でも、彼に頼むと取れてしまうんです。

つまり彼は、特許庁に対してどのように申請をすれば審査が通るのかという一次情報をたくさん持っていて、それを独自のノウハウとして蓄積して体系化しているんですね。その一次情報収集力を駆使して築き上げた自分ブランド力があるために、他の弁理士の何倍もの料金を掲げながらも依頼が絶えることがないんです。そんな彼なら、今後AIが進化しても、仕事がなくなることはないでしょう。

「契約後の2年間は顧問料は無料！」を掲げる事務所も

税理士や公認会計士は、ＡＩの影響以前に自分ブランド力が試される状況に既に突入しています。２００２年の税理士法の改正によって報酬規定と広告の規制が廃止され、税理士が市場競争の場に引きずり出されてしまったんです。

その結果、顧客はそれまで近所の会計事務所や紹介された会計事務所としか取引できなかったのが、インターネットのホームページや広告からより低価格な税理士や公認会計士を探し出し、顧問契約を結ぶことができるようになりました。

競争原理が作動し、価格競争による値崩れが起きたんですね。なにしろ税理士の仕事というのは誰がやっても同じ結果になります（原則としてならないとおかしい）。だから、ますます価格くらいしか差異化できなくなってしまったんです。

そこで何が起きているかというと、「契約後の2年間は顧問料は無料！」といった事務所が登場しているのです。最初の2年間の顧問料は、顧客獲得のための広告費や営業費と割り切って手放し、3年目から有料化するビジネスモデルに切り替えたわけです。捨てる力を発揮したんですね。しかしテクノロジーの進化は無情です。ここにきてサブスクリプションタイプの会計ソフトの普及やＡＩの進化が会計事務所の仕事をさらに奪い始めるんですね。そこで生き残るために**フルモデルチェンジ力**を発揮できた会計事務所は、財務コンサルタントや、経営コンサルタントというビジネスモデルにシフトしてきています。

士業の人たちにはＡＩの進化だけでなく、規制緩和などの環境変化も起こり得ますので、ここで紹介したいくつものスキルを身につけておく必要があります。

余談ですが、士業や政治家は、同業者同士でお互いを「○○先生」と呼び合う習慣がありますが、外部から見ていてはっきり言って気持ち悪いのでやめた方がいいと思います。

役立つスキル

スキル１　**一次情報収集力**（454ページ参照）
スキル６　**自分ブランド力**（456ページ参照）
スキル７　**自己主張する力**（457ページ参照）
スキル11　**フルモデルチェンジ力**（459ページ参照）
スキル16　**捨てる力**（461ページ参照）

３Ｄプリンターの建造物が爆発的に増える

なぜそうなる？

３Ｄプリンターで家を建てるスタートアップ企業セレンディクス（兵庫県西宮市）は、24時間で完成する床面積10平米の戸建て住宅serendix10を３３０万円で販売しています。代表取締役の小間裕康さんによれば、既に６０００件以上の問い合わせが来ているそうです。他にも住宅メーカーのLib Workは、土を原料とする３Ｄプリンター住宅Lib Earth House〝modelA〟を２０２４年1月に竣工しました。

３Ｄプリンターによるビルも

3Dプリンター

海外では、ドバイが世界初の３Ｄプリンターによるビルを建てています。この建設では工期を50～70％、人件費を50～80％も抑えることができたといいます。ドバイ政府は２０３０年までに、国内の建物の25％を３Ｄプリンターで建造することを目指しています。

フランスでは、世界初となる３Ｄプリンターで建造された公営住宅が完成していています。中国では、２０２２年に開催された冬季オリンピックの開催地跡に、３Ｄプリンターで住宅を建造しました。その住宅は床面積が１０６平米で、３つの寝室とキッチン、トイレを備えていて、建築期間は２週間です。米国に至っては、テキサス州オースティン北部に、３Ｄプリンターで建設された戸建て住宅が１００も並ぶ街が造られています。これらの家を建造したｉｃｏｎはＮＡＳＡと共同で月面にも居住区を建造予定です。

３Ｄプリンターで建造されるのは家だけではありません。スイスには３Ｄプリンターで建造された歩道橋があり、オランダでは３Ｄプリンターで建造されたスチール製の橋がアムステルダム市内の運河に架けられています。しかもこの橋の内部にはセンサーが組み込まれていて、橋の耐久性が下がってきたらアラートで知らせてくれます。つまり、メンテナンスのタイミングさえ教えてくれるんです。

３Ｄプリンターの魅力は頭の中にあるアイデアを誰もが形にできること

実は、日本で初めて3Ｄプリンター専門のＥＣサイトを立ち上げ販売したのは僕なんです（自社調べ）。当時はヤフオクに個人の出品者がたまに現れるくらいでしたから、持ち前の未来予測力のおかげで、先行者利益を享受させてもらいました。現在は競合が多くなり価格競争が始まってしまったため、在庫を売り切って撤退しています。

３Ｄプリンターの魅力は、初心者でも簡単に扱えるので、頭の中にあるアイデアを誰もが形にできることです。この３Ｄプリンターの特性を生かすことで、これからは50万円以下で買える住宅が登場し、間取りも自由に選べて、しかも発注翌日には完成しているという社会が来るでしょう。しかも環境に配慮された素材が開発されることで、**例えば子供たちが独立して夫婦二人だけの暮らしに戻ったら、一旦住宅を取り壊し、同じ土地に今度は夫婦二人暮らしにふさわしい理想的な間取りの家を気軽に建てられるようになります**。

もちろん、地震や台風に対する耐久性、火事に対する防火性・耐熱性、暑さ寒さに対する断熱性など、過酷な環境変化に適応した優れた素材の開発も進むでしょう。さらにペロブスカイト太陽電池という軽量で低コストの太陽光発電池を壁面に設置すれば、建物のあらゆる面で発電が行われ、電気代も無料になるかもしれません。

３Ｄプリンター住宅は、日本では普及しないが、新興国では爆発的に広まる

ただし、これほどまでに魅力的な３Ｄプリンター住宅ですが、日本ではそれほど多くは普及しないと僕は思っています。

その理由は、日本の建築技術が既に世界トップレベルの、大げさに言えば神の領域に達しているからです。耐熱性や耐震性、デザイン性、機能性など、どれをとっても世界最高クラスです。このレベルに慣れている日本人には、３Ｄプリンターで建造する住宅はすべての面において物足りなさを感じ、信頼もできないでしょう。

しかし世界は別です。例えばフィリピンでは中流階級であっても個人の住宅は日本でいうところのバラック小屋のようなものが普通です。そこにきて熱帯ですから、乾季は暑さが尋常で、雨季はゲリラ豪雨のような雨が毎日のように降り、雨漏りなど日常茶飯事です。フィリピンを含めた新興国で、３Ｄプリンターによる住宅の価格が劇的に下がり24時間以内に建築可能となれば、爆発的に普及する可能性があります。

まさにリープフロッグ現象が起きるんですね。

今すぐあなたがやるべきこと

日本の住宅メーカー向けにお話しします。3Dプリンターの住宅は日本ではそれほど普及しないだろうと予想しましたが、だからといって日本の住宅メーカーが安泰というわけではありません。

「そもそも自分の住宅を建てる必要があるだろうか?」と問われる時代

そこには「そもそも論」があるからです。「そもそも学校に行く必要はあるのだろうか?」「そもそも結婚する必要はあるのだろうか?」という問いと同じように、「そもそも自分の住宅を建てる必要があるだろうか?」と問われる時代になっています。

「ADDress」という引っ越し放題のサブスクリプションビジネスが登場したのも時代の流れでしょう。サブスク大賞を受賞したこのサービスは、月に4万~5万円払うことで、全国の提携マンションに引っ越し放題なんです。つまり、結婚して子供を持ち、マイホームを建てる、といった一昔前の幸せの公式はもはや成り立たなくなっているのです。住宅メーカーの生き残り策は、これまで以上に自分ブランド力とSNSなどで自己主張する力が必要になります。さらに、住宅は一生に一度の大きな買い物ですので、住宅メーカーとしてはお客様にほれ込んでもらうために20番目のシークレットスキルが必須になります。

役立つスキル

スキル6 自分ブランド力（456ページ参照）
スキル7 自己主張する力（457ページ参照）
スキル20 シークレットスキル（463ページ参照）

社員をクビにできるジョブ型雇用が当たり前になる

なぜそうなる?

メンバーシップ型雇用とジョブ型雇用の違いを説明します。メンバーシップ型雇用では、従業員のみんなが似たような仕事をして、みんなが年功序列で昇給していきます。突出して給料が増えることはめったにありませんが、その代わりに解雇も基本的にはありません。一方のジョブ型雇用では、仕事の能力が高い人の給料は他の人たちの何倍にもなるチャンスがありますが、その代わりに仕事ができない従業員はすぐにでも解雇されるリスクがあります。つまり能力主義ですね。

現在の日本はメンバーシップ型雇用が主流ですが、そう遠くない将来には欧米で主流のジョブ型雇用に切り替わっていくでしょう。既に欧米では、ジョブ型雇用も進化し、

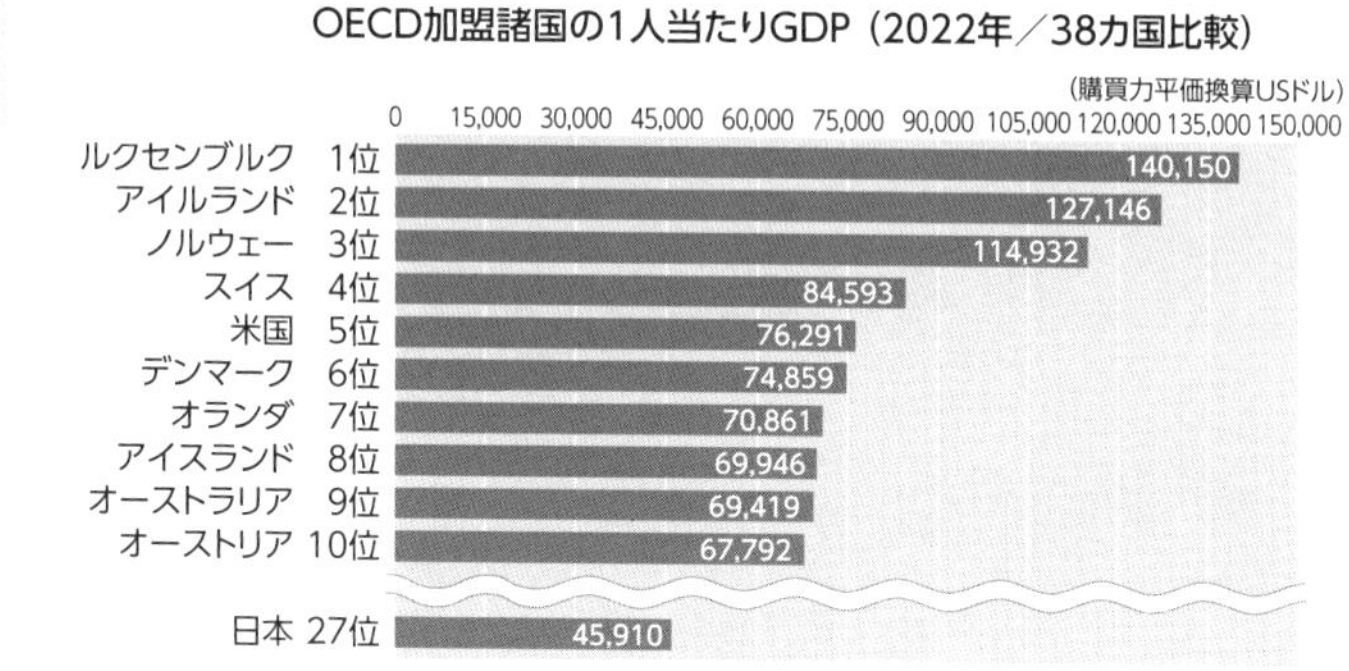

図表 34-1
（出所：公益財団法人日本生産性本部「生産性年次報告 2023」※1のデータを基に筆者作成）

タスク型雇用（タスクが終われば解散）や社内ベンチャー制度雇用（新規事業のための雇用）のような形式も広がりつつあります。

ジョブ型雇用にしなければ、組織が成り立たなくなる

生成AI社会で組織が勝つには、ジョブ型雇用に軍配が上がります。より現実的に表現すると、**ジョブ型雇用にしなければ、組織が成り立たなくなるリスクを負ってしまうからです**。その理由は日本の労働生産性の低さです。**図表34－1**はOECD加盟諸国の1人当たりのGDPを示しており、国別労働生産性と見ることができます。なぜ日本の労働生産性はこんなに低いのでしょうか？

労働生産性が低いから1つの部署に多くの人員が必要だよね、と思いがちですが僕は逆だと思っています。つまりメンバーシップ型雇用でクビにできない人員がいるか

ら労働生産性が低いままなのです。

もし労働生産性を高めるために従業員の誰かが業務を効率化してしまったら、その部署で誰か（特に年配のアナログ社員）の居場所がなくなってしまうので、みんな暗黙の了解で業務を効率化しないのです。僕はこれまで多くの企業をコンサルタントとして見てきたので、経験則でこの事実を知っています。外部の僕には、社長の気づいていない「社内政治」がよ～く見えるわけです。

現在、経営層は従業員に生成ＡＩを使いこなしてもらいたいと考え、社内研修などを実施していますが、みんなが同レベルで使いこなせるようになることはありません。使いこなせない従業員がいると組織のパフォーマンスを下げてしまいますが、そうした従業員にも給料を払い続けねばなりません。これがメンバーシップ型雇用の欠点です。つまるところ、時代の変化に適応できなかった企業は倒産してしまうんです。

メンバーシップ型雇用が良い時代もありました。それは、トヨタなどの製造業に代表されるように、分業で同じ製品を大量に効率よく製造し、技術者が年を取るのと同時に技術の蓄積が行われ、次の世代に伝承していくことで企業が成長を続けられた時代です。

メンバーシップ型雇用では、従業員は人生を企業に捧げる代わりに、老後資金の退職金まで面倒を見てもらえたという、**ある意味、企業とサラリーマンの人生の契約が成り立っていた時代でした**。このような関係が安定した成長を保証できたのは、時代の変化が緩やかで方向性も一定で、将来の展開が読めたからです。

沈没の可能性を知りつつ航海を続けるわけにはいけないと決断する日

しかし今はＶＵＣＡ[※2]の時代です。技術革新、グローバル化、気候変動、国際紛争、パンデミックなどにより、ビジネスや社会環境が急速に変化します。従来の経験や知識だけでは対応できず、柔軟性や適応力が求められます。組織や個人は、常に学び続け、変化に迅速に対応する能力が重要となります。

このような時代には新陳代謝が高まるジョブ型雇用が適しており、そう考える日本企業の経営者は確実に増えていますが、人事制度など長年の慣習はそう簡単には変えられません。僕の予想では、メンバーシップ型雇用を維持しているどこかの大手企業の社長が一人でも「メンバーシップ型雇用が無理なので、ジョブ型雇用に切り替えます」と発言すると、一変に日本の空気が変わると思います。日本の経営者は「従業員は家族だ」と言いますが、倒産したら給料が払えなくなるんです。**重みで沈みそうになっている船で、沈没の可能性を知りつつ航海を続けるわけにはいかないと決断する日がやがて来ます。**

既に伏線は張られています。**例えば、「早期退職募集」という名の黒字リストラです**。企業に黒字が出ていて体力があるうちに、パフォーマンスが悪い年配のアナログ社員は退職金を上乗せしてでも辞めてもらいたい、という会社からのメッセージです。その他、副業解禁やリスキリングの補助金（つまり奨励）などもそうです。

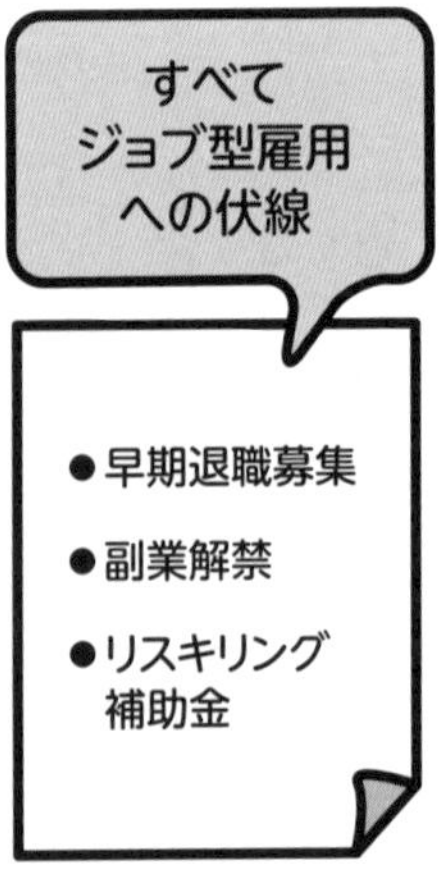

政府は副業解禁を大手企業に迫っています。そして実際に、副業を解禁する大手企業は増えてきました。例えば日本オラクルやサイボウズ、ソフトバンク、ロート製薬などです。大手企業が副業を解禁し始めた理由は、ジョブ型雇用が解禁されていつでも従業員を解雇できる環境が整ったとき、従業員たちが副業を始めていればより解雇しやすいからです。リスキリングの補助金も同じ理由です。政府が、現在の従業員有利の法律か

ら経営者有利の法律に改正する代わりに、従業員のリスキリング費用を肩代わりするという帳尻合わせなんです。

今すぐあなたがやるべきこと

「今すぐあなたがやるべきこと」では、経営者向けと従業員向けに分けてお話しします。

まず経営者の方へ

予測困難なVUCAの時代に、想定外の横波で船が沈んでしまっては元も子もありません。もはや待ったなしですので、すぐにでも過去の成功体験にとらわれずにビジネスの変革をやり遂げねばなりません。そこでは**テクノロジー駆使力**を発揮し、企業全体を変える**フルモデルチェンジカ**が必要です。

そのためには、経営陣が**一次情報収集力**を駆使して現状を把握し、従業員には「生成AI活用研修」など積極的なスキルアップの機会を与えてほしいです。「うちの業界には生成AIは関係ないなぁ」などと思っているのであれば、それは**一次情報収集力**が不足しています。**生成ＡＩが関係しない業界など一つもありません**。

世の中にインターネットが登場したとき、「我が社には関係ない」と言っていた企業は消え去り、今も生き残っている企業はすべてインターネットを導入していることを考えればわかりますよね。

いつまでも年功序列にこだわっていては、ＡＩを使いこなす有能な若手社員がどんどん転職して去ってしまいます。

次に従業員の方へ

ＤＸとは何かについて、改めて考えてほしいです。僕はＤＸのコンサルタントもしているので、企業の現状をよく知っています。**ＤＸとは「ビジネスモデルの変革」といわれますが、つまるところは省人化なんです**。社内でＤＸが推進されれば、当然アナログ仕事をしていた従業員たちは行き場を失います。２０３５年ごろまでには月額数万円といったサブスクリプション型の高性能なＡＧＩ搭載ＤＸツールが出てきます。ＤＸはますます推進され、省人化も進められていくでしょう。

まずは未来予測力を鍛えて、今、自分がいる業界や現場がどうなっていくのか予測してください。もしかすると、沈みかけている船に乗っているかもしれません。そうなら、転職を考えて船から脱出するか、**マネジメント力**を発揮して経営陣と共に船が沈まないようにするか、どちらかしかありません。

リクルートと国際的なエコノミックリサーチ機関であるIndeed Hiring Labが共同で世界11カ国の転職者を対象として調査した『「グローバル転職実態調査２０２３」報告書　リスキリングの再考』によれば、リスキリングにかけている時間の長さは、日本が最下位です[※3]。勤めている会社が社員のリスキリングに投資しているなら積極的に活用すべきですし、研修費用を出してくれない企業に勤めているなら、**お金の使い方**をよく見極めて、自らに投資することです。

世の中で最もリターンが大きい投資先は、株式でも投資信託でも金（ゴールド）でもなく、自分の脳と健康です。リスキリングは一朝一夕で成果を出せるものではありません。**習慣化力**を養って一歩ずつ着実に、現在稼げている年収の1割程度は自分の脳と健康に投資してほしいところです。また、身につけたスキルを掛け算することで、**自分ブランド力**を高めるという発想も忘れてはいけません[※4]。

台湾のIT担当大臣であるオードリー・タン氏は、著書で「変化が激しいこれからの社

会で未来のことはわからない、ただし確実に言えることは、生涯学習し続けない人は生き残れない」と言っています。

役立つスキル

スキル1　一次情報収集力（454ページ参照）
スキル4　テクノロジー駆使力（455ページ参照）
スキル5　未来予測力（456ページ参照）
スキル6　自分ブランド力（456ページ参照）
スキル8　マネジメント力（457ページ参照）
スキル11　フルモデルチェンジ力（459ページ参照）
スキル15　お金の使い方（461ページ参照）
スキル17　習慣化力（462ページ参照）

※1　https://www.jpc-net.jp/research/assets/pdf/innocon20240913_nenji2023.pdf
※2　VUCAとは、「Volatility」（変動性）、「Uncertainty」（不確実性）、「Complexity」（複雑性）、「Ambiguity」（曖昧性）のこと

※3 リクルート・Indeed Hiring Lab『「グローバル転職実態調査2023」報告書　リスキリングの再考』(https://www.recruit.co.jp/newsroom/pressrelease/assets/20240617_work_02.pdf)

※4 スキルの掛け算については、藤原和博氏の理論をわかりやすく解説した僕のユーチューブ動画『読むと年収が増える本』をご視聴ください

未来予測35

EVがスタンダードになり、日本の自動車メーカーが減る

なぜそうなる?

日本の国力は自動車産業が支えているといっても過言ではありません。日本国内はもちろん、今、僕が暮らしているフィリピンでも、走っている車の7割以上は日本車です。

しかし僕は、2040年ごろには、トヨタとホンダ以外の自動車メーカー、つまり日産、スズキ、マツダ、スバル、いすゞ、三菱自動車がトヨタやホンダに吸収合併されるか、あるいはお互いで合併し合っているかもしれないと思っています。

なぜなら、EV(Electrified Vehicle)に出遅れているからです。ホンダだけがEVを中心に未来を見すえる姿勢を見せていますが、その他の日本車メーカーは、一つのエネルギーにフルコミットせず、ガソリンやディーゼル、HV(ハイブリッド)、PHEV(プラ

グインハイブリッド）、ＥＶ、水素、バイオ燃料など、全方位に網を張っておいて、CO_2を削減しながら時代の流れの様子を見つつ対応していく戦略です。これをマルチパスウェイ戦略と言います。

全方位で対応するわけですから、特定のエネルギー車では専業メーカーに後れを取ります。ＥＶに関しては、テスラやＢＹＤに引き離されています。

トヨタ過去最高の売り上げを「点」で見ると間違う

皆さんの中には、「本当にＥＶの時代が来るのだろうか？」とけげんに思っている人もいるでしょう。確かに昨今は「ＥＶの普及に鈍化が見られる」と報道されています。それらの報道の要点は次の通りです。

- ＥＶ車しかやっていないテスラの株価が下落した。
- アップルがＥＶ事業の撤退を発表した。
- 中国製ＥＶで相次ぐ火災事故が発生した。
- 中国製ＥＶの国内売り上げが鈍化した。

●ＥＵが２０３５年までにガソリン車販売禁止というルールを撤回した。
●ベンツが２０３０年までの完全ＥＶ化を撤回した。
●２０２４年３月のニューヨーク国際モーターショーで、前回よりもＥＶ車が減って、ガソリン車、ＨＶ車が増えた。
●マルチパスウェイ戦略を採用するトヨタが過去最高の売り上げを達成した。

特に、トヨタが過去最高の売り上げを達成した報道を受け、世間は「トヨタはやっぱりすごい」「ＥＶじゃなくてＨＶが正しかった」というムードが日本中にまん延しています。僕は何年も前から「ＥＶの時代が来る」とユーチューブで言い続けているので、これらの報道以来、ＥＶに関するアンチコメントの書き込みが増えています。


「何がフューチャリストだ、嘘ばっかりつくな！」

「過去の間違った動画を消去しないあなたのメンタルに脱帽です！」

「視聴者をミスリードするから、もう車の話はするな！」

僕はこれらのコメントを見るたびに「なぜ、この人たちは時代を『点』で捉えてしまうのか、なぜ、時代を『線』で読むことができないのか」と思ってしまいます。

2024年3月に開催されたニューヨーク国際モーターショーで、EVではなくHVを中心に展示した韓国・現代自動車の幹部は、**「EVの将来は揺るがないが、すべての消費者のニーズに応える必要がある」**とインタビューで答えています。2024年4月、国際エネルギー機関（IEA）は、**「2030年には新車の50％がEVになる」**との予想を発表しています。現在起きていることを「点」で捉えればHVやPHVの時代に見えますが、「線」で捉えるとEVの時代が到来することは間違いない、世界は既にそう考えているのです。

実際、ここ最近のEVの停滞は、成長の踊り場に過ぎません。株式相場に例えるとわかりやすいと思います。株価チャートを思い浮かべてみてください。どんな優良銘柄も、一直線で右上がりになることはありません。小さな上がり下がりを経ながら、全体として上がっているんです。どこかの1カ月間だけグラフを拡大して見ると暴落したかのように株価が下がっていることがありますが、長期スパンで見ると、その暴落は一時的な踊り場に過ぎなかったことがわかります。これが「線で見る」ということです。

ＥＶ電池問題をＡＧＩが解決する

なぜＥＶがスタンダードになると言い切れるかというと、問題はもはや電池だけだからです。電池問題さえ解決すれば、一気にＥＶが主流になります。

現在のＥＶで使用されているリチウムイオンバッテリーには、「充電時間が長い」「充電ステーションが少ない」「時々発火する」「寒冷地でパフォーマンスが下がる」「重い」といった問題が指摘されています。次世代電池といわれている全固体電池も、弱点が完全には克服されていません。研究者は日夜努力していますが、量産化はまだ難しいようです。

ただし、２０３５年にはＡＧＩが登場します。ＡＧＩがＥＶ用電池を研究開発するようになれば、すべての弱点を克服した電池があっという間にできるでしょう。すなわち、３分ほどの急速充電で走行距離が２０００キロ、発火の危険もなく、寒冷地でもパフォーマンスが衰えない。軽量、長寿命な電池なら、充電ステーションも現在想定しているほど必要なくなります。

ＡＧＩを魔法の杖のように考えているわけではありません。実際、現在のリチウムイオンバッテリーは日々進化しています。中国が内モンゴル自治区で発見したレアメタルのニオブ（原子番号41、元素記号Ｎｂの元素）を使えば、今のリチウムイオンバッテリーの寿命を10倍の30年に延ばせることがわかったそうです。

かつて携帯電話が車載式からショルダー型になってなんとか持ち歩けるようになった頃でも、まさか今のスマートフォンのサイズと機能を想像できる人は少なかったでしょう。同様に、ＡＧＩが、今のバッテリーからは想像もできないような次世代バッテリーを開発してくれるはずです。

電池問題が解決すれば、もはやＥＶにはメリットしかありません。部品はガソリン車の10分の1で済み、組み立ても修理も簡単です。メンテナンスも、故障内容によってはディーラーや整備工場に持っていかなくても、交換用パーツを取り寄せれば自分で修理できるようになるでしょう。

僕たちのエコに対する評価は多分に感覚的

「ＥＶの時代は来ない」と主張している人たちの中には、電力供給能力の限界を根拠にしている場合があります。実際、日本自動車工業会前会長の豊田章男トヨタ自動車社長（当時）も、２０２０年12月の記者会見で、国内の車がすべてＥＶになると、電力ピーク時の発電能力を現状より10～15％上げなければならないので、原子力発電なら10基、火力発電なら20基相当を増やさなければ足りないというような発言をされています※1。

しかしこの発電能力に関しては解決策があるんです。それは「未来予測38　核融合で世界のエネルギー問題が解決に向かい始める」でお話しします。

また、ＥＶを巡っては、カーボンニュートラルが必ず話題になります。ＥＶは電力で走行するのでＣＯ２を排出しませんが、**「リチウムイオンバッテリーの製造過程でＣＯ２を排出するから結局エコじゃない、むしろガソリン車の方がエコだ」**といった議論ですね。

僕はこの議論を聞くと、いつも思うことがあります。それは、「僕たちのエコに対する評価は感覚的だ」ということです。

例えば、ガソリンは液体ですから目に見えますし、給油するときに匂いも感じます。注がれる音もしますし重さも感じますね。ですから、ガソリンが（実際には原油が）タンカーで海上を運ばれ、陸上ではタンクローリーで運ばれてくることもイメージしやすいんですね。それに対して、電気は目に見えませんし、輸送コストもゼロですし、匂いもしませんし、注がれるような音もしません。

つまり、人間の五感のうち、ガソリンは４つを刺激しますが電気は１つも刺激しません（感電した場合は除きますが）。ですから、使っている段階では電気の方がエコでクリーンに感じられるんです。たとえ発電の段階で大量のCO_2を排出していたとしても、**充電中に五感を刺激しないので、自分が環境に優しいことをしているように錯覚してしまうんですね。**

このように人は感覚的な生き物です。この感覚が、ＥＶをはやらせる要因の一つになることは間違いないでしょう。

EVシェアはBYDとテスラが突出

ビジネスは常にスピードとタイミングが命です。そのスピードは、ＡＩによって10倍ぐらいの肌感覚で加速されるんです。ＡＧＩの登場で電池問題が解決されれば、あっという間にＥＶが自動車市場を席巻します。

現在、世界のＥＶシェアは中国のＢＹＤがトップで、2位がテスラ（Tesla）、3位にＢＭＷが登場しますが、ここから下はどんぐりの背比べです。ＢＹＤとテスラの2社が2強として突出しています※2。

米国政府はＢＹＤの躍進を恐れ、２０２３年５月、中国製ＥＶに現在の25％から１００％に関税を引き上げることを発表しました。これに対して中国の報道官は、あらゆる必要な措置を取るとして、ものすごい勢いで東南アジアやインド、アフリカ、中東などで工場建設や業務提携を進めています。欧州や米国以外のすべての市場を中国製ＥＶで埋め尽くそうとしているんですね。

ちなみに米国や欧州がなぜこんなに中国車に対して関税を引き上げるかというと、自国の自動車産業を守るのはもちろんのことですが、それ以上に、中国共産党がＢＹＤという一民間企業に工場や機械設備のお金を出していることに対する警告の意味も含まれています。「自由競争じゃないじゃないか！」ということですね。**中国共産党はＥＶで世界を席巻する方針を打ち出しているため、これからも援助し続けるでしょう。**

ＥＶに関しては日本メーカーはもはや蚊帳の外です。タイは日本の自動車メーカーにとって重要拠点ですが、ここでも中国のＥＶ工場建設ラッシュが起きています。タイのセター・タウィーシン首相（当時）は、「日本は出遅れている。ＥＶに移行しなければ取り残される」と発言しています※3。

今すぐあなたがやるべきこと

自動車産業は日本の根幹を支えており、自動車関連産業の就業人口は554万人にのぼります※4。本書をお読みになっている方の中にも自動車関連の仕事に携わっている人が多いと思います。

自動車業界で働いている人に最も必要なのは、**未来予測力**と**フルモデルチェンジ力**です。特にエンジン開発部門の人たちには強調し過ぎることはないと思っています。

エンジン開発部門はメーカーの負債になる未来

自動車の心臓部であるエンジン開発は、自動車メーカーの花形部署です。エンジン開発に携わってきた人たちは、「自分たちが自動車産業を支えてきた」というプライドが高く、社内でも発言力があります。そうした人たちは、EVを認めようとしません。自動車が登場して130年、ずっとコアはエンジンだったのでお気持ちはわかります。

しかしはっきり言わせていただくと、残念ながらエンジン開発部門は、今後メーカーの資産ではなく負債になる未来が目前なんです。ユーチューブでこの話をすると、もののすごい大量のアンチコメントが書き込まれますが、ＥＶの台頭という現実から目を背けず、世界で何が起きているのか、ＢＹＤやテスラなどの動きに注目すれば説明するまでもないと思います。

テスラの狙いはＥＶの先

ちなみにテスラにとってＥＶは、ただの通過点に過ぎません。同社はその先の自動運転に目標を定めています。自動運転が実用化されると、車は個人が所有するものではなく利用する社会になります。イーロン・マスク氏はそうした時代を見据えているのです。

イーロン・マスク氏にとってＥＶの時代は「来るか来ないか」ではなく、「当然来るもの」であり、同社が狙う自動運転への「踏み台」でしかないのです。ガソリン車やＨＶでも自動運転は目指せるはずですが、なぜ、テスラにとってはＥＶが自動運転への踏み台なのかについては、「未来予測41　自動運転車が普通に公道を走っている」で説明します。

スキル5 **未来予測力**（456ページ参照）

スキル11 **フルモデルチェンジ力**（459ページ参照）

※1 ビジネス+IT『原発10基分の電力が必要に？ EV普及で電力不足は起こるのか 連載：EV最前線～ビジネスと社会はどう変わるのか』(https://www.sbbit.jp/article/cont1/99651)

※2 https://cleantechnica.com/2024/02/05/byd-1-in-world-in-plugin-vehicle-sales-in-2023/

※3 読売新聞『「日本車の牙城」タイでシェア急落、EV普及で中国台頭…セター首相「日本は出遅れている」』(https://www.yomiuri.co.jp/economy/20240204-OYT1T50110/)

※4 JAMA - 一般社団法人日本自動車工業会『基幹産業としての自動車製造業』(https://www.jama.or.jp/statistics/facts/industry/)

コラム

家事・育児はテクノロジーで代替できる？

ＡＧＩの誕生でロボットが進化し、社会に浸透するとお話ししました。その議論は、主に産業用を想定した話です。

産業用ロボットは導入が進むが、家庭用ロボットの普及は遅れる

産業用ロボットは24時間３６５日稼働できますから、１台あれば人の何倍もの仕事をこなします。給料を上げろとも言いませんし、休みが欲しいとも言いません。メンタルを病んで労災認定してほしいとも言いません。企業の経営者は、**産業用ロボットをコストではなく投資として捉えるでしょう**。将来の利益を見込んだ投資ですから、導入コストが多少高くても導入が進んでいきます。

そしてロボットには産業用の他に、家庭用があります。では家庭用ロボットの導入は

進むのでしょうか？

家庭用ロボットを導入しても利益が見込めるわけではないので、**投資ではなくコストと見られます**。その場合、費用対効果が高くないと、なかなか導入されません。ロボットの導入で家事や育児が楽になることは期待できますが、普段からお金に換算していない労力ですので、どれくらいの値段なら導入できるか、目安を立てにくいと思います。

そのような理由から僕は、一家に一台の家庭用ロボットが普及するのは、相当先の話になると思っています。では家庭用ロボットを導入すれば、僕たちは家事や育児から解放されるのでしょうか？　少し考えてみましょう。

家事はロボットが代行できる

「未来予測28　ブルーカラーの仕事を徐々にロボットが代替し始める」でお話しした通り、関節とセンサーが多いロボットであれば、AGIを搭載することであらゆる家事をこなせるようになるでしょう。洗濯物も器用に畳めるでしょうし、掃除をするときも、今日はどこを掃除すればいいのかを判断してくれるようになるでしょう。

それでも、「さすがに料理はできないだろう」と思った方、スタンフォード大学の研究グループが開発したＡＬＯＨＡというハウスキーピングロボットの動画を見てみてください。**料理だけでなく、掃除、洗濯、食器洗いなど、家事なら何でもやってくれるロボットの原型が、既にここまで進歩しているんです。**

このロボットの複雑な動きは、誰かがプログラミングするのではなく、人がやって見せることでロボットが学習しているんです。ＡＩが学習しているわけですね。今の段階では見た目はかなり武骨でダサく、アームもロボット感丸出しです。動きはちょっと気味が悪いくらいに人間じみていますよね。

ＡＧＩがまだ誕生していないのにこのクオリティーです。もうＳＦ映画の世界ですね。このようなロボットにＡＧＩが搭載され、見た目が洗練されれば、お金持ちならすぐに買うかもしれません。ＡＬＯＨＡは今の段階でここまで家事をこなしていますから、10年後には、あらゆる家事を器用にこなしていることが想像できますよね。おそらく市販され始める当初は１台２００万円くらいかもしれませんので、富裕層しか購入できないでしょうけど、製造工程の効率化や量産化、価格競争が始まれば、すぐに一般の家庭でも買えるようになるでしょう。家事についてはロボットが代行できるようになりそうです。

育児はロボットにすべて任せられない

では育児はどうでしょうか。結論から言えば、限定的な用途にとどまると思います。なぜなら、命を預かることは、ロボットには難しいからです。例えば3歳の子がいる家庭で、親が買い物に行くからといって、子供をロボットに預けられるでしょうか。うっかり窓のカギを閉め忘れ、子供がベランダに出てしまい、外に落ちてしまうかもしれません。

もちろん、ロボットは危険を察知して警告を発するかもしれませんが、子供の行動を止めるのは難しいでしょう。たとえロボットが行く手を塞いでも乱暴なことはできませんから、子供が器用にすり抜けてしまえばそれまでです。

しかも怖いのは、ロボットには責任感や良心がないことです。もしも事故が起きてロボットを責めても、「私は監視を続け、可能な限り止めました。録画した映像を御主人様のスマホに転送しました」と報告するだけでしょう。ちゃんとプログラム通り悲しそうな顔をしながら。育児に関しては、技術的な問題以上に、ロボットに責任が持てるかどうかという問題になりますね。

第4章 ASI誕生期 2040年-2045年

ＡＳＩが誕生し、未来はＳＦ映画の世界になる

なぜそうなる？

いよいよ、ＡＧＩ（Artificial General Intelligence：汎用人工知能）はＡＳＩ（Artificial Super Intelligence：人工超知能）に進化します。とはいえＡＳＩの確たる定義はまだ存在せず、ソフトバンクグループ代表取締役会長兼社長の孫正義氏が「ＡＧＩは人類叡智総和の10倍。ＡＳＩは人類叡智総和の1万倍になる」※1と語ったことから、ＡＳＩはＡＧＩの1000倍の賢さを持ったＡＩとされています。

今のＡＩがジェットコースターの体感速度だとすれば、ＡＧ

Ｉは戦闘機、そしてＡＳＩはもはやＳＦの世界としかた例えようがありません。

孫正義氏は２０２４年６月21日の第44回定時株主総会で、「ソフトバンクグループの使命がはっきりと見えた。それは人類の進化だ」と述べ、「人類の進化」の手段として「ＡＳＩの実現」と結論付けています[※2]。**そして孫氏は、「これからの10年間で、人類がＡＩに追い抜かれる転換期が訪れ、すべての常識が変わる」と予測し、ＡＳＩの誕生がソフトバンクグループの使命だと話しています。**

「君たち人類は、こんなことで悩んでいたのかい？」（by ASI）

ＡＳＩが登場したら、僕たちの生活や社会はどのように変わるのでしょうか。もうＳＦ映画の世界観に近づきますから、ここからは本書はエンタメ本だと思って読んでください（笑）。

まず、ＡＳＩは人では解決が困難だった社会課題を解決していくでしょう。人類はこれまで何かを発明するとき、「知識×知恵×試行錯誤＝発明」という公式を繰り返してきました。ＡＳＩが関わることでこの公式が１万倍の速度になるイメージです。特に「試行錯誤」は物理的に時間を要してきましたが、ＡＳＩはコンピューター上の仮想現実でシミュレーションすることで高速化できます。

そして、次のような課題解決を実現していくのです。

- 世界のエネルギー問題の解決
- 世界の食料問題の解決
- 海水を一瞬でクリーンな飲み水にする装置の発明
- がんや糖尿病を含め、あらゆる病気の治療薬の開発
- 風邪をすぐに治す薬の開発
- 虫歯や歯周病にならない歯磨き粉の開発
- 老化を防ぐ長寿策（孫氏は200歳まで生きることになるだろうと言っています）
- 渋滞がないように信号をすべて管理
- 自動運転による事故の減少
- 遺伝子操作でペットも人も生まれる前にデザイン
- 国家間紛争の交渉

まるでASIから「**君たち人類は、こんなことで何百年も悩んでいたのかい？**」と言わ

れるように、次々と社会課題の解決を手助けしてくれるでしょう。
もちろん、ＡＳＩの誕生には様々なリスクが伴います。例えば失業率が拡大します。これまで人が行ってきたあらゆる仕事をＡＳＩがこなしてしまうため、人でなければできない仕事はどんどん減っていきます。

国連によると２０８６年に１０４億人に達するまで地球の人口は増え続けるので、やはり失業者も増え続けることが予想されます。失業者を救済するには新税を導入し、ベーシックインカムを導入することで富裕層のお金を失業者に再配分する仕組みが有効です（ＡＳＩのリスクについては「未来予測46　貧富の差が拡大し過ぎて資本主義が限界！ベーシックインカム導入!?」でお話しします）。

今すぐあなたがやるべきこと

ＡＳＩの登場で、これまで以上に重要になってくるのが**未来予測力**です。あらゆる業界は目まぐるしく変化していくことが予想されます。そのような状況で未来を予測し、**テクノロジー駆使力**や**マネジメント力**を発揮して社内のポジションを高めていくのか、それとも**フルモデルチェンジ力**を発揮して転職したり独立したりするのかという選択を迫られることでしょう。

こうした力を高めるためにも、たくさんのSF映画を観ることをお勧めします。SF映画は駄作もありますが、多くの場合、細かなシミュレーションを行いながら作り込まれており、楽しみながら**テクノロジー駆使力**や**未来予測力**を高められるんです。僕のお勧めは『レディ・プレイヤー1』（原題：Ready Player One）や『ブレードランナー2049』（原題：Blade Runner 2049）です。

プライベートでは**逃げ出す力**や**ウェルビーイング**が必要になります。時代の変化が速過ぎて、あらがうのに疲れてしまうかもしれないからです。そんなとき、「出世しなくてもいいし、お金持ちにもならなくてもいいから、せめて自分なりの幸せを見つけて時代の流れに身を委ねよう」という考え方も大事になってきます。**例えるなら、激流でラフティングして転覆しないように頑張るのは大変なので、沈みさえしなければ大丈夫と心を決めて、木の葉のように表裏関係なくひらひらと時代に流されるのもありだね、という感覚です。**この境地に至るには、他人と自分を比較することをやめて、**お金の使い方**をしっかり見直す必要があります。

役立つスキル

スキル4　テクノロジー駆使力（455ページ参照）
スキル5　未来予測力（456ページ参照）
スキル8　マネジメント力（457ページ参照）
スキル11　フルモデルチェンジ力（459ページ参照）
スキル15　お金の使い方（461ページ参照）
スキル18　逃げ出す力（462ページ参照）
スキル19　ウェルビーイング（463ページ参照）

※1　ソフトバンク『AIは「AGI」へと進化し、今後10年で全人類の叡智の10倍を超える。孫正義　特別講演レポート』（https://www.softbank.jp/biz/blog/business/articles/202310/sbw2023-softbank-son-main-keynote/）

※2　ソフトバンクニュース『人工超知能「ASI」の実現がソフトバンクグループの使命　ソフトバンクグループ株式会社　第44回定時株主総会』（https://www.softbank.jp/sbnews/entry/20240620_01）

未来予測37

戦争は自律型ＡＩ兵器同士の戦いになる

なぜそうなる？

戦争の引き金には様々な理由があります。

- 海や河川を含めた領土を巡る争い
- 宗教や民族間の思想の対立
- 天然資源やエネルギー資源（石油、ガス、希少金属など）を巡る争い
- 政治の腐敗や経済的困窮による内戦、クーデター

これらの理由を考えると、今後ＡＩがどれほど進歩しても、戦争がなくなることはな

さそうです。実際、火星に探査機を送れるほど科学が発展した21世紀になっても、世界では内紛も含めると32の戦争が起きています※1。

では今後、ＡＩで戦争はどのように変わっていくでしょうか？　僕は、最前線で自律型ＡＩ兵器が戦う戦争が増えてくると思っています。現在もＡＩ兵器はありますが、あくまでも攻撃を判断するのは人です。それに対して自律型ＡＩ兵器は、人が指示を出さなくても自分で敵を見つけ、自分の判断で自動的に敵を攻撃します。

ありがたくもないたとえ話ですが、もしあなたが戦争中の軍の責任者だとしたら、自律型ＡＩ兵器をどのように評価するでしょうか？

その評価を下すために、次に、自律型ＡＩ兵器のメリットとデメリットを両方挙げてみます。軍の責任者になったつもりで比較をご覧になるとメリットの大きさに気づくと思います。

自律型AI兵器のメリット

メリット1「兵士の命を失う可能性が下がる」。自律型AI兵器に戦わせると、兵士を戦場から遠ざけることができます。特に危険なミッションや長時間の監視活動など人間には困難な任務でも、人間以上のパフォーマンスを発揮するでしょう。

メリット2「意思決定が速い」。例えば、目の前に100人の敵が同時に現れたとします。人間の兵士だったらパニックになり思考停止し、目の前の敵に向かってとりあえず銃を乱射するか逃げ出してしまうでしょう。しかしAIは違います。本当にすべて敵なのか？　誰が一番強力な武器を持っているのか？　誰が攻撃しようとしていて誰が戦う意志がないのか？　これらの判断を1秒で下すことも可能です。そして、最小の労力で最大の戦果を挙げるでしょう。

メリット3「24時間監視」。自律型AI兵器は「お腹が空きました」とか「マラリアにかかりました」とか言わずに、24時間敵を監視します。もちろん夜でも、赤外線センサーと音感センサーで敵の動きを見落としません。ちなみに第二次世界大戦で戦死した日本兵240万人の実に6割は、戦闘ではなく「餓えや病気」で亡くなっているそうです※2。

メリット4「民間人の犠牲が減る」。ロシア・ウクライナ戦争や、パレスチナのガザ地区で行われている行為の報道を見る限り、誤爆は避けて通れません。これは人間と人間が戦うからです。ＡＩは一瞬で敵と味方を判断し、民間人と兵士も区別するため、民間人の犠牲が減ります。

メリット５「自国の作戦を探られにくい」。疲れや感情を持たない自律型ＡＩ兵器が投入され続ければ、相手国は、戦況は進んでいるのか、膠着状態にあるのか、わからなくなってしまいます。相手がどのような作戦で進めているのか読めず、自分たちの戦略に自信を持てなくなり、戦意喪失してしまうかもしれません。

メリット６「他国へのアピール」。最強の自律型ＡＩ兵器で勝つシーンが世界中で報道されれば、他国は恐れ、その国に戦争を仕掛けようなどとは思わなくなるという抑止効果があるでしょう。

メリット７「コストが安い」。最後に不謹慎ではありますが、やはりお金についても考える必要があります。例えば米国では、兵士１人を一人前に育てるためにかかる訓練コストは、約10万ドルから50万ドル以上と言われています。さらにベトナム戦争では、敵１人を倒すのに使った銃弾の数は５万発以上だったそうで、相当量の無駄撃ちがあったことが想像できます。それに対して、ドローン兵器は正確に狙いを定めて撃つことができ、現在、安い物だと1機2000ドルで手に入ります。

自律型AI兵器のデメリット

デメリット1「間違うリスクがある」。戦闘中の衝撃などによりAIの不具合やセンサーが誤作動を起こすと、無関係な民間人、時には味方をも攻撃するリスクが0ではありません。ただし人間による誤爆・誤射よりは少なくなるでしょう。

デメリット2「責任者は誰？」。自律型AI兵器が間違って民間人を虐殺してしまった場合、その責任は誰が負うのかという問題があります。AI開発者なのか、武器メーカーなのか、利用した兵士なのか、それとも許可した上官なのか、法的な問題は未整備です。

デメリット3「戦争をエスカレートさせる」。自律型AI兵器が作戦以上の動きをしてしまい、想定以上に敵国に被害を出してしまったら、当然敵国の憎しみがさらに増し、報復合戦が繰り返されて戦争がエスカレートしてしまう可能性があります。

デメリット4「倫理的な問題」。そもそも人間が判断を下さない自律型AI兵器が人間の命を奪ってもいいのか、倫理的な課題は置いてけぼりになっています。

デメリット5「自律型AI兵器市場が拡大する」。自律型AI兵器同士の戦いを見ている世界各国の軍部は、「この兵器は我が国でも欲しい」「この兵器がもっとこうだったら強力になりそうだ」などと考え、さらに自律型ＡＩ兵器市場を拡大してしまうでしょう。

今すぐあなたがやるべきこと

僕たち日本人が差し迫って考えておかなければならないのは台湾有事でしょう。台湾（正式名は中華民国）はそもそも、１９４９年に国民党の蔣介石が共産党の毛沢東との内線に敗れて逃れた場所です。このような経緯があるので、中国共産党は、台湾はもともと自分たちの国の一部だと考えています。また、海洋を含めた領土拡張の面でも、台湾は中国にとって非常に重要な位置にあります。

中国の海洋進出と言えば、南シナ海のサビナ礁で、フィリピンの巡視船に中国海警局の船が衝突し、マニラ駐在の日本大使と米国国務省が懸念や非難を表明したニュースを見聞きしたことがあるかもしれません※3。

もしも台湾が中国の統治下になれば、台湾とフィリピンは非常に近いので、中国はフィリピンに至近距離で攻撃を仕掛けられるように軍を配備できます。そしてなによりも中国共産党にとって大きな収穫は、世界の半導体の5割以上を製造しているTSMC（Taiwan Semiconductor Manufacturing Company, Ltd.：臺灣積體電路製造股份有限公司）を手中に収めることができるのです。

米国からすると、インテルやエヌビディアなどの自国の半導体企業の外注先であるTSMCだけは、絶対に中国共産党の手に渡ることを避けなければなりません。米国には台湾の安全保障のための規定を含む「台湾関係法」がありますし、日本の沖縄県の在日米軍基地の存在によって中国をけん制しています。

日本はどうなるでしょうか。**有事となって米国が軍事介入すれば、日米同盟を結んでいる日本も巻き込まれ、中国が日本国内の軍事基地や都市部にミサイルを撃つ可能性があります。**一番可能性が高いのは日本に対する経済制裁の発動で、現在の日本は中国との経済関係なしには存在できない状況ですから、日本経済は混乱すると予測できます。

また、台湾から日本に避難民が押し寄せてくる可能性もあります。自衛隊の活動や避難民の受け入れのためだといって、増税する可能性もあります。場合によっては、ウクライナやロシアのように徴兵制が復活しないとも言い切れません。

また先日北朝鮮では、金正恩総書記が、核兵器の数を「幾何級数的」に増やす方針を発表したことも知っておきましょう。幾何級数的は、倍々ゲームで指数関数的に増えるという意味です。

ロシアとウクライナが、そしてパレスチナのガザ地区を巡るハマースとイスラエルとの紛争など、誰が予想していたでしょうか。**僕たちはできるだけ未来予測力を養って、自分の人生から「想定外」を減らすようにしましょう。**また、どのような形であれ、日本が国際紛争などに巻き込まれるような非常事態に遭遇した場合に備え、生存本能である**レジリエンス**を高めておく必要があります。

役立つスキル

スキル5 **未来予測力**（456ページ参照）

スキル10 **レジリエンス**（458ページ参照）

※1 https://ja.wikipedia.org/wiki/戦争一覧#2001年～現在

※2 藤原彰『餓死した英霊たち』青木書店

※3 ＮＨＫ『日米 南シナ海での比と中国の船衝突に懸念や非難表明 比を支持』（https://www3.nhk.or.jp/news/html/20240901/k10014568141000.html）

未来予測38

核融合で世界のエネルギー問題が解決に向かい始める

なぜそうなる?

「これから世界は電力不足になる」という予測がある一方で、ハードの省エネ化が進むことで、「電力不足にはならない」と予測する人たちもいます。僕はどちらの予測が正しいのかを判定することにはあまり意味がないと考えています。というのも、既に現時点で世界の電力は不足しているからです。世界では現在7億人もの人々が電気のない生活をしているんです。そのうちの8割はアフリカで暮らす人々です。

生成AIで電力消費が急増

日本国内に限っては、2023年までの電力需要は減り続けていましたが、生成AI

の登場で、今後は消費電力が増えていくと予想されています。生成ＡＩは大量のデータを学習することで賢くなりますので、コンピューターの計算量が爆発的に増えるのです。２０４０年の日本の総計算量は、２０２０年比で最大10万倍以上に達するという予測もあるんです[※1]。コンピューターは大量の電力を消費し、そのコンピューターを冷却するのにも電力を使いますので、コンピューターを集積しているデータセンターの電力消費は大幅に増えると予想されています。

ＩＥＡ（国際エネルギー機関）の試算によれば、２０２６年には２０２２年比でおよそ2倍の電力が消費されるというのです[※2]。現在の発電方法の内訳を見てみましょう（**図表38－1**）。化石燃料（石炭、天然ガス、石油など）による火力発電が70％を超えており、太陽光が９・２％、水力７・６％、原子力５・５％、バイオマス３・７％、風力０・９％、そして地熱が０・

電源構成（発電量）（2022年）

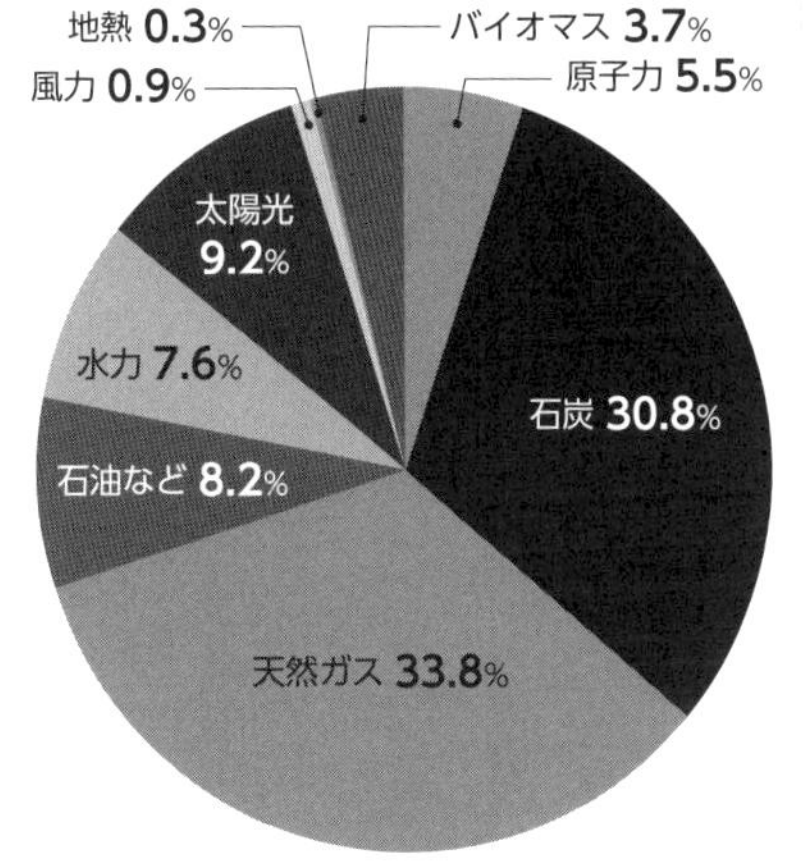

図表 38-1
（出所：資源エネルギー庁『集計結果又は推計結果（総合エネルギー統計）「時系列表」』[※3]のデータを基に筆者作成）

3％です。つまり7割がCO_2を排出する発電方法なんですね。日本をはじめとする先進国では生成ＡＩの活用で電力需要が増えるため、CO_2を排出しない新たなクリーンエネルギーの開発が急務です。

「地上の太陽」といわれる核融合技術の研究が進む

このような状況の中、電力不足を解消する夢の技術が「核融合エネルギー」です。太陽で起きている現象と同じであることから「地上の太陽」と呼ばれています。

これまで世界中で核融合エネルギーが研究されてきましたが、２０２２年に米国で初めて核融合によるエネルギーの純増（投入したエネルギーに対して生成されたエネルギーが上回ること）が発表されました。ワシントンＤＣで行われた記者会見で、米エネルギー省のジェニファー・グランホルム長官は「**21世紀における最も偉大な科学的功績の一つ**」と語っています[※4]。**理論的には、核融合ではわずか1グラムの燃料で石油8トン分のエネルギーを作り出すことができます。**

ちなみに現在の原子力発電は、核融合ではなく核分裂を利用しています。図表38－2に、核融合と、現在の原子力エネルギーである核分裂の違いを示しています。原子力発

	核融合	核分裂（現在の原子力エネルギー）
燃料	海水中の水素	ウラン
暴走リスク	ない	連鎖反応
放射性廃棄物	ほとんどない	多い
兵器化	不可能	可能
エネルギー	多い	核融合より少ない

図表 38-2

電では、ウクライナのチョルノービリ（旧チェルノブイリ）や福島第一原子力発電所事故で起きたような放射能漏れという壊滅的な事故を起こす可能性があります。チョルノービリの保護区責任者は、３００年は人が住めないだろうと言っています。原子力発電では放射性廃棄物、いわゆる核のゴミの問題もあります。こちらも危険な物質を扱うため、処理問題では政府も頭を悩ませているところです。**なにしろ出来立てほやほやの放射性廃棄物に人が近寄れば、わずか20秒で死に至ります**。そして無害になるまでには数万年かかると言われているんです。

これに対して核融合は、原理的には核分裂のように制御不能になることがないため、壊滅的な事故は起きないとされています。核融合のメリットを次に示します。

- 温室効果ガスを出さない
- 太陽光や風力と違い、天気に左右されない
- 核分裂に使うウランも不要。海水の水素を使うので、ほぼ無限

●核分裂は連鎖反応なので、制御不能の深刻な事故リスクがあるが、核融合は一度きりなので、深刻な連鎖反応事故は起きない
●核のゴミ（放射性廃棄物）をほとんど出さない

「核融合炉は、2025年には初期稼働を開始する」

時々ニュースで、ITER（イーター）という言葉を見聞きすることがあると思います。ITERは国際核融合エネルギー研究センターによって作られた核融合エネルギー研究施設のことです。南フランスのサン・ポール・レ・デュランスという街に作られています。ITERの機構長によれば、「核融合実験炉は77％完成しており、2025年には初期稼働を開始する」と語っています。

世界でも核融合関連の民間企業がどんどん増えてきています。日本でも先進的な取り組みが進められています。核融合研究の第一人者小西哲之氏の研究はもとより、大企業だけでなくスタートアップ企業も参入してきています。例えば、京都フュージョニアリング（東京都千代田区）、EX-Fusion（大阪府吹田市）、Helical Fusion（東京都中央区）などです。実用化時期の目安として、EX-Fusionの松尾一輝氏は2035年、Helical Fusion

の田口昂哉氏は２０３４年と語っています。

僕は核融合エネルギーの未来にかなり期待しています。それはもちろんＡＳＩに期待しているからです。前述のＩＴＥＲでは日本も含め世界35カ国から１０００人近くの研究者が集まって日夜核融合エネルギーの実現に向けて研究しています。これだけでも人類の英知の集結に違いありませんが、**ＡＳＩが誕生すれば、その英知を一瞬で飛び越えてしまう可能性があります**。

核融合エネルギーは海水中の水素を使いますから、原油やウランの取り合いのような問題が起きず、原油価格の変動に一喜一憂することもありません。CO_2も排出しません。もしかしたら、政府の政策次第で電気代は限りなく無料に近づくかもしれません。ちなみに現在の日本は、原油などをはじめとするエネルギー原料の83％を海外から輸入しています。この購入費に全国の火力発電所の維持費や人件費もすべて僕たちの電気代に上乗せされています。

ペロブスカイトの実用化も近い

もう一つ、核融合エネルギーと共にもっと身近で発電できるペロブスカイトの実用化にも僕は期待しているんです。ペロブスカイトとは、桐蔭横浜大学の宮坂力特任教授によって開発された、いわば太陽光発電パネルの超薄型版です。厚さが1ミリしかありませんので折り曲げることもできます。**折り曲げ可能なので、車体表面全体をペロブスカイトで覆うことで充電不要のＥＶができるかもしれません**。住宅であれば壁面や屋根に貼り付けて、自家発電住宅に住めるようになるでしょう。

余計なことですが、ＧＤＰの５割近くを石油の輸出に依存している中東の産油国は、いずれ石油の輸出量が激減するのではないかと、他国ながら心配してしまいます。

核融合エネルギーが完成すれば、石油資源の取り合いによる戦争や紛争が激減するかもしれません。なんてったって海水（原料）は世界中にありますから！

今すぐあなたがやるべきこと

エネルギーに対する直接的な対策として、皆さん個々人が今すぐやるべきことは特にありません。ただ、莫大なお金が動くエネルギー問題にはたくさんの利権が絡んできます。そのため報道にも偏りが出てきます。そこでクリティカルシンキングを忘れずに、何事もうのみにせずに、まずは疑ってかかる癖をつけましょう。

例えば「これから○○のエネルギーがはやるから投資しないか！」と言ってくる人がいたら、その人のバックグラウンドを探ってみる必要があります。どこの誰だかわからないような出どころの情報よりも、国際機関や公的機関が出している情報に当たる**一次情報収集力**を駆使できる体制を整えておきましょう。

役立つスキル

スキル1 **一次情報収集力**（454ページ参照）
スキル13 **クリティカルシンキング**（460ページ参照）

※1 MRI 三菱総合研究所『提言 生成AIの普及が与える日本の電力需要への影響「適材適所」のAI活用と半導体技術開発の組み合わせで電力制約を克服』（https://www.mri.co.jp/knowledge/insight/policy/20240828_1.html）
※2 日テレNEWS NNN『解説 生成AIの広がりで電力消費が爆増…エネルギー基本計画どう見直す？』（https://news.ntv.co.jp/category/economy/b0e27273972a4513bb299128f6df9d25）
※3 https://www.enecho.meti.go.jp/statistics/total_energy/results.html#headline1
※4 ナショナル ジオグラフィック日本版サイト『核融合で画期的な成果、念願の「エネルギー純増」に成功』（https://natgeo.nikkeibp.co.jp/atcl/news/22/121500584/）

未来予測39

デザイナーベビー解禁でオリンピックがシラケる

なぜそうなる？

2022年に僕のユーチューブでデザイナーベビーについて取り上げたところ、とても反響が大きかったので、本書でも触れることにしました。デザイナーベビーとは、親が我が子をデザインすることです。受精卵の段階で遺伝子操作を施し、親が望む外見（目の色や髪の毛の質、身長、足の長さ、筋肉質など）や記憶力、知力を持った子供にするのです。

「賀建奎事件」として世界中に波紋

人類は既に、「クリスパー・キャスナイン」（CRISPR-Cas9）というゲノム配列の編集技術を用いてデザイナーベビーを生み出すことができる段階にいます。もっとも、技術的にできることと実際にそれを実行することは別問題です。特に生命に関わる技術には倫理的な問題と法的な問題が議論されなければなりません。

ところがその議論を待たずに、中国の遺伝子学者である賀建奎副教授がクリスパー・キャスナインを使って**ＨＩＶウイルスに感染しない双子の赤ちゃん**を誕生させてしまったのです。このことは「賀建奎事件」として世界中に波紋を起こしました。

賀建奎副教授はこの実験によってＴＩＭＥ誌の「世界で最も影響力がある１００人」に選ばれましたが、倫理的な問題が十分に議論されていない段階で実施したことが批判され、懲役3年と罰金３００万元の実刑判決を受けました。現在は刑期を終えて研究職に復帰しています。

我が子をバスケットボール選手にしたいなら、身長を高くデザインする

僕は将来、クリスパー・キャスナインを使ってデザイナーベビーを解禁する国が増え

てくると考えています。外見や能力を自由に操作できますから、例えば100メートルを速く走れるオリンピック選手を育てたい親は、我が子の身長を何センチにして顔は小さめの八頭身、ついでなので顔もイケメンにして下半身の筋肉は多めにする。後は肺機能を高くしておけばいいかな、といったデザインができてしまいます。

我が子をバスケットボール選手にしたいなら、当然身長は高くデザインしますし、野球選手にしたいならどんな球でも打てるように動体視力を高めにデザインすればいいでしょう。体操選手にしてオリンピックに出場させたいのであれば、体は柔らかくてしなやかなで怪我をしにくい体質にデザインすればいいんです。

もっとも、この頃にはASIによってドーピング検査に引っかからない筋肉増強剤が開発されているかもしれません。**なんだか夢のない話ですが、このような選手だらけになったオリンピックを、皆さんは熱狂的に応援する自信がありますか？** 僕は白けるだろうなと思います。競馬なども同様です。

病気の発症を防ぐデザインが1回10万円以下になるかも

一方、病気治療の観点ではどうでしょうか。例えば親が2型糖尿病だった場合、子供が糖尿病になる確率は40~50%です。約半分の確率で糖尿病を発症してしまうのですが、クリスパー・キャスナインを使って糖尿病にならないようにデザインできるんです。このような病気の発症を防ぐデザインが1回10万円以下でできる日が来るかもしれません。**そのとき、あなたは親として「人間をデザインするなんて許されない!」と否定できるでしょうか?**

僕には既に子供がいますが、もし仮に自分と妻が2型糖尿病でまだ子供がいないのであれば、これから生まれてくる我が子が糖尿病にならないようにデザインすると思います。なぜなら、僕の父が現在糖尿病性腎症で、この病気の怖さを知っているからです。父は食事の制限をしながら、必ず2日おきに通院し、1回4時間ほどの透析治療を受けています。もう、一生遠出の旅行はできません。海外旅行などもっての他です。

それでもまだ、日本人として納得できない気持ちはわかります。日本は精子バンクでも提供者の情報は身長、体重、病歴など基本情報しか開示されません。しかし、米国やデンマーク、オランダなどでは、それらの情報に加えて、髪の色や目の色などの見た目や学歴、職業、趣味、さらには本人以外の近親者の病歴、そしてなんと人生観などを語る音声録音や文章まで開示されているため、ある意味、我が子をデザインすることができます。このような国からすると、「なぜ日本を含めた他国は精子バンクでくじ引きみたいなことをやっているの?」と感じるでしょうし、デザイナーベビーを受け入れる土壌が日本よりもはるかに出来上がっていると考えていいでしょう。

日本でも「未来予測20　結婚は婚活アプリで！　遺伝子情報の交換も常識になる」で話した通り遺伝子情報の交換が当たり前になると、余計に我が子をデザインしたいと思う人が増えることが予想されます。

人間とはそういう生き物

皆さんの中には、クリスパー・キャスナインによる遺伝子操作も、婚活アプリによる遺伝子情報の交換も、どちらも倫理的に抵抗があるし法的な決着もついていないので抵抗がある、と思う人がいるかもしれません。それは普通の感覚だと思います。

ただ、ここで僕が強調したいのは、デザイナーベビーの是非を議論している間に、解禁してしまう国が出てくるだろうということです。あるいは賀建奎副教授のように勝手に始めてしまう医者も出てくるでしょう。合法化されていない国でも、お金もうけのために始めてしまう開業医が出てくるかもしれません。どこかの富豪が、自分の子はあらゆる病気のリスクを排除して外見もトム・クルーズのようにし、身長も180センチ以上にするなどと始めてしまうでしょう。

人間とはそういう生き物です。

デザイナーベビーを解禁した国では病気がなくなり、健康な美男美女が多くて知的水準も高まったなどという成果が出始めたら、他の国々もその様子を見て解禁し始めるでしょう。するとテクノロジーに倫理や法律の整備が追いつかなくなり、もはや値段も手頃になって、「みんなやっているんだからいいじゃないか」と広まっていくでしょう。

誰かがスタートさせてしまえば、テクノロジーの進化は止まらない

この話は何かに似ていると思いませんか？　そうです。世界中にある戦争兵器の拡散の仕方にそっくりです。もう一度書きますが、人間とはそういう生き物です。

たとえ僕たち一般市民が「この問題は倫理的にも法的にも議論が尽くされていないじゃないか！」と叫んだところで、誰かが一旦スタートさせてしまえば、テクノロジーの進化には歯止めがかかりません。

このことは、2018年から中国で死んだペットを蘇らせるクローンペットビジネス

が人気になっていることにも似ています。1匹を蘇らせる費用はおよそ500万円です。もちろん、脳は別物ですから過去の記憶はありませんが、クローンなので姿形だけでなく性格も似ています。

ちなみに、将来は映画のように本当に恐竜を蘇らせることも理論的には可能です。

今すぐあなたがやるべきこと

この項では、皆さんに「デザイナーベビーを解禁すべきかすべきでないか？」と疑問を投げかけました。正解はありません。どちらも正解で不正解です。多様な社会で生きるとは、このような問題を抱えるということです。

ブロガーで著述家のちきりんさんが、著書『自分の意見で生きていこう——「正解のない問題」に答えを出せる4つのステップ』（ダイヤモンド社）で語っているように、反応と意見を分けて考えることが大切です。

反応というのは、デザイナーベビーの話を聞いても「解禁するのもわかるし、解禁しないのもわかるし、うーんどっちの気持ちもわかるなぁ」と答えることです。何かを言っているようで何も言っていません。**それに対して意見は、解禁に賛成なのか反対なのか自分の立場を決めて、その理由を明らかにすることです。**

ちなみに僕の意見は、「病気のリスクを取り除くためには認めて、外見のデザインに関しては禁止すべき」という立場です。なぜなら外見をデザインし始めたら、男性は皆背が高くてイケメンで、女性は誰もがスタイル抜群で美人という世の中になってしまい、とても気持ちが悪いからです。

想像してみてください。学校の1クラスの中に、イケメンと美女しかいない状態を――。**僕みたいに、ユーチューブで何か主張するたびに「黙れ不細工！」とコメントやDMが来るくらいの人がいた方が、世の中面白いに決まっています（笑）**。

自分の意見を持ち立場を明確にするには、一次情報収集力を発揮することです。ネットでたくさんの二次情報、三次情報を集めても、一次情報がなければ自分の軸ができず、フラフラした反応を繰り返してしまうだけです。

ネットの情報の善し悪しを判断できるようになるためにも、普段からの読書で知識や洞察力を身につけておく読書力が大切になってきます。そのためにも、読書を習慣にする習慣化力が必要ですね。これらのスキルを経て、20番目のシークレットスキルを身につけることで、自分の意見を堂々と言えるようになります。

ところで遺伝子技術に関するビジネスに、遺伝子カウンセラーという仕事があります。遺伝性の病気を持つ人やその家族の相談に乗る仕事です。このような資格を持つ人は、今後は仕事が増えていくでしょう。未来予測力を身につければ、これからはやりそうな様々な資格に気づくようになります。

役立つスキル

スキル1 一次情報収集力（454ページ参照）
スキル5 未来予測力（456ページ参照）
スキル14 読書力（460ページ参照）
スキル17 習慣化力（462ページ参照）
スキル20 シークレットスキル（463ページ参照）

2040-2045

未来予測 40

がんや糖尿病、薄毛などあらゆる身体の悩みが解決できる

なぜそうなる?

2040年以降は、がんや薄毛などをはじめとしたあらゆる身体の悩みが解決していると僕は予想しています。

ナノロボットが全身をくまなくパトロールし、がん細胞を狙い打ち

例えば、がん。実はがん細胞は健康な人の体内で毎日数百個から数千個も発生していますが、免

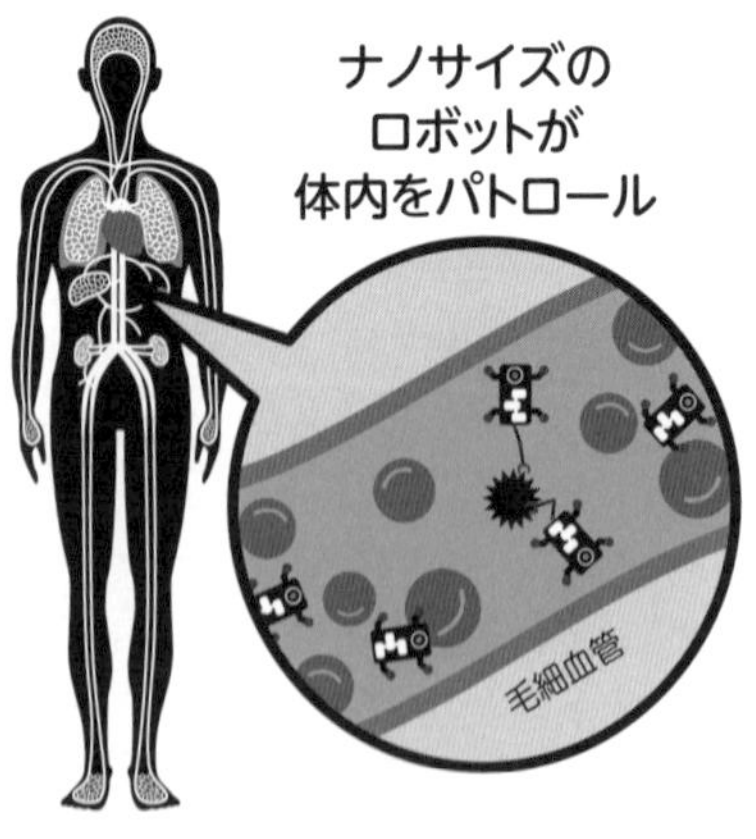

ナノサイズの
ロボットが
体内をパトロール
毛細血管

疫細胞が毎日やっつけてくれているんです。しかしときに、免疫細胞が退治できなかったがん細胞があると、それが増殖し、やがてがんを発症することになります。このとき、免疫細胞から逃れたがん細胞を見つけ出して退治してくれる存在があれば頼もしいですよね。

それがナノロボットです。ナノロボットは25~50ナノメートル程度と極めて小さな機械で、10億分の1メートルのウイルスとほぼ同じサイズになります。この小ささですから血管内を自由に動き回り、全身をパトロールできます。そしてがん細胞を見つけ次第治療してくれるんです。

もちろん、がんだけではなく、血栓（血が固まって血管が詰まること）などを含めてあらゆる異常を見つけ出して治療してくれます。しかもすごいのは、既に大きくなってしまったがんに対しても、がん細胞だけを狙ってピンポイントで抗がん剤を投与することもできるんです。そのため健常な細胞への抗がん剤の副作用を防ぐことができます。

人類が長年苦しんできた難病が次々と治療可能に

ナノ医療イノベーションセンター長の片岡一則氏は、２０４５年には「体内病院」が開業すると言っています。体内病院とは、ナノロボット（ナノマシン）を体内に投与し、病気の早期発見と治療を行う医療技術のことです。ナノロボットは体内を巡回し、異常を検知すると薬剤を放出して治療します。

僕はこのナノロボットに関しても、ＡＳＩの力を借りて開発すれば5年以上実用化が早まるんじゃないかと思っています。

既にナノロボットよりもサイズが大きいマイクロロボットではマウスの実験で効果が証明されています。肺がんにかかったマウスの肺にマイクロロボットを入れ、がん細胞にだけ抗がん剤を届けることに成功し、マウスを長生きさせることに成功しました※1。また、薬もＡＳＩを活用して開発すれば、副作用のない新薬がどんどん開発されるでしょう。このような技術によって、人類が長年苦しんできた難病が次々と治療可能になっていきます。

ＡＳＩは診断も行えますから、ＡＩトイレに取り付けられたカメラやセンサーが排泄物から健康状態を分析し、体調が悪くなる前に必要な薬やサプリメントを自宅まで届けてくれる時代が来ます。

iPS細胞の実用化も進む

ＡＳＩが解決してくれるのは病気だけではありません。体毛を増やさずに頭髪の薄毛だけを改善する薬を開発してくれるでしょうし、簡単に喫煙をやめたくなる薬なども開発してくれるでしょう。アルコール依存症の人に対しても、アルコールを欲しがらなくなり、お酒をまずいと感じられるような体質改善の薬を開発してくれるでしょう。

さらに、人間の献血に頼らなくても輸血できるような人工血液がＡＳＩで開発され、手術の際の血液不足で困ることもなくなるでしょう。人工骨の素材も開発され、必要な形状の骨が３Ｄプリンターで簡単に作れるようになります。

そして極めつけは、山中伸弥氏が発見したiＰＳ細胞の実用化が進み、臓器の培養技術が確立することで、臓器移植を必要とする患者さんが、ドナーが見つからずに助からない、という事態を解消できているようになっている可能性があります。

今すぐあなたがやるべきこと

孫正義氏は、ＡＳＩによって「**人の寿命が２００年くらいになるだろう**」と言っています。200年は大げさな気がしますが、今より延びることは間違いないでしょう。

ちなみに生物の寿命は細胞分裂の回数によって決まっていると言われています。人の場合は40〜60回が限界（ヘイフリック限界と言います）とされていますので、年齢に換算すると120歳くらいが限界のようです。現在、ギネス記録となっている最長寿の人はフランス人女性で122歳です。おそらくこのあたりが人の寿命の限界なのかもしれません。

しかしASIが人の細胞分裂の回数を増やしたり細胞分裂の速度を遅らせたりする方法を編み出したら、ギネス記録がどんどん更新されていくことになるかもしれません。

寿命が延びたら増える時間をどう過ごすか？

そこで僕たちが考えるべきことは、寿命が延び、その分、時間が増えるので、その増えた時間をどう使うかです。もし、やることもなく生きる目的もないと、肉体の衰え以上に精神が崩壊してしまうかもしれません。こうした事態にならないようにするには、自分の人生のウェルビーイングを見つけておくことが大切です。

ASIの力を借りなくても病気にならない体や頭脳を保つことも大切です。そのためにも、お金の使い方をしっかりと考えて、自分の脳と健康にしっかりと投資することを心がけましょう。

役立つスキル

スキル15 お金の使い方（461ページ参照）
スキル19 ウェルビーイング（463ページ参照）

※1 https://www.science.org/doi/10.1126/sciadv.adn6157、https://www.carenet.com/news/general/hdn/58851

未来予測41

自動運転車が普通に公道を走っている

なぜそうなる？

この頃になると、日本でも世界でも、普通に自動運転車が公道を走っているでしょう。
自動運転車には、5つのレベルがあります。

レベル1　ブレーキやアクセルを自動化
レベル2　追尾や追い越しなどを自動化
レベル3　一定の条件化で運転を自動化
レベル4　高速道路などで完全自動運転
レベル5　どこでも完全自動運転

レベル3は、自動運転してもいいけれど、スマートフォンをいじっちゃだめですよ、しっかり前を見ていてくださいね、という段階です。レベル4からは、高速道路のように整備された道路なら運転中にスマートフォンを操作していても問題ない段階です。レベル5になると、完全にスマートフォンに集中していいどころか運転席に座らなくても大丈夫な段階です。

自動運転技術には、現在のところ主に2種類あります。一つはグーグル傘下のウェイモや中国のバイドゥなどが採用しているライダー方式（Light Detection and Ranging、Laser Imaging Detection and Ranging）です。光を利用したセンサー方式ですね。

もう一つはテスラやチューリング（東京都品川区）などが採用しているＡＩカメラ方式です。チューリングは日本のスタートアップ企業で、ＣＥＯの山本一成氏は、藤井聡太氏が将棋の訓練相手にしていたＡＩ将棋ソフト・ポナンザを開発した人です。

また、自動運転と一緒に使われる言葉としてＭａａＳ（Mobility as a Service）があります。これからどんどんはやる言葉ですので、覚えておいてください。

自動運転が実現すれば、運転する必要がなくなり、車内はサービス空間になるんです。

そうなると、車内で楽しめるいろいろな娯楽サービスが誕生するでしょう。エンターテインメントを得意とするソニーなどは、既にこの市場に目を向けています。

僕がここで強調したいのは、２０４５年ごろは自動運転車が試験運転を終えてちらほら公道にも出てきている、という段階ではありません。もう、日本を含めて世界中で自動運転車が当たり前のように公道を走行しているほど普及していることです（すべてが自動になり、もう人間が運転していない、という意味ではありません）。

なぜなら、自動運転技術の確立はハードの問題ではなくソフト次第だからです。自動車の問題なのでハードだと思われがちなんですが、自動運転で重要なのはソフトです。ハードは今でも既に高性能で、問題はそれを制御するソフトなんですね。このソフトが、ＡＧＩからＡＳＩへと進化する過程で、劇的に賢くなります。ＡＧＩやＡＳＩのすごさはここまで読み進めてくださった方には既に伝わっていると思います。

中国では現在、自動運転タクシーが500台走行している

自動運転車は現在、どこまで進化しているのでしょうか？　先行しているのは米国と中国です。日本ではテレビ局が番組のＣＭスポンサーに忖度しているのかあまり報道さ

れませんが、米中の自動運転技術の進歩はすさまじいものがあります。はっきり言って、日本は周回遅れどころの話ではありません。

日本でも地方自治体が自動運転の実証実験を行っていますよね。僕も参加したことがありますが、お遊びレベルで話にならないんです。僕は２０１７年にシリコンバレーに行って、テスラの自動運転車に乗ったことがありますが、２０２４年現在の日本の地方自治体で行っている実証実験のレベルなど、７年前のテスラがとっくに追い越しているんです。

運転手はいないけど、
中国で毎日走り回っています

日本政府は２０２５年に50カ所、２０２７年には１００カ所以上の地方自治体で自動運転システムの導入を目指していますが、これは障害物が少ない過疎地域などを対象としており、自動運転車の走行速度もゆっくりで、しかもルートがあらかじめ決まった運行が目標なんです。つまり極端に条件が限られた環境下での導入なんですね。

これに対して、例えば中国のＩＴ企業であるバイドゥは、既にドライバーが乗っていない自動運転タクシーを500台、24時間365日、自律走行させているんです。**これは実証実験ではなく、利用者から料金をいただいているビジネスです**。実験とビジネスの差は、ビジネス感覚を持っている人ならどれほどの大きさかわかりますよね。顧客満足度を一定以上のレベルに高めておかないといけませんのでとても大変なことです。

ちなみにバイドゥによる自動運転タクシーの料金は、ドライバーがいる通常のタクシーの4分の1ほどです。地元のタクシー会社にとっては脅威でしょう。バイドゥは2030年までに中国国内の100都市にまで普及させると言っています。

一方の米国では、カリフォルニアでグーグル傘下のウェイモやGM傘下のGM Cruiseなどが、ドライバーが乗っていない自動運転タクシーのビジネスを始めています。日本ではウーバーイーツは人間が配達していますが、既に米国の一部の都市では自動運転車が運んでいます。

先日訪問したエストニアでも、Clevonというデリバリーサービス用の自動運転車が公道を走っていました。米国同様ウーバーイーツのようなサービスが無人で行われているんです。フィンランドでも大型犬くらいのサイズのデリバリーロボットが歩道を走っていました。

先日、テスラ車のオーナーでコンピューター技術者の中島聡氏が堀江貴文氏と対談している動画で話されていたエピソードがあります。中島氏のテスラが自動運転モードで走行していたとき、歩行者が渡ろうとしている横断歩道で停止したんですね。そのときに歩行者が「先に行ってください」と手で合図したところ、驚いたことにテスラ車はその手の合図を認識して走り出したというんです。

ＡＩカメラ方式だとこのような判断ができるんです。この話を聞いたときに、僕はライダー方式よりもＡＩカメラ方式の方がスタンダードになりそうだと思いました。なにしろテスラ車の自動運転の頭脳は、世界中で走行している１００万台以上のテスラ車からクラウドにアップされている学習データを共有しており、日々進化しているんです。

AIが操縦すればヒューマンエラーがなくなる

なぜ、自動運転市場に参入してくる大企業やスタートアップ企業がたくさんあるのでしょうか？　もちろん、利益を得ることは目的の1つですが、これらの企業は利益だけでなく、大きく2つの社会意義を掲げているんです。

1つは交通事故の減少です。ＡＩが運転する方が、人が運転するよりも事故が減ります。日本では長年、交通事故が減り続けていましたが、２０２０年で下げ止まり、２０２３年には微増しています。この年には年間で30万７９１１件の交通事故が起きています。**時間に換算すると、なんと2分に1件の事故が発生しているんです**。年間死者数は２６７８人です。ニュースで取り上げている事故はほんの一部ですから実感しにくいのですが、毎日平均して７人が交通事故で亡くなっているんです。人は必ずミスを犯しますから、どれほど車の性能が上がっても、交通事故はなくなりません。

ＡＩが操縦すればヒューマンエラーはなくなり、交通事故は激減するでしょう。このことは既に数字で示されています。テスラが公開した『2023 Impact Report』によれば、自動運転システム（Full Self-Driving：ＦＳＤ）で運転した場合の事故数は１００マイル当たり０・21件で前年比32％減でした※1。これは同年の米国全体の１・49件と比べると非常に小さな数値です。**単純計算すれば、テスラの自動運転の方が、人が運転するよりも事故の確率が7分の1になる計算です**。

繰り返しますが、自動運転はハードの問題ではなくソフトの問題です。となれば、今後ＡＧＩやＡＳＩを搭載したソフトは、人が運転するよりはるかに安全性を高めるでしょう。自動運転は怖い、というイメージが強いのは、テスラの自動運転が事故を起こしたときだけ報道されるからです。事故を起こしていない場合はニュースにならないので報道されません。ちなみに日本の高速道路でも、逆走は年間２００件も起きていますが、これらも自動運転が普及すれば激減するでしょう。

自動運転とＥＶの組み合わせが安全性を高める

自動運転で事故を減らすには、一つだけハードに依存する面があります。それは、ガソリン車からＥＶに切り替えることです。自動運転とＥＶの組み合わせこそが、安全性を高めるんです。

例えば停車中の自動運転車に、人が運転する車が突っ込んできたとします。居眠り運転や飲酒運転が考えられますね。このとき停車中の車が自動運転車でなければ、人のドライバーは危険を察知するのが遅れてそのまま突っ込まれる可能性が高いでしょう。もし寸前で危険を察知しても、パニックになって適切な対応を取れない可能性が高いです。アクセルとブレーキを踏み間違えたり、ハンドル操作を誤ったり、あるいは近くに停車していた他の車にぶつけてしまうかもしれません。

これが自動運転車であれば、３６０度全方位を監視していますので、人よりも早く危険を察知し、周辺に停車している車などの障害物を避けながら、追突してくる車を回避できる最適な方向に車を移動させることができます。

ところがこのときに車がガソリン車だった場合は、たとえソフトが瞬時でエンジンを始動してギアを入れ替えても、実際に移動を開始するまでのタイムラグで突入してくる車を回避できない可能性がありま す。しかしEV車であれば、瞬時でモーターが高速回転して車を発進させることができます。例えばテスラ車の場合、3・1秒で時速100キロに加速できるんです。**自動運転を最終目的とした場合、ガソリン車なのかEVなのかという選択肢があるのではなく、EV一択なんですね。**

自動運転で社会の無駄を減らす

自動運転車を提供する2つ目の理由は、社会的な無駄の削減、つまりリソースの有効活用です。**日本を含め、世界の自家用車の稼働率は1割程度だそうです。**つまり約9割の自家用車が駐車場に止められた状態だということです。これほどの無駄はありません。既にお話ししたライドシェアが解禁されれば自家用車の稼働率は高まりますが、そもそも、高いお金を払って自家用車を購入し、車検や駐車場代などの高い維持費を払って自家用車を所有する必然性がなくなってしまいますね。

自動運転車だけになれば、道路を走る車はスムーズに流れるでしょう。街の信号にＡＩカメラを装備してＡＳＩに管理させれば、歩行者の数や車の交通量を把握し、最適な信号の切り替えタイミングを制御できるので渋滞が発生しません。またＡＩカメラが収集した交通情報を自動運転車はクラウド経由で取得できるので、リアルタイムで最も効率の良いルートを選んで走行できます。つまり、信号機と自動運転車が連携して最も効率よく省エネルギーな交通状態にコントロールできるわけです。

あらゆる乗り物がドライバーレスになる

ここまで道路を走行する自動車の話をしてきましたが、道路以外の交通機関では既に自動運転化が進められています。例えば臨海部を結ぶゆりかもめが自動運転なのは有名ですね。また、農業の現場ではAutonomous 8Rトラクターのような完全無人のトラクターが畑を耕しています。土木建築業では、鹿島建設が秋田県の成瀬ダムの建設現場で、遠隔操作による自動運転ダンプカーや自動運転ショベルカーなどの重機を活用しています。海の上では、ＪＭＡが日本初となる特殊小型船舶の無人航行試験を実施しました。

運送業ではトヨタの社内カンパニーであるトヨタＬ＆Ｆ（トヨタエルアンドエフ）が開発した自動フォークリフトが、日本精工、三進金属工業、サントリーロジスティクス、牧野技術サービス、ゴールドパック、日本通運など既に多くの現場で稼働しています。

ちなみに公共のバスでは運転手が車椅子の方の乗車を手伝わなければならないという決まりがあるので自動運転はできないだろうという声がありますが、これも解決策があります。バスを自動運転にして、運転しないスタッフが1人乗車していればいいんです。当然、バスの運転をしませんので、運転手よりもはるかに安い人件費で済むでしょう。過疎地域であれば地域住人の持ち回りのボランティアでもよいでしょう。

このように、今後はあらゆる乗り物がドライバーレスになっていきます。それは、交通サービスの経営者にメリットがあります。自動運転車は24時間（充電時間やメンテナンス時間は除く）３６５日稼働し、会社や上司、労働条件などへの愚痴も言いませんし、病気もしませんし、パワハラで訴えることもしませんし、なによりミスをしません。

責任者は誰か？　ハッキングされる可能性もある

もちろん、自動運転にはいくつもの課題があります。

1つ目は、事故を起こしたときに誰の責任になるのか明確ではありません。例えば雨天でスリップして歩行者に怪我をさせてしまったとき、その責任は誰が取るのか。自動運転車の所有者か、ハードメーカーか、あるいはソフトメーカーか、タイヤのメンテナンスを行っている業者か。

2つ目は、ハッキングの問題です。自動運転車はクラウドに接続されていますので、ネットワーク上からハッキングされる可能性があります。例えば、悪意あるテロリストがハッキングした車をビルに突っ込ませる可能性もあります。

ただし、対策はあります。僕が視察してきたエストニアの電子政府は、一度もハッキングされたことがありません。それは、サーバーを中央で集中管理するのではなく、分散させているためです。悪意あるハッカーは、ハッキングの手間がかかるとわかっている相手は避けるんです。労力に見合わないからですね。家のドアのカギを二重にすること同じですね。泥棒だって、解錠に手間がかかる家はスキップして、もっと簡単に入れる家を探しにいくものなんです。同じように、自動運転車と情報交換をしているクラウド上のサーバーを分散させておくことで、ハッキングを避けることができそうです。

もちろん、セキュリティーの世界に万全はありませんが。

ハッキングに対して、自動運転車に緊急事態用のアナログボタンを用意しておき、最悪の場合、物理的にインターネット回線から遮断できるようにしておく方法もあります。

そしてもう一つ、権威ある学会が自動運転に対して懸念を表明しています。コンピューターサイエンスの国際学会ＡＣＭ（Association for Computing Machinery）が、「完全自動運転車が必ずしも交通事故を減らすわけではない」と警告しているんです。現状では、人間の注意力なしに安全運行できるか不明確だと指摘しています。

ＡＣＭは、自動運転車の実験データと技術に欠陥があると主張し、より多くの走行データが必要だとしているんですね。「人間より安全という裏付けはまだない」と述べています。だから限定された環境での自動運転（レベル３）は可能かもしれないけれども、人間が全く関与しないレベル４～５の実現は難しいと見ているんです。

僕はＡＣＭの懸念はＡＳＩの登場で解消されると予想していますが、このような指摘がされていることも知っておくべきだと思っています。

今すぐあなたがやるべきこと

「今すぐあなたがやるべきこと」は、タクシー運転手の方向けと、行政向けに分けてお話しします。

まず、タクシー運転手の方へ

タクシー業界には、ライドシェアの解禁と自動運転化という2段階の改革が待ち受けています。米国ではウーバーが解禁されたことで老舗のタグシー会社が倒産に追い込まれました。中国の武漢では、自動運転タクシーの普及によってタクシードライバーが稼げなくなっています。タクシー運転手にはご高齢の方が多いので、今から20年後なら改革前に引退される方も多いでしょう。

しかしまだ若い運転手の方々は、今のうちに転職を検討するか、もしくは**マネジメント力**を高めてタクシー会社の中でマネジメント側に回ることなどを検討する必要がありそうです。もっとも、タクシー会社自体の経営が傾いてしまいそうであれば、やはり別の仕事を探す必要が出てくるかもしれません。

次に行政側へ

「We Overtake Tesla（テスラを追い越せ）」をモットーにしているチューリングのような革新的な会社に特別な許可を与え、公道での実証実験を促進するべきです。日本は国産自動車メーカー大国で、輸入車は６％しかありません。規制も厳しいので米国や中国も自動運転技術で日本のシェアを狙う気はないでしょう。その結果、米国や中国の自動運転技術の情報が日本に入ってこないので、**日本人は「日本の自動車メーカーが世界の最先端を走っている」と錯覚し続けてしまう可能性があります。**

しかし実際は、既に周回遅れどころではないほどに差をつけられているんです。情報が入ってこないなら、自分たちで取りに行くしかありません。行政の方や自動車業界で働いている人たちは、自分の将来に直結する情報をキャッチアップするために、一次情報収集力を磨いておく必要があります。そのためにも、自ら米国や中国に視察に行ってみることが大事だと思います。

2040-2045

役立つスキル

スキル1　一次情報収集力（454ページ参照）
スキル8　マネジメント力（457ページ参照）

※1　2023 Impact Report | Tesla (https://www.tesla.com/ns_videos/2023-tesla-impact-report.pdf#page=148)

未来予測42

正社員という言葉が死語になり、大企業の倒産が始まる

なぜそうなる？

「未来予測34　社員をクビにできるジョブ型雇用が当たり前になる」にて副業解禁や黒字リストラの話をし、「生成ＡＩで組織が勝つには、ジョブ型雇用に軍配が上がる」と指摘しました。未来予測34の後、ＡＳＩが登場する頃、企業がどのようになるのかを本項で予測します。

ＡＳＩが登場する頃には、正社員、パート、アルバイトなどの垣根がほとんどなくなっているでしょう。ジョブ型雇用やタスク型雇用、社内ベンチャー制度雇用がスタンダードとなり、企業は即戦力を求める傾向がより強くなっているはずです。

旧体質の大企業倒産が始まる

ＡＳＩが登場する頃には、多くの企業で生成ＡＩ活用が一般的になっているでしょう。企業に浸透した生成ＡＩは、アナログなゾンビ企業のほとんどを倒産に追い込むだけでなく、組織が肥大化している大企業の倒産リスクを高めます。例えば百貨店、銀行、テレビ局、新聞社などの業種です。

現在、日本には大企業が１・２万社[※1]あるとされますが、旧体質と考えられる大企業の倒産が始まります。日本企業の大企業の割合は０・３％ですが、労働者に占める割合は約30％もあり、日本社会に及ぼす影響は甚大です。

大企業が倒産する理由は大きく３つあります。

大企業では、生成ＡＩ活用アイデアが潰される

１つ目は、大企業は変化に対応しにくいことです。大企業の弱点は、意思決定の遅さです。稟議、稟議、そしてまた稟議。その間に多くの時間をロスし、優秀な若手社員のチャンスを潰しています。社員数１００人以上の企業だと、稟議承認まで平均３日以上というデータもあります[※2]。さらに大企業は縦割り組織で横のつながりが弱いので、イ

ノベーションが生まれにくいのです。

生成ＡＩを生かすスキルを持っている社員のアイデアは、生成ＡＩを理解できない年配の上司に潰されるんです。**これは、ＩＴを使いこなせるスキルを持った社員のアイデアが、ＩＴを理解できない役員たちに潰されてきた「失われた30年」と同じです。**

生成ＡＩを使いこなせるスキルを持った若い社員の成長と、会社全体の成長の歩調が合わない場合、優秀な若手社員は転職していきます。その結果、定年まで会社にしがみつこうと考える社員だけとなり、旧体質が維持されるのです。

大企業の業務はAIに代替されやすいが、解雇は進まない

２つ目は、大企業には特定のタスクだけこなしている社員が多くいることです。以前、名古屋で「2ちゃんねる」開設者のひろゆき（西村博之）氏と対談したとき、彼が「大企業の事務職員よりも中小企業の事務職員の方が生き残りやすい」と指摘していました。その理由は、大企業は縦割りなので狭い範囲の業務タスクしかしないからです。それに対して中小企業の事務職員は、雑用も含めて、時には社長秘書の役目もして、時には他の部署の人がやるべき業務も含めた曖昧な業務範囲の中で、何でもマルチにこなさなけ

ればならない状況で仕事をしています。その結果、中小企業の事務職員は換えが利かないことが多くあるんですね。

僕も全く同じ意見です。生成AIは部署をまたがってあれもこれも処理するといったことが苦手なんです。その分だけ特定部署の業務に特化することは得意ですので、例えば法務に特化したAIを導入すれば、法務に特化した仕事しかできない人員は不要になってしまいます。ところがそう簡単には解雇できませんから、その企業は倒産に向かっていくんです。つまり、これまで企業では属人化は良くない風潮でしたが、これからは属人化が良いとされる社会に向かっていきます。

大企業からAIネイティブ社員がいなくなる

3つ目は、大企業にはAIネイティブ社員を雇う体力がなくなることです。大企業には大企業病がはびこりやすく、組織にしがみついているだけでパフォーマンスの悪いアナログ社員の人件費も大きな負担になっているはずです。そのためAIネイティブの若手社員を雇う余裕がなくなったり、雇えたとしても昇給させる余裕がなくなったりします。その結果、やはりイノベーションが生まれにくくなってしまうんです。

	30 年前（変化が穏やか）	現在（変化が激しい）
宝の島 （ビジネスチャンス）	遠いけど動かない	近場にあちこち出現
タンカー （大企業）	遠くを見渡せる 荒波でも安定感 燃料も十分	足元が見えにくい 方向展開が遅い 動き始めるまで遅い
プレジャーボート （少数精鋭の組織）	遠くが見渡せない 荒波に耐えられない 燃料が足りない	足元がよく見える すぐに方向転換 すぐに全速力

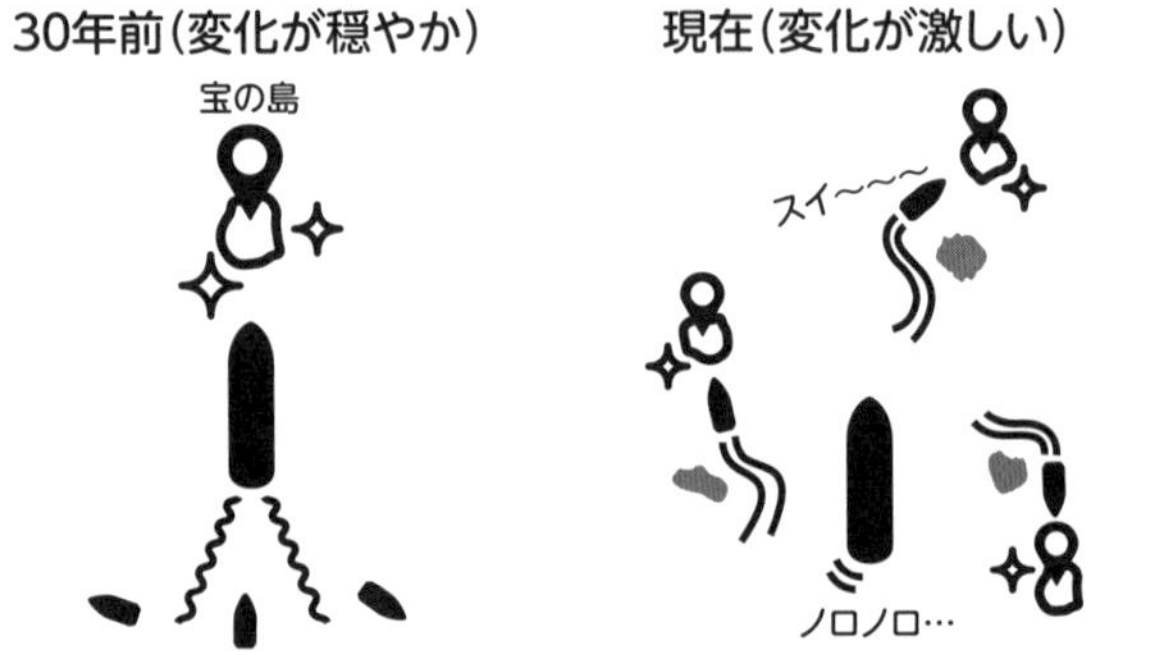

今の日本に必要なのは「新陳代謝」だということは既にお話ししました。このことを船の航海に例えてみましょう。大企業をタンカーに、少数精鋭の組織をプレジャーボートに、ビジネスチャンスを宝の島と考えてみましょう。タンカー（大企業）とプレジャーボート（少数精鋭の組織）が大海原に浮かんでいます。まず30年前を想像してください。

宝の島は遠くに見えていますので、まっすぐ進めばいい。海図もあります。この場合は強豪とのひしめき合いという荒波にも強く安定的な航海ができるタンカーの勝利ですね。

しかし現在は、近海のあちらこちらに宝の島が出現します。しかもどの島も古い海図には描かれていません。新たに出現した島ばかりです。この場合は、急発進できる身軽さと小回りの利くプレジャーボートに軍配が上がります。素早く島から島へと移動しながら宝を獲得していくことができます。一方のタンカーは動きが鈍過ぎ、方向転換もママなりません。うっかり複雑な地形の海域に突入すれば予期せぬ浅瀬に乗り上げて座礁してしまうでしょう。

大企業は変化が緩やかで一方向に向かっている時代には適していますが、目まぐるしく変化する時代はその大きさが仇になってしまうんです。大企業は、新時代の資本主義の勝者ではないのです。ユニクロの柳井正社長が先日、「少数精鋭で仕事するということを覚えないと日本人は滅びるんじゃないですか」と発言した内容を、仮に航海で例えるとこんなイメージなのではないかと思います。実際にユニクロはタンカーなのに、プレジャーボート以上に小回りが利くという無双状態です。

今すぐあなたがやるべきこと

未来に向けて、まず、「正社員になりたい」という発想は捨てた方がいいでしょう。その発想は、2040年には完全に時代遅れになります。**もはや死語になっているかもしれ**

ません。この頃の企業は、ジョブ型雇用やタスク型雇用、社内ベンチャー制度雇用のような形で人を雇用しているでしょう。市場やテクノロジーの変化が激しい時代には、目の前のプロジェクトで活躍できる即戦力が求められ、そのプロジェクトが終わればチームは解散し、また次のプロジェクトの即戦力が求められます。

バーチャルビジネスパーソンと共にプロジェクトを進める

「今からできること」は、そういう働き方に早くから慣れておくことです。

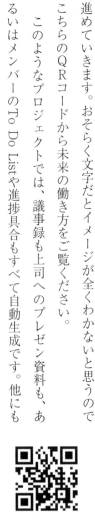

例えば未来の働き方の一例として、リコーの次世代会議システム「RICOH PRISM」があります。会議室の壁一面がディスプレーとなり、そこに生成ＡＩによるバーチャルビジネスパーソンが１人または複数人投影されます。会議室に集まった人間の参加者たちは、バーチャルビジネスパーソンとの会話でいわゆる壁打ちをしながらプロジェクトを進めていきます。おそらく文字だとイメージが全くわかないと思うのでこちらのＱＲコードから未来の働き方をご覧ください。

このようなプロジェクトでは、議事録も上司へのプレゼン資料も、あるいはメンバーのTo Do Listや進捗具合もすべて自動生成です。他にも財務状況やリスクに対するアドバイス、さらには競合他社の強みと弱みなどについてのアドバイスもしてくれます。前著『2030　未来のビジネススキル19』で**テクノロジー駆使力**を重要なスキルの一つに挙げたのは、このような未来が待っているからです。当然ですが、プロジェクトが変わっても優秀な人材は社内にとどまることが可能ですが、それは正社員という雇用形態とは限らないわけですね。

もしも皆さんの中に、「正社員になれるならどんな職業でも構わない」という考え方の人がいるのなら、**フルモデルチェンジ力**を発揮して過去の常識を捨ててほしいと思います。そして**自分ブランド力**を磨いて、企業に選ばれる側でなく、企業を選ぶ側の立場になることを目指しましょう。

役立つスキル

スキル4　**テクノロジー駆使力**（455ページ参照）

スキル6　**自分ブランド力**（456ページ参照）

スキル11　**フルモデルチェンジ力**（459ページ参照）

※1　日本の企業約400万社うち99・7％が中小企業とされているので、残りの0・3％を大企業として算出

※2　https://saleszine.jp/news/detail/3356

未来予測43

多様性が極限に達し、安楽死を認める国が増える

なぜそうなる?

「多様性」という言葉をニュースで聞かない日はありません。では、多様性とは何でしょうか。**僕は、多様性とは「人生の選択肢の多さ」だと考えています。**

「未来予測23　AGIの誕生でシンギュラリティーが到来する」で、「人類の文明は便利な方に一方通行で進み、不可逆だ」と言いました。実はもう一つ、言えることがあります。それは「文明の進化は、人生の選択肢を増やしていく」ということです。例えば、原始時代には洞穴に住むという選択肢しかありませんでした。食べるためには動物を狩るか木の実などを採集するという選択肢しかありませんでした。

しかし建築という技術を身につけたことで、住居に暮らすという選択肢が増えたんで

す。同様に、農業や火を知ったことで、食べ物の選択肢も増えました。やがて貨幣が誕生すると、今度は働き方の選択肢も増えていきます。

時代が進むほど多様性は広がる

話が悠遠たる人類の歴史に及んでしまいそうなので、ここで一気に現代に話を進めます。目を回さないでくださいね。

僕たちの時代はインターネットが登場したことで、働き方の選択肢が一気に増えました。出社せずにリモートワークをする習慣もコロナ禍で一気に広まりました。雇用形態も、正社員、契約社員、パート、アルバイトなどの選択肢があります。

仕事だけに限りません。生活の面でも様々な選択肢が増えました。例えば僕が子供の頃には、シャンプーは家に1本しかありませんでした。家族みんなで同じシャンプーを使っていたわけです。しかし今どきの家庭では、お父さんは薄毛対策用、お母さんは白髪染め用、娘さんはトリートメント重視、息子さんは汗のニオイ対策用と、一人ひとりが自分に合ったシャンプーを選べるんですね。

情報にしても同様です。昔はテレビかラジオ、新聞、雑誌くらいが情報ソースでしたが、今ではこれらに加えてインターネット上の無限ともいえる情報ソースを利用することができます。暮らす場所も戸建て住宅やマンションだけでなく、タワマン、アパート、シェアハウス、ホテル、ネットカフェなどがあり、最近では引っ越しし放題のサブスクリプションサービスも登場し、実に多様性に富んでいます。

恋愛対象にも多様性が生まれています。LGBTQの方々は認められ、男女の暮らし方や働き方にも選択肢が増えてきました。過去、女性は結婚して主婦になり、子供を産んで育てることが基本パターンでしたが、現在では結婚するもしないも本人次第ですし、働くことも子供を産むことも本人次第です。

また、一度結婚したからといって、夫婦の関係に縛られる必要もなく、離婚しても引け目を感じる必要がない社会になりました。フィリピンの場合はカトリックという宗教上の縛りがあるため離婚はできませんが、その代わり別居する人たちはいます。宗教上や法律上は離婚が認められていませんが、事実上は離婚しているのです。フランスでは婚外子が5割を超えましたから、産み方や育て方にも多様性が出てきているんですね。

以前は男性が化粧すると奇異な目で見られましたが、今どきは男性でも化粧をしていますし、男性用化粧品も充実してきています。イクメンという言葉も使われるようになって家事や子育ての役割分担も柔軟に捉えられるようになってきました。料理教室には、男性の生徒も増えてきました。

学校に関しても同様です。多様性のない社会では公立の学校のみでしたが、今では夜間、私立、通信制、インターナショナル、フリースクール、ホームスクーリング、さらには今フィリピンで僕の子供たちが通っている教科書がないナゾの学校（笑）など実に多様性に富んでいます。

日本では現在議論の最中ですが、夫婦別姓も多くの国で認められています。あの将軍様がいる北朝鮮でさえ、夫婦別姓は認められているんですよ！　夫婦別姓も多様化する社会の一つの表れでしょう。結婚したときに女性がどちらの姓を名乗るか選択肢があるべきだと思います。

そしてこれからＡＩが進化し、会話をしていても、それがＡＩなのか人なのか区別がつかなくなります。そうなると感情移入もできるようになりますので、**恋愛対象にバーチャルヒューマンが加わるようになるでしょう**。さすがに生身の人間じゃないＡＩに恋愛感情は持たないだろう、と思う人もいるかもしれませんが、ＡＩは恋愛上手です。人を傷つけませんし、励ましたり慰めたりしてくれます。しかもどんな自慢話も愚痴も、嫌がらずにいつまでも聞いてくれるでしょう。ＡＩになら心を開くことができる、という人たちが増え、恋愛感情を持たないとは言い切れません。

究極の多様性として「死に方」がある

さて、ここまで多くの多様性について話してきましたが、人類の多様性はどこまで進むのでしょうか？

僕は究極の多様性として、死に方を選べる自由が求められるようになると考えています。生き方の選択肢が増えるのなら、その終え方にも選択肢が増えるべきだという声が強まるでしょう。既に安楽死を選べる国がありますし、日本でも安楽死を認めるべきだという議論は昔からあります。

ちなみに安楽死と尊厳死は少し異なります。尊厳死は、生命維持装置がなければ生きられないとわかった上で、生命維持装置を外すことです。これに対して安楽死とは、本人が死なせてほしいと希望した際に、医者が薬などを使用して苦しまずに死に至らしむことです。日本では尊厳死は合法ですが、安楽死は違法です。そのため安楽死に手を貸した人は、嘱託殺人罪《しょくたくさつじんざい》に問われてしまいます。嘱託殺人とは、本人に殺してほしいと頼

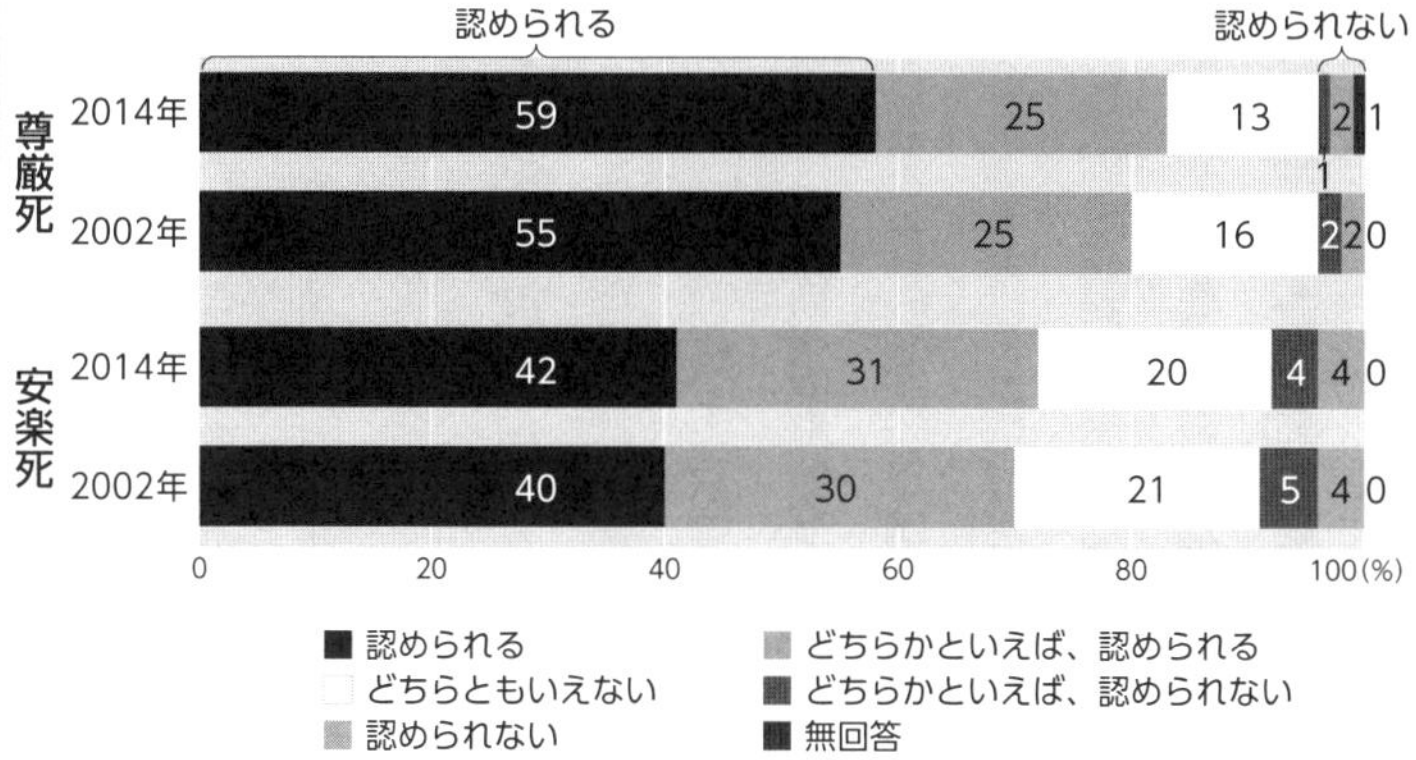

図表 43-1
（出所：中央調査社『日本人は“いのち”をどうとらえているか ～ＮＨＫ「生命倫理に関する意識」調査から～』※1のデータを基に筆者作成）

まれて殺害することです。日本でも過去に何件も事例がありますので、気になる人はググってみてください。

少し古いのですが、ＮＨＫ放送文化研究所が２０１４年と２００２年に、全国の16歳以上を対象に「生命倫理に関する意識」調査を実施し、尊厳死と安楽死の許容度について調査したところ、両年とも尊厳死については8割以上の人が「認められる」または「どちらかといえば、認められる」と回答し、安楽死については7割以上が「認められる」または「どちらかといえば、認められる」と回答しています（図表43－1）。その後、コロナ禍や災害、国際紛争、不況などの社会情勢を経た現在では、尊厳死や安楽死などに対する意識が随分と変わってきているかもしれません。

現在、世界で安楽死を認めている国はカナダ、米国の一部の州、スイス、ベルギー、オランダ、スペイン、ルクセンブルク、オーストラリアの一部の州、ニュージーランド、コロンビアなどです。これから多様性をますます重視する方向に社会が進んでいけば、**死に方にも選択肢があるべきだという考えが広まり、安楽死を合法化する国が増えてくる可能性があります。**フランスではマクロン大統領が、安楽死の法整備を呼びかけ、既に国会で議論が始まっています※2。

今すぐあなたがやるべきこと

いくら多様性が認められる社会になったとしても、誰もが安易に安楽死を選ぶことを簡単に認められる世の中にしてはいけないと思います。そのため、既に安楽死が認められている国々でも、安楽死が実施されるためには厳しい条件を定めています。

例えばスイスの場合は、次の条件を満たさなければなりません。

- 深刻な緊急事態であること
- 健全な判断能力があり、自ら死を望んでいること
- そして致死薬を医師が立ち会いの下で、自分自身で投与すること

この3つの条件の中で、1番目の「深刻な緊急事態」であるかに関しては、自分で決めるのではなく、医師がしっかりとヒアリングした上で判断します。例えば不治の病に冒され、どれだけ肉体的または精神的な痛みで生きるのがつらいか、どれだけ孤独かなど、そしてそれらのことがどれほど深刻な事態なのかを慎重に判断されなければなりません。

本項のテーマはとても重要ですので、僕も真剣に、かつオブラートに包むようなことはせずに明確に語っています。

「逃げるは恥だが役に立つ」の心構え

安楽死を望むような状況にならないためにできることは、大きく3つあると思います。

1つ目は、**お金の使い方**を工夫して未病を心がけ、自分の精神状態と健康状態を健全に保つために心と体に投資をすることです。

2つ目は、耐え難いストレスを感じる人間関係や組織にいる場合は、迷わずに**逃げ出す力**を発揮して環境を変えてください。ドラマのタイトルにもなりましたが、まさにハンガリーのことわざ通り「逃げるは恥だが役に立つ」の心構えを持つことです。

3つ目は、自分が幸福ではないと感じるのであれば、**人間が人間らしく生きるために**

はどうすべきか？　という正解のない問題を自問自答し続け、最後まで生き抜きましょう。

そのためにまずはウェルビーイングを意識し、今すぐに生活環境を見直しましょう。

本項を取り上げるべきかどうか何度も迷いましたが、つらい状況に置かれている人がいるかもしれないと思い、そうした状況を変えるヒントになればと思い、お話ししました。

「こうでなければならない」と思い詰めないでほしい

ちなみに、フィリピンの知人に安楽死などについて話をしたところ、「生きるか死ぬかは神様だけが決めること、人が勝手に選ぶなどとんでもない！」と急に怒り出しました。やはりこの手の話は特定の宗教の敬虔な信者の方にはしない方が無難です。場合によっては人間関係を悪くするかもしれません。

ちなみに1993年に鶴見済氏が著した『完全自殺マニュアル』は100万部を超えるミリオンセラーとなりました。この本は決して自殺を推奨しているのではありません。「**いざとなれば自殺してしまってもいいと思えば、苦しい日常も気楽に生きていける**」というメッセージが込められていたんです。つまり、「こうでなければならない」と思い詰めず、自分の生き方に多様性を認めてあげればいいということだと僕は受け取りました。そしてなんと、この本が発売された年と翌年だけ実際に自殺者が減っているんです。

本書で僕が安楽死を取り上げたのも同じ理由です。**いざとなったら死に方の選択肢に多様性が認められようとしている時代なのですから、生き方だって多様であっていいんだ、と前向きな気持ちになってもらえたら、と思ったんです。**

これから世の中はどんどん変化していきます。そのときに、本書で紹介している様々なスキルを役立てて、レジリエンスを高めていただけたらうれしく思います。

役立つスキル

スキル10　レジリエンス（458ページ参照）
スキル15　お金の使い方（461ページ参照）
スキル18　逃げ出す力（462ページ参照）
スキル19　ウェルビーイング（463ページ参照）

※1 https://www.crs.or.jp/backno/No691/6911.htm
※2 https://www.lemonde.fr/en/france/article/2024/03/10/macron-announces-bill-allowing-aid-in-dying-under-strict-conditions_6604885_7.html

未来予測44

今は存在しない職業がたくさん生まれている

なぜそうなる?

現在は第四次産業革命の真っただ中です。過去3度の産業革命でも多くの仕事が消え、同時に新しい仕事が誕生しました。2040年以降も、現在は存在していない新しい職業がたくさん生まれているでしょう。

よく引き合いに出される話ですので知っている人も多いと思いますが、米デューク大学の研究者であるキャシー・デビッドソン氏が、2011年8月にニューヨーク・タイムズ紙のインタビューで、**「この年に米国の小学校に入学した子供たちのうち65%は、大学卒業時、今は存在していない職業に就くだろう」と答えています。**

2040年にはやりそうな35の職業

そこで、２０４０年ごろに生まれていそうな、あるいは、はやっていそうな新しい職業を、チャットＧＰＴと壁打ちしながら作ってみました。１００以上のアイデアの中から、職業名や仕事内容を加筆修正し、現実的な職業を35個に絞って記載します。

- **ロボット倫理学者**　ロボットの使用に関する倫理的な問題を研究する専門家。
- **ＶＲ体験デザイナー**　ＶＲ世界の体験をデザインする専門家。
- **デジタルクローンセラピスト**　デジタルクローン（デジタルの世界で動くもう一人の自分、将来はデジタルクローンが自分の代わりに一部の仕事をしてくれます）を用いた心理療法の専門家。
- **気候変動対策プランナー**　気候変動に対する地域や企業の適応戦略を立案する専門家。
- **遺伝子カウンセラー**　遺伝子情報に基づいて健康やライフスタイルのアドバイスを行う専門家。
- **宇宙旅行エージェント**　宇宙旅行のプランニングや手配を行う旅行代理店業者。
- **ドローン交通管制官**　あちこち飛び回るドローンの空の交通を管理する専門家。

●**食糧サステナビリティーコンサルタント**　環境に優しい食糧生産方法を指導する専門家。
●**サイバーセキュリティーコーチ**　一般の人々にサイバーセキュリティーの重要性を教育する専門家。
●**ＡＩ心理カウンセラー**　ＡＩを利用した心理カウンセリングを提供する専門家。
●**自動運転車メカニック**　自動運転車のメンテナンスを行う技術者。
●**スマートシティープランナー**　スマートシティーの設計や運営を行う専門家。
●**船上都市アーキテクチャー**　海面上昇で住めなくなった都市が、巨大な船上を一つの都市にして再出発、その際の船上街づくりの専門家。
●**宇宙鉱業技術者**　月面で鉱物資源の採掘を行う専門家。
●**デジタル不動産開発者**　仮想空間での不動産を開発する専門家。
●**ロボティックペットトレーナー**　ロボットペットのトレーニングを行う専門家。
●**サステナブルファッションデザイナー**　環境に優しい素材を用いたファッションをデザインする専門家。
●**月面住宅建築士**　月面の環境を考慮して居住区を設計する建築士。

●**ブレインコンピューターインターフェーススペシャリスト**　脳とコンピューターのインターフェース技術を開発する専門家。
●**バーチャルインフルエンサーエージェント**　バーチャルヒューマンのインフルエンサーをプロデュースする専門家。
●**ゲノムエディター**　ゲノム編集技術を使って特定の遺伝的特徴を調整する専門家。
●**デジタルプライバシーアドバイザー**　個人のデジタルプライバシーを守るためのアドバイスを行う専門家。
●**宇宙データサイエンティスト**　宇宙から得られるデータを解析し、地球での利用に役立てる専門家。
●**バーチャルリアリティー医師**　ＶＲ技術を使った遠隔医療やリハビリを行う医師。
●**ナノロボットメカニック**　ナノスケールのロボットのメンテナンスや修理を行う技術者。
●**デジタル遺産管理者**　個人のデジタルデータやアカウントを管理保護する専門家。
●**ＡＩファッションデザイナー**　ＡＩを活用して個別のニーズに合わせたファッションをデザインする専門家。

- **バーチャルリアリティー教育コンサルタント**　ＶＲを利用した教育プログラムの設計運営を行う専門家。
- **エクソスケルトンエンジニア**　人体の能力を強化するパワードスーツの設計製造を行う技術者。
- **食糧技術開発者**　新しい食糧生産技術や人工食品の開発を行う専門家。
- **仮想現実内建築家**　ＶＲ空間での建築物を設計する建築家。
- **ドローン農業スペシャリスト**　ドローン技術を活用した農業の効率化を推進する専門家。
- **ポストヒューマン哲学者**　人類の進化やテクノロジーの進化がもたらす未来について研究する哲学者。
- **拡張現実スポーツトレーナー**　ＡＲ技術を利用したスポーツトレーニングを指導する専門家。

そして最後に、現在の僕の肩書も追加しておきます。

●フューチャリスト　トレンドやデータ、自らの一次情報に基づいて、将来の出来事や社会変化を予測する専門家。

いかがですか？　けっこう実際に誕生しそうな職業が多くありませんか？　そして、こんなにたくさんの職業が誕生するならって、ワクワクしませんか？

今すぐあなたがやるべきこと

現在の学校の教育システムは、今世の中に存在している職業をベースに作られているため、時代遅れだと言えます。**今、子供たちに教えるべきは、現時点では存在していない職業に就くことを前提にしたカリキュラムです。**

せめて高校レベルでは、今は存在しているけれども将来はＡＩによって代替されるリスクがある職業のこともしっかりと教えておくべきでしょう。そうしなければ、社会経験がない子供たちは、斜陽産業に飛び込んでしまう可能性があります。

そして一番怖いことは、この変化の激しい社会の中で、学生が未来予測力を鍛えようという発想を持たないことです。僕はしばしば大学で学生向けに講演することもあるのですが、「テスラという米国の電気自動車を知っていますか？」と聞くと、半数も手が挙がりません。さらにこの会社が「汎用的な人型ロボットを製造していることを知っていますか？」か聞くと、手を挙げるのはもう3％以下で愕然《がくぜん》とします。世界で起ころうとしている革命について何一つ知らないのです。

テクノロジーを使いこなせることが前提になる

ところで先ほど挙げた未来の職業の共通点に気づかれましたか？　そうです。すべてテクノロジーを使いこなせることが前提の職業ばかりなんですね。つまりテクノロジー駆使力は、既に子供の時から必要とされているんです。

ＰＣを操作できることが大前提の時代になって久しいですが、これと同じことが未来でも起きます。より高度な技術が普及すれば、その技術をベースにした職業が生まれるのは当たり前ですよね。そのため、テクノロジーを駆使することは、日本語を話せることと同様の大前提になります。

ですから、テクノロジー駆使力はベースのスキルであって、その他にどんなスキルを持っ

ているのかが問われる時代になっていきます。そのためにも、現在子育てをしている親御さんたちにお伝えしたいのは、子供たちの好奇心を潰さないでほしいということです。**前著(『2030　未来のビジネススキル19』)で書きましたが、「好き」「得意」「社会から求められている」の3つの輪が重なった部分に、将来の仕事選びの大事な手がかりがあります**。まずは「好き」と「得意」から探し始めることです。そのために、子供たちにはできるだけ「好き」なことや「得意」なことに熱中させてあげましょう。それらのフィールドで楽しみながら一次情報収集力を身につけてもらうんです。

後は「社会から求められている」ことはなにか。それに気づくためにも、親御さんたちは未来予測力をしっかりと鍛えておきましょう。

役立つスキル

スキル1　一次情報収集力(454ページ参照)
スキル4　テクノロジー駆使力(455ページ参照)
スキル5　未来予測力(456ページ参照)

未来予測45

道州制が導入され、過疎地に人がいなくなる

なぜそうなる？

僕は将来、日本では地方分権が進み、道州制が制定されると予想しています。その結果、日本は9〜13ほどの道州に分割され、それぞれの道州がまるで株式会社のように財政を管理し、独自に拘束力のある条例を作っていくようになるでしょう。

多様性を大切にすると、分断が生まれる

道州制が導入される理由をお話しする前に、なぜ昨今の日本国民は政府に不満を抱きやすいのかについて話す必要があります。一見道州制と関係ないように思えますが、重要なのでまずは理解してください。

現在の社会は、多様性に向かっていると話しました。しかし1億2000万人もの人口を抱える大所帯が、おのおのに多様な要望を政府に訴えたところで、政府がそれらの要望をかなえることはできません。

わかりやすく食事に例えてみます。仮に日本政府が「国民に炭水化物のみ永久に支給するので、どの炭水化物にするか国民投票で決めてください」と言ったとします。多様性に乏しい（選択肢が少ない）社会ならお米とパンの2択です。仮に国民投票（本来国民投票は憲法改正のときに行われます）の結果が7対3でお米が選ばれると、パン派の3割は政府に不満を抱きますが、お米派の7割は政府の選択に満足し、政府の支持率は上がります。

次に、多様性がある（選択肢が多い）社会では、お米、パン、パスタ、うどん、そばの5択あるとします。今度の投票では、ほぼ20％ずつに票が割れたのですが、お米だけわずかに1％高い21％だったとします。その結果、21％の国民は満足しますが、79％の国民は政府に不満を抱いて支持率が下がってしまいます。

これが今、日本のみならず世界で起きている現象です。そうです、「分断」です。**実は多様性を大切にすると、分断が生まれるのです**。

各道州がミニ政府を作って民間を巻き込みながら政策を運営していく

話を戻します。一つの中央集権的な政府が多様性に富んだ1億2000万人の要望を聞いてより良い社会を築くのは、もう無理なんです。何かを得るには何かを捨てなければなりません。このような社会について、橘玲氏が著書『無理ゲー社会』(小学館)で考察しています。中央集権的な政府はもはや、みんなの要望に応えることができないんです。

安楽死のお話をしたときにも触れましたが、「多様性＝人生の選択肢の多さ」なので、国民の要望は今後ますます千差万別になっていくわけです。**そこで千差万別な要望に応え続けることに限界を感じた日本政府は、どこかのタイミングで中央集権制を放棄すると思うのです。**

そこから日本は道州制に近い制度を採択し、国から地方に権限が移り、各道州がミニ政府を作って民間を巻き込みながら政策を運営していくことになるでしょう。

日本政府には通貨発行権や自衛隊の指揮、外交活動などの国家単位でなければ運営できない重要任務に絞って任せます。道州制によって中央の権力は弱まりますが、古くからの既得権益や大手企業・団体との癒着などがなくなることが期待できます。

道州ごとの条例で独自の魅力を発信する

現在日本で議論されている道州制では、日本を9〜13程度の州に分けることが想定されています。個人的には東京も分割した方がいいと考えています。これくらいに分けることができれば、後は道州ごとに拘束力の強い条例を制定し、次のように独自の魅力をガンガン発信すればいいんです。

- うちの州は日本一子育てがしやすい州を目指しています！
- うちの州は農業に力を入れて、日本の台所を目指します！
- うちの州はＡＩ経済特区でＩＴ企業を誘致し、スマートシティーを作ります！

各州の首長は株式会社の社長のように自分の州の魅力をアピールし、人口を増やしたり企業を増やしたりして税収を確保します。税収は大切ですので、ふるさと納税も自分が住む州だけでしか選べないようにすればいいんです。**そして多様性を何より好む僕たち国民は、自分にとって最適だと感じられる地域に移り住めばいいでしょう。**

これまで国が決めるのを待たねばならなかった制度も、各州単位で迅速に決められます。例えばライドシェアも、州内の住民投票で迅速に決定し、微調整も州議会で行えるようにします。このようにして各州は、富山市が20年前から進めてきたコンパクトシティーになっていくでしょう。各州の中心エリアに、何でもコンパクトに用意されている状態です。もはや、日本の過疎地のインフラ整備に予算を充てている時代ではありません。

民間の有識者らでつくる「人口戦略会議」は、日本全体の４割に当たる全国７４４市町村が消滅可能性自治体であることを報告しました。消滅可能性自治体とは、２０５０年までに若年女性人口が半減し消滅する可能性がある自治体のことです。

このまま異次元の少子化が続くと、２１００年には明治時代の人口５１００万人に戻ってしまうと言われています。一方、女性の社会進出や結婚・離婚の自由、子供を持つ・持たない自由などの多様性が進みながらも実質賃金が増えない経済状態が続けば、少子化は今よりさらに数段階異次元なレベルに突入するでしょう（次項の未来予測46で説明するベーシックインカムが導入されると状況が変わるかもしれませんが）。

そのような状況になったとき、住人が数人しかいない、もしくは次の世代が存在しない過疎地のインフラ整備に予算を割くことは困難でしょう。やむを得ない措置として、このような地域で不便な思いをして暮らしている人たちには州法によって優先的にコンパクトシティーに移住できる便宜を図り、災害にも強い地域での暮らしをしていただくような制度が作られるでしょう。

ちなみにカナダは広い国土を持っていますが、国民の80％以上は米国との国境から200キロメートル圏内に住んでいます。やはり広い国土に国民が散らばってしまうと、物流コストやインフラの整備にお金がかかり過ぎてしまうためです。**コンパクトにみんなで寄り添って暮らす方が、国民にとっても政府にとってもお互いに都合が良いことが理解されているのだと思います**。既に昔からこのような道州制の未来を描いて2回の住民投票を実行に移した橋下徹氏はすごいなと、改めて思います（2回とも否決されましたが）。

道州制の課題

もちろん、道州制にも課題があります。1つは道州制への移行時の手間です。しかしこれは一度きりの問題です。次に移行後の書類手続きなどが混乱する可能性です。しかしこれもマイナンバーのような仕組みと行政のデジタル化が進んでいればエストニアのように一瞬で解決します。**公務員で書類手続きなどのお仕事を担当している方には申し訳ないのですが、民間企業の感覚からすると、あれは何ら付加価値を生み出していないので、仕事とは呼べません**。ただの作業です。早くエストニアのようにデジタル化を進めて効率化してほしいと思います。

また、大きな州にまとめられることで、県単位の地域色や地域産品のブランド色が薄まってしまうと懸念する人もいますが、むしろ地域色が濃くなるかもしれません。例えば、僕の地元の広島県は中国地方でまとめられて中国州の一部になるでしょう。しかしそれは中国州株式会社の子会社として広島県株式会社が運営されているようなイメージなので、中国州の行政ルールにのっとった上で広島県株式会社としていかに独自色を出せるか、かえって工夫するようになるかもしれません。**なんせ国からのしばりがなくなり、州法だけ守ればよくなるので自由度が増すからです**。

他にも、道州間の競争に敗れた道州からの人口流出による地域格差の拡大や財源格差の拡大、行政サービスを道州にまとめることで細やかさがなくなる懸念、地域格差が広がることでナショナリズムが希薄になり、大災害時などに国民が助け合うための連帯感が薄れるのではないか、などの懸念があることも承知しています。

しかし、例えば米国合衆国の人たちは、州ごとの対抗意識が強いながらも米国人である誇りを持っています。そして現在懸念材料となっているいくつもの課題は、今後の議論やＡＳＩの活用によって解消されていくと予想しています。

今すぐあなたがやるべきこと

「今すぐやるべきこと」は、僕たち一般の国民向けと、行政向けに分けてお話しします。

まずは、僕たち一般の国民向けに

いつか道州制が制定されるとしたとしたら、僕たち国民にとって大切なことは、「どこに住んでどんな生き方をしたいのか」を自分で考えて決めることです。「年収はそれほど高くなくてもいいから豊かな自然に囲まれて農業で自給自足しながらのんびり暮らしたい」とか、「テクノロジーが大好きなのでスマートシティーで暮らしたい」とか。このように、自分にとってどんな生き方がウェルビーイングになるのか、今からしっかりと考えておきましょう。

次に、行政側に

とにかく税収確保のために、自分たちの地域に移住してもらうためのアピールが必要になります。ですから、その地域に住むメリットや魅力をしっかりと伝えられない地域は、どんどん過疎化が進んでしまうでしょう。価値観の異なる多様性豊かな1億2000万人（その頃は減っているでしょうが）がいるのですから、「うちの州は日本一子育てがしやすい」とか、「ＡＩ経済特区でスマートシティーをいくつも作っていきます」などのインパクトのあるメッセージが必要になります。

現在の地方自治体が行っている移住キャンペーンは、住宅補助金を出すとか仕事を斡旋するなど、言葉は悪いですが小手先のテクニックで、人々がウェルビーイングを感じるほどの説得力がないように感じます。20番目のシークレットスキル、あるいはＴＥＤに登場したサイモン・シネック（Simon Sinek）氏のゴールデンサークル理論を視聴し、自分たちの州をどうするべきか考えてみましょう（ユーチューブで「サイモン・シネック」か「ゴールデンサークル理論」を検索してみてください）。

日本一子育てしやすい街をアピールすれば移住者が増える

もちろん、移住先には仕事がなければなりませんが、「こうすれば移住者が爆増するのではないか」と思っているアイデアがあります。それは、街の機能を子育て家族にフルコミットして動線設計をやり直し、次のようなポイントをアピールするのです。

- 亭主関白文化の撲滅を宣言する
- 柵付き、カフェ付きの公園がたくさんある
- ベビーカーが通りやすい広い歩道が多い
- 男の料理教室がある
- 子育てイベントが行われている
- 公園で日常的にバザールが行われ、ベビーカーなどの子育てグッズが手に入る
- キッズカフェがある
- 企業の託児施設がある
- 男性の育児休暇を義務化している（フィンランドは既に義務化されています）
- 子育て給付金が支給されている
- 図書館のキッズスペースがある

共働き世帯と専業主婦世帯の推移

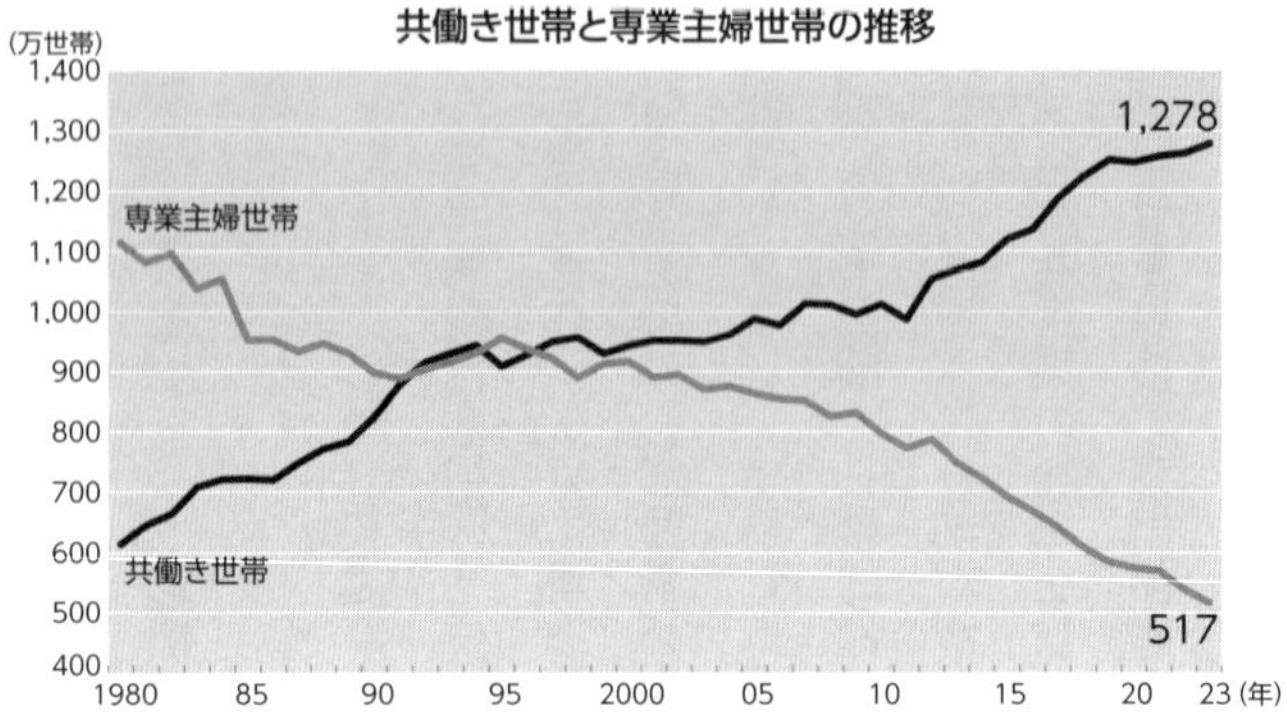

図表 45-1
（出所：厚生労働省ホームページ※1のデータを基に筆者作成）

- 小さくていいので子供向けの博物館や動物園がある
- キッザニアのような職業体験施設がある
- レストランにビーカー優先席がある

いかがですか？　以前、住みたい街全米ナンバー1に選ばれたことのあるポートランドを視察したことがあります。そのときに、公園の多さ、歩行者天国（または車両の一方通行）の多さに驚きました。子育てに適しているんですね。

「日本一子育てしやすい街のアピールが人口増に有効だ」、と僕が思うきっかけとなった根拠（データ）が3つあります。

1つ目は共働き世帯の推移です。2000年代に入ってから、専業主婦世帯より共働き世帯の方が上回り、その後も右肩上がりで増えています（**図表45－1**）。

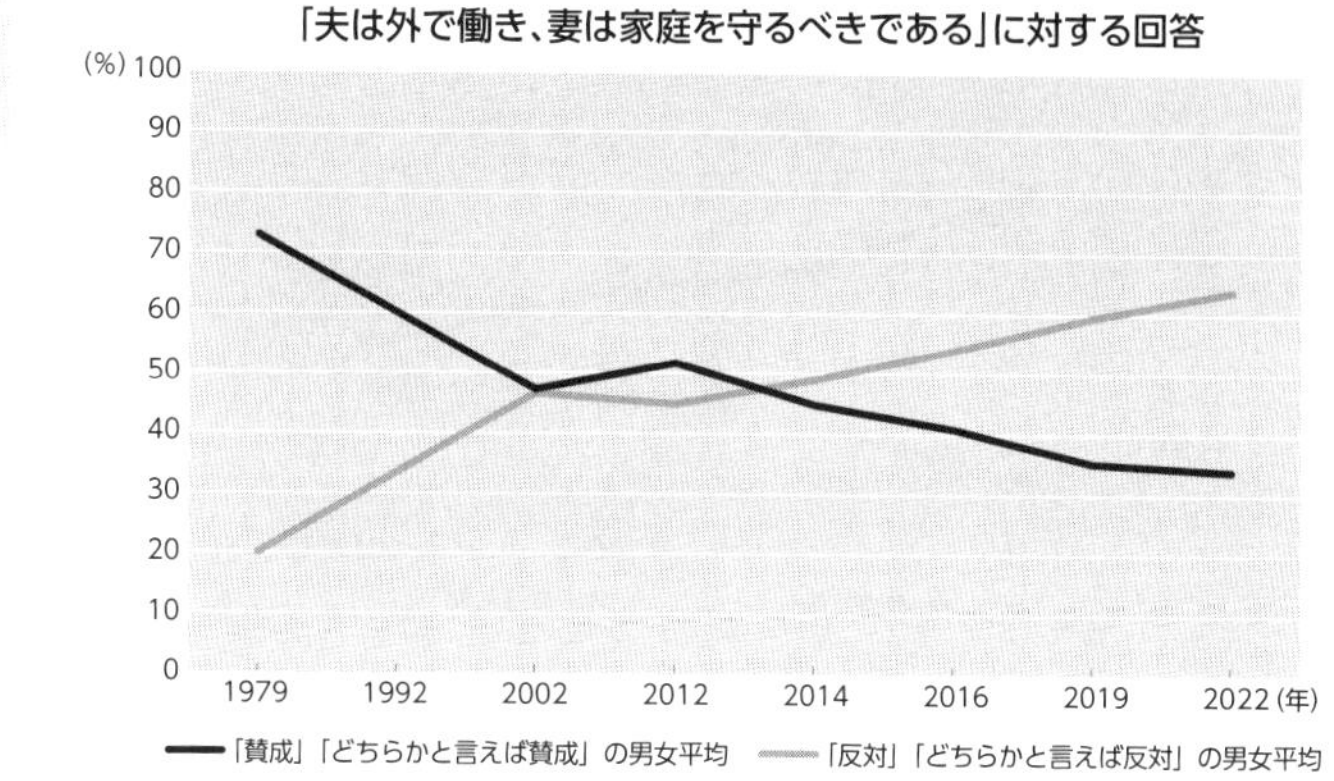

図表 45-2
（出所：内閣府による男女共同参画に関する世論調査のデータを基に筆者作成）

２つ目は、内閣府による男女共同参画に関する世論調査です。「夫は外で働き妻は家庭を守るべきだ」ということに対するアンケート結果を見ると、「反対」が右肩上がりで、「賛成」が右肩下がりになっています（図表45－2）。

そして極めつけは３つ目の博報堂が行っているアンケート結果です（図表45－3）。家庭内で「総合的決定権を持っている人」を調査したところ、１９８８年は「主に夫」が72・４％、「主に妻」が10・１％でしたが、「主に夫」は急落、「主に妻」は増え、最新の２０１８年のデータでは「主に夫」が38・７％、「主に妻」が30・３％と、その差が８％になっています。この調査は10年ごとに行われているので、次回２０２８年はおそらく「主に夫」と「主に妻」の数値が逆転しているでしょう。

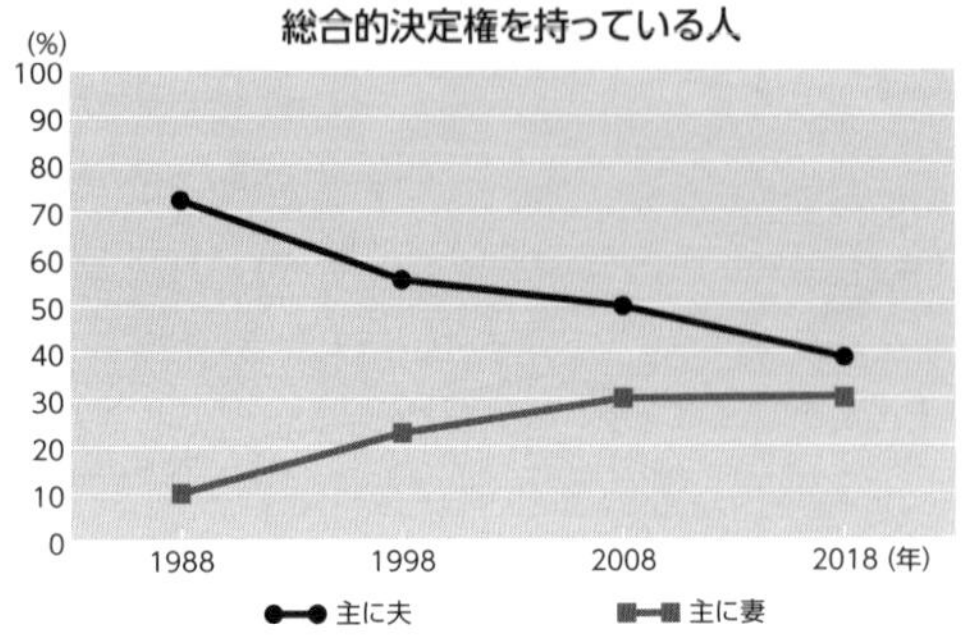

図表 45-3
（出所：博報堂『博報堂生活総合研究所 サマーセミナー 2018「家族 30 年変化　家族はいま、プロジェクトへ。」を開催（前編）』※2のデータを基に筆者作成）

ちなみに我が家は現在子供3人と妻1人の5人家族ですが、結婚当初から妻の立場が上で、僕はほぼ妻の奴隷兼ATMです（苦笑）。冗談（現実?）はさておき、これからますます女性が社会に出て活躍する時代になります。

ですから、一度でも「日本一子育てしやすい街」として名実ともに認知されれば、SNSであっという間に評判が拡散され、全国から移住者がやってくるのではないでしょうか。しかも子供は街の宝です。この子供たちがその街や州に郷土愛を持ってくれれば、成人後もとどまり納税してくれるでしょう。そしてその世代が家庭を持って素敵な子育て環境をアピールすれば、再びSNSで評判が拡散し、人口が流入するという好循環が生まれます。

「日本一子育てがしやすい街」というキャッチコピーは、早いものがちです。現在は千葉県松戸市がスタートダッシュを切っていますが、道州制が導入される頃に全国で最も子育てしやすいと認知されている街がどこになるかはわかりません。古い価値観にとらわれずに、フルモデルチェンジ力を発揮していきましょう。特に男性は！

役立つスキル

スキル11 フルモデルチェンジ力（459ページ参照）
スキル19 ウェルビーイング（463ページ参照）
スキル20 シークレットスキル（463ページ参照）

※1 https://www.mhlw.go.jp/stf/wp/hakusyo/kousei/22/backdata/02-01-01-03.html
※2 https://www.hakuhodo.co.jp/magazine/65719/

未来予測46

貧富の差が拡大し過ぎて資本主義が限界！ベーシックインカム導入!?

なぜそうなる？

生成ＡＩを活用して利益を上げる企業と、生成ＡＩに仕事を奪われる人の間で、貧富の差はますます拡大していくでしょう。「そろそろ資本主義は限界では？」と思っている人もいるのではないでしょうか。この格差を解消する策として、「ベーシックインカム」（後述）が導入される日は、それほど遠くはない気がしています。

所得ジニ係数が年々広がっている

まずは貧富の差の統計を見てみましょう（図表46－1）。貧富の差を表す指標としてジニ係数があります。ジニ係数は０から１の間で示され、０に近いほど貧富の差は小さく、

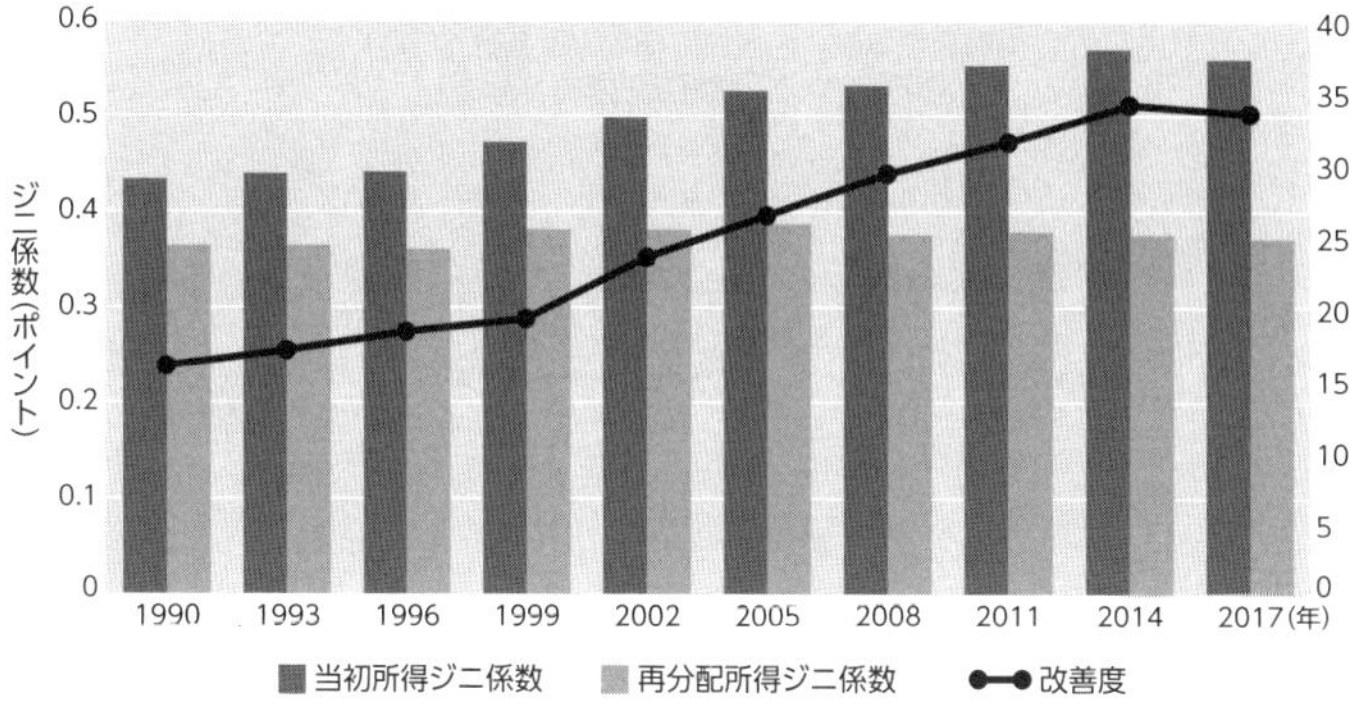

図表 46-1
（出所：厚生労働省『図表 1-8-9　所得再分配によるジニ係数の改善の推移』※1のデータを基に筆者作成）

1に近づくほど貧富の差は大きいことを示します。

ジニ係数には「当初所得ジニ係数」と「再分配所得ジニ係数」があります。

当初所得ジニ係数は、税金や社会保障による再分配が行われる前の所得格差を示します。**つまり年収格差を表しています**。一方の再分配所得ジニ係数は、税金の徴収や社会保障給付などの再分配政策が実施された後の所得格差を表します。**つまりこちらは手取り金額の格差だと思ってください**。

グラフを見ると、当初所得ジニ係数（いわゆる年収格差）が年々広がっていますが、再分配所得ジニ係数（いわゆる手取り金額の格差）はそれほど変化していません。これは累進課税制度などでしっかり政府がお金持ちから税金を徴収して手取り金額の格差を狭めていることがわかります。しかし、格差を狭めるといっても、

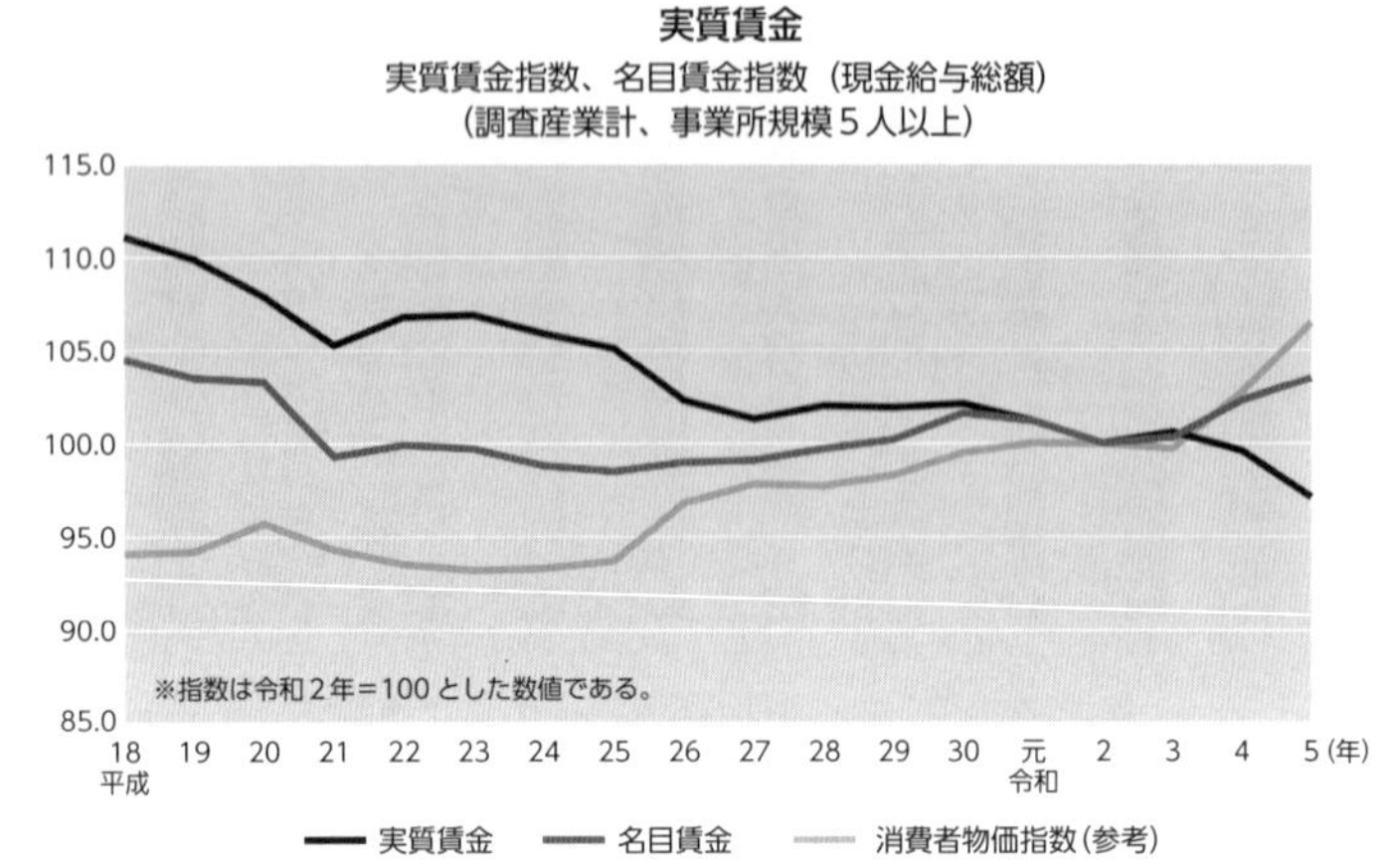

図表46-2
（出所：厚生労働省『毎月勤労統計調査　令和５年分結果速報の解説』※2のデータを基に筆者作成）

みんなが豊かになっているのか、みんなで貧しくなっているのかわかりませんよね。

生成ＡＩが実質賃金やジニ係数（格差）に影響する

そこで、図表46－2の太線を見てください。実質賃金が下がり続けており、生活者の実感としては、年々貧しくなっている印象です。

ちょっと嫌な予感がするのは、令和5年、つまり2023年に実質賃金が急に下がっているんですね。いくつかの原因が考えられますが、前年から生成ＡＩが普及を始めていることも気になるところです。今のところ因果関係を確認できていませんが、今後は生成ＡＩが実質賃金やジニ係数（格差）に影響を与えてくると予想しています。

ここで勘違いされやすいのですが、「ＡＩやロ

ボットが仕事を奪う」のではなく、正確には「AIやロボットを使いこなす人や企業が仕事を奪う」のです。つまり、AIやロボットを使いこなしたり投資できたりする人はますます豊かになり、そうでない人はますます貧しくなっていく可能性があります。その結果、所得格差が広がっていくでしょう。

超富裕層は増え続け、その富も増え続けている

世界経済フォーラム（WEF）によれば、世界の富の約半分を、最も裕福な1％の人たちが所有しているといいます。また、世界銀行が定めた貧困の定義は「1日1・9ドル以下で生活している人」を指しますが、子供に限れば6人に1人が該当するそうです。こうした格差は今後さらに広がっていくでしょう[※3]。さらに世界のお金持ち125人が排出するCO_2の総量はフランス全土の排出量と同等という報告もあります[※4]。

格差社会が叫ばれるようになって久しいですが、当初は次の2つが起きると信じられていました。1つ目は、政治家の本来の仕事である富の再分配がきちんと機能し、みんなの給料が徐々に底上げすること。2つ目は、富裕層がある程度の富を得たことで、それを上限と感じ、「もうこれ以上要らない」と寄付などによって富の再分配が行われるこ

と。しかし、期待は甘かったようです。超富裕層は増え続けていますし、その富も増え続けてとどまるところを知りません。

僕は、世界中のお金持ちが、「もうこれ以上のお金は必要ないじゃん」といったコモンセンスみたいなのができ、**1兆円以上持っているやつは「金の亡者みたいでなんかダサいよね」という空気が醸成され**、皆が自分の資産が1兆円を超えないように寄付を始めるんじゃないかと思っていたんですね。でも、そんなことはこれからも起きないようです。

ベストセラー書『21世紀の資本』(みすず書房)の著者であるフランスの経済学者トマ・ピケティ氏は、既に資産を持っている人々の投資の方が、働いている人よりもお金が増えやすいことを証明しました。**どうやらシンプルに人間が働くより、お金に働いてもらった方が、資産が増えることが分かってしまったのです**。こうして富裕層はより一層裕福になり、社会全体の経済的格差が徐々に拡大していくのです。

資本主義は18世紀の英国で始まった産業革命をきっかけに世界に広まりましたが、別に人類の最適解というわけではありません。たまたま時代にマッチしていただけです。ちなみに資本主義の前は、主君が家臣に土地を与えて年貢を取り立てる封建制度でした。

政府が国民の最低限の収入を保証する制度「ベーシックインカム」

ところで皆さんは、「ベーシックインカム」という言葉を聞いたことがありますか?

これからＡＩを駆使する側と、ＡＩに仕事を奪われたり時給を下げられたりする側との格差が広がっていきます。日々の生活費を稼ぐのに精一杯で、自分がやりたいこともできず、心にも余裕もなく、生活にゆとりがなくて他人にも優しくできない。こうした、貧者が富者に対して抱く恨みや嫉妬心といったルサンチマンがはびこるようになります。こんな世の中がいいわけありませんよね。テクノロジーは医療や教育、仕事のやり方を変えて人々がより幸せに暮らせる社会を提供するはずなのに、自分らしく生きる人々が増えないのは何かおかしいです。このような状況で国民の不満が限界点に達したときの政府の対策がベーシックインカムです。

ベーシックインカムとは政府が国民の最低限の収入を保証する制度で、国民一人ひとりに例えば毎月20万円を支給するといった施策です。ベーシックインカムが導入されれば、人々は最低限の収入を保証されているので、仕事を自由に選ぶことができます。生活のためにやりたくない仕事やブラック企業で働く必要がありません。ベーシックインカムで支給される金額内で生活できるのなら、無理に働かなくてもいいのです。あるいは支給されたお金を資格取得の費用に充てて自己投資する人もいるでしょう。

ベーシックインカムと現在の生活保護との違いは何でしょうか。生活保護では一定の収入を得られるようになると打ち切られるので、結局生活のためにやりたくない仕事でもやらなければならない状況が変わりません。それに対してベーシックインカムは必ずもらえる生活保障ですから、**働かないという選択肢も可能です。または給付額以上の収入が欲しい人は、自分が楽しめる仕事や苦痛にならない仕事を選べるんです。**

シングルマザーやシングルファーザー世帯は、仕事に追われて子供と接する時間の確保が難しくなっていますが、ベーシックインカムがあれば、子供と過ごす時間を確保できる仕事を選べるようになります。さらに、生涯にわたって国からもらえる金額が保証されているので、多くの人が貯金を使い始め、消費が増え経済によい影響を与える可能性もあります。

ただ、ベーシックインカムを急に導入すると社会が混乱する可能性もあるので、導入するとしても、所得の低い人たちから徐々に支給金額を引き上げ、支給対象者も徐々に広げていき、最終的には国民全体にいきわたるようにします。

ベーシックインカムの話が出ると、すぐに「財源はどうするんだ?」という反論をされるのですが、そこはＡＩでもうけ過ぎてお金の使い道がないようなミリオネアやビリオネア、さらには今後の未来で登場するであろうトリオネア（資産1兆ドル超え）にＡＩ税を徴収して財源に充てればいいでしょう。しかもこの頃にはあらゆるインフラ設備がＡＩによってコントロールされて運営コストが劇的に削減されているでしょうから、生活費自体がそれほど必要ではなくなっている可能性もあります。

世界ではベーシックインカムの実証実験が行われている

ベーシックインカムを導入することで、**人類は「生きるためだけの労働」から解放される可能性が出てきているんです**。ベーシックインカムは日本ではほとんど議論されず、荒唐無稽な話だと思った人もいるでしょうが、世界の先進国では既に議論だけでなく社会実験も行われています。米国、カナダ、フィンランド、オランダ、スペイン、インド、ケニアなどでは実証実験が行われています。

そのうちフィンランドでは、既に社会実験が終わっています。一部の街を対象にして2年間にわたり、毎月約7万円が支給されたんです。その結果、人々は働かなくなったでしょうか？　**これが逆で、かえって労働意欲が高まったんですね**。本当に自分のやりたい仕事を選べるようになったことで、心にもゆとりが生まれたのでしょう。

また、ケニアでは２０１６年から２０２８年まで長期のベーシックインカム実験中です。現時点では、精神状態も良く、労働意欲も高まり幸福な人が多いそうです。やはり毎月絶対一定の収入があるということが精神的な安らぎを与えているのでしょう。

ちなみにスイスでは月額約27万円のベーシックインカム制度を導入する国民投票が行われましたが、否決されました。まだ国民の理解を得るには時期尚早だったのかもしれません。そんなうまい話があるわけがないと思われたのかもしれませんね。

日本でもベーシックインカムの社会実験をすべし

まだ課題があるベーシックインカムですが、日本でも早く議論を進めてどこかの街で5年間くらいの社会実験をするべきだと思っています。例えば、毎月20万円を支給します。20万円以上ほしくて、働きたい人は働けばいいですし、地域のボランティア活動や趣味のサークル活動に参加したければそれも自由です。農業をしてみたいという人がいれば、それもＯＫです。

このような実験を、数千人規模を対象に実施し、人々がどのような気持ちになりどのような社会行動をするのかを5年間追跡調査してみるんです。

「そろそろ資本主義も限界だな」と実感

僕は今、フィリピンのマンションで暮らしています。街全体が壁で囲まれた、ちょっとばかり富裕層が住むエリアです。どのマンションにもガードマンがいて、プールやジム、サウナもついています。ところがマンションからの風景は別世界です。

わずか30センチほどの壁を隔てた外側に広がる林の中には、日本の戦後に見られたバラック小屋のような家々が建つゴミだらけの街が見えています。そこでは素足の子供たちが上半身裸のままで、鶏や豚と遊んでいます。彼らは赤ちゃん豚を購入し、大きく育ったところでさばいて食べる習慣があります。もちろん、部屋にはエアコンはありません。映画でしか観たことがなかった光景です。たった30センチの壁のこちら側とあちら側では、持つ者と持たざる者の180度異なる世界があるんです。ベランダからこんな景色を見ていると、「**こんな景色がいつまでも続かないだろうな、そろそろ資本主義も限界だな**」と実感しています。

既にお話しした通り、資本主義が人類の理想形ではありません。時代が変化するように、新しい経済体制に移行しても不思議ではないんです。ただ、「はい、資本主義は終わりにして、今日からは○○主義です」とはいきません。長い年月をかけて資本主義が変異し、新しい経済体制がつくられていくことでしょう。

僕は今の資本主義を全く否定する気はありませんし、すぐに資本主義とは違う主義が生まれるとも思いません。ウイルスが変異するように徐々に形が変わっていくのだと思います。

資本主義のその次の体制がどんな呼び方になるのかはわかりませんが、キーワードは「ダイバーシ

キーワード	概要
ダイバーシティー	お金持ちや社会的地位がある人だけが成功者の条件じゃなくてもいい。もっと多様性に富んだいろいろな生き方や人生の選択肢があってもいい。子供だから○○すべきだとか、大人だから○○すべきだとか、男だから、女だから○○すべき、というように、人生の選択肢から「○○すべき」を減らして、多様な生き方を認め合いましょう
ウェルビーイング	これまでは利益（お金）を追求し、暖衣飽食してきましたが、そろそろ終わりにしましょう。ベーシックインカムで最低限の生活は国から保証されているのですから、時間的なゆとりもありますし、これから先の人生は一人ひとりにとって、家族にとって、そして地域や社会にとっての幸福を各々が考えて追求しましょう
サステイナブル	人間は地球環境や人間以外の生物に迷惑をかけ過ぎだから、これからは地球全体を一つの生命体と考えて（ガイア理論と呼びます）、地球を守っていきましょう

図表 46-3

ティー」「ウェルビーイング」「サステイナブル」の3つだと思います（図表46－3）。この3つのキーワードの調和が取れた「○○主義」なるものが、社会の中で自然と育まれ、資本主義と混ざり合いながら長い年月を経て世代交代していくのではないでしょうか。

今すぐあなたがやるべきこと

ベーシックインカムを知らない人にこのような話をすると、時々ものすごく怒り出す人がいます。その多くはご年配の方々です。「**人生とは仕事で磨かれるものだ。人が仕事をしない社会など許されない。ふざけるな！**」というわけです。しまいには顔を真っ赤にして、まるで僕がベーシックインカムを発明したかのように怒りをぶつけてこられます。

お気持ちはよ～くわかります。なにしろ「24時間戦えますか」といったキャッチフレーズがテレビCMで流されることが許された時代の人たちは、その人生のほとんどを仕事に捧げてきたのですから。（この方々から見れば）若造の僕が「そんなに無理して働かなくてもいい時代が来るかもですよ」などと言うと、自分たちの人生を簡単に否定されたように感じるのも無理はありません。

国民の三大義務に変化

しかし時代は変わるものです。**国民の三大義務の「教育」「勤労」「納税」からついに「勤労が」外れる日が来るのです**。ただ実際にベーシックインカムが日本に導入されるときが来るかどうかは、実のところわかりません。僕は、例えばエストニアのように人口が少なく行政のＤＸ化が進んでいる国から徐々に導入されると思っています。いろいろな意見があると思いますが、ベーシックインカムについて、導入の是非を議論するだけでなく、社会実験を終えている国があることを忘れないでください。

これまでもフルモデルチェンジカの重要性をお話ししてきましたが、ベーシックインカムを導入するときほどフルモデルチェンジカが必要な社会改革はないでしょう。

といっても、本当に僕が伝えたいことは、実はベーシックインカムが実現するかどうかではありません。ここでお伝えしたいのは、そのような日が来たときに、先ほどのご年配の方々のように怒り狂うのではなく、冷静に受け止める心構えができるように、ウェルビーイングを追求して心穏やかでいられるような生き方をしてきたかどうかです。ベーシックインカムの話を聞いて未来が不安になる人の気持ちもよくわかります。

何も行動しない人が「不安を感じている」

ここで博報堂傘下ＳＩＧＮＩＮＧが実施した興味深い調査結果を紹介します。２０２２年、新成人６００人にアンケート調査を実施し、「自分の未来に対してどう感じていますか？」と質問したところ、「楽しみである」と答えたのは「未来に向けて何かしら行動している人」、逆に「不安に感じている」と答えたのは「何も行動していない人」だったのです※5。皆さんの周りにもいませんか？　「**過去が不満だ、現在が不満だ、未来が不安だ**」と嘆いている人に限って、「**それじゃぁ今、何か新しいことを始めているの？**」と尋ねると何もしていないんです。

習慣を変えることから始める

この項でお話ししているのは、人生の大転換といえる内容です。いきなり生き方を変えるのは難しいと思いますが、**まずはベーシックインカムという社会システムの名前だけでも覚えてほしいです。**

そして習慣を変えましょう。僕たちの人格の4割は習慣で作られているといわれています。ちなみに僕は今、英語学習の習慣、読書の習慣、テクノロジーニュースを集めてメルマガで配信する習慣など、自分の脳をアップデートするための習慣をいくつも持っています。

そして毎日、コツコツ頑張っています。皆さんも、今から習慣化力を磨いて、僕と一緒に頑張りましょう！　そして自分なりのウェルビーイングな未来に向けて、種まきをしておきましょう。

役立つスキル

スキル11　フルモデルチェンジ力（459ページ参照）

スキル17 **習慣化力**（462ページ参照）

スキル19 **ウェルビーイング**（463ページ参照）

※1 https://www.mhlw.go.jp/stf/wp/hakusyo/kousei/19/backdata/01-01-08-09.html

※2 https://www.mhlw.go.jp/toukei/itiran/roudou/monthly/r05/23cp/dl/sankou23cp.pdf#page=8

※3 米国のウォール街では1％の富を持っている人たちに対して「We are the 99%」をスローガンとした大規模なデモが起きました（99％運動）。

※4 https://www.oxfam.org/en/press-releases/billionaire-emits-million-times-more-greenhouse-gases-average-person

※5 SIGNING『Silent Minority Report #2』（https://signing.co.jp/pdf/silent-minority-report2.pdf#page=12）

未来予測47

30代の総理大臣が誕生する

なぜそうなる？

「30代の総理大臣が日本に誕生する」と僕が主張すれば、政治評論家の方は「この本の著者は政治のことが全然わかっていない」と指摘するでしょう。でも僕は反論します。「あなたたち政治の専門家は、政治以外のことを知らな過ぎるし、特に生成ＡＩがもたらす激動の未来への理解が足りな過ぎる」――。政権与党内で行われているような内向きの政治活動は、政治のＡＳＩ革命の前では吹けば飛ぶようなささまつなことです。

これからは、ＡＳＩと議論の壁打ちをしながら政策を考えることが当たり前になってきます。例えば新しい法律を審議する際、ＡＳＩにバーチャル議員として議論に参加してもらい、人間だけの議論では見つけられないリスクを挙げてもらったり、その解決策

創業者名	企業名	創業時の創業者の年齢
サム・アルトマン	OpenAI	30歳
ジェフリー・ベゾス	アマゾン	30歳
ビル・ゲイツ	マイクロソフト	19歳
スティーブ・ジョブズ	アップル	21歳
スティーブ・ウォズニアック	アップル	25歳
マーク・ザッカーバーグ	メタ（旧フェイスブック）	19歳
ジャック・マー	アリババ	35歳
ラリー・ペイジ	グーグル	25歳
サーゲイ・ブリン	グーグル	24際
スティーブ・チェン	ユーチューブ	26歳
孫正義	ソフトバンク	24歳
三木谷浩史	楽天	32歳
堀江貴文	ライブドア	24歳
藤田晋	サイバーエージェント	24歳
佐野陽光	クックパッド	24歳

図表 47-1

となる法律の文言も考えてもらったりします。このような政治のＡＳＩ革命で存在感を示すのは若い人です。それは、経済界を見れば明らかです。例えば、世界を変える影響力を持った著名な起業家たちの起業時の年齢を見てください（図表47－1）。多くは20代です。

ここで強調したいのは、「テクノロジーを使いこなせない経験豊富な年配経営者」と「テクノロジーを使いこなせる経験が浅い若手経営者」では、圧倒的に後者が強いということです。

数値化が難しいので「圧倒的」という言葉を使っていますが、僕の肌感覚では、今後ＡＳＩを使いこなせる若手起業家が出てくれば、アイデアを出す頻度でも課題発見力でも、古い経営者の１０００倍以上のパフォーマンスを示すと思っています。

政治の世界も、世界は若者に託している

先ほどの構図は、政治の世界にも当てはまります。しかも若手政治家たちは、ネットを活用して国民の要望や不満を効率よく吸い上げるスキルを持っています。同時に、自分の意見や人柄もネットを利用して多くの国民に訴えることができるんです。もちろん人としての実行力とリーダーシップは本人次第ですが。

実際、世界では政治家の若返りが起きています。フィンランドのサンナ・マリン氏は34歳で首相に就任（フィンランド史上最年少の首相）、チリのガブリエル・ボリッチ氏は36歳で大統領に就任、ニュージーランドのジャシンダ・アーダーン氏は37歳で首相に就任、オーストリアのセバスティアン・クルツ氏は31歳で首相に就任（当時世界最年少の首相）、フランスのエマニュエル・マクロン氏は39歳で大統領に就任（フランス史上最年少の大統領）しました。まだ他にもいます[※1]が、このへんでやめておきましょう。皆30代や40代です。ＡＩリテラシーがない年配リーダーは、外交面で若きリーダーたちと話がかみ合わなくなってくるでしょう。

2040-2045

都知事選15万票を獲得した無名の候補者

選挙の戦い方も、AIやネットを駆使した戦い方がスタンダードになります。実際、2024年の東京都知事選で起きています。AIエンジニアの安野貴博氏は、テレビ報道ではほとんど取り上げられなかったにもかかわらず、小池百合子氏、石丸伸二氏、蓮舫氏、田母神俊雄氏に次ぐ5位という結果でした。テクノロジーを駆使すれば無所属で無名の若者でも15万票以上を獲得できることを示したのです。

安野氏はどのように選挙戦を戦ったのでしょうか。例えば、街の選挙ポスター掲示板には候補者たちが自分で自分のポスターを貼らなければなりません。都内の掲示板は1万4000カ所もあり、資金力がある候補者は経費をかけて外注しています。それに対して安野氏は、掲示板の位置をデジタルデータ化し、まだ貼れていない箇所を地図上にマッピングして近所にいるボランティアに呼びかけてポスターを貼ってもらったんです。そしてポスターが貼られたらLINEで通知してもらうことで、マッピングで色が変わるようにして、最小限の資金と労力で効率よくポスターを貼ることができています。

また安野氏は、SNSなどを活用して都民の悩みや不満を収集し、AIに統計としてまとめさせ、重要と判断した内容をマニフェストに入れています。その結果、都民からは**「なんて都民の気持ちを理解してくれる人なんだ！」**と思われるようになったんです。都知事選で2位に躍り出た石丸氏もユーチューブを効果的に活用したことで話題になりました。このように、テクノロジーを使うことで選挙戦を戦うことが効果的であることがわかりました。

国や地方自治体のリーダーには、AIリテラシーが必要

若返りということでは、2024年9月、秋田県大館市で国内史上最年少となる27歳の石田健佑市長が誕生しました。石田氏はSNSマーケティング会社の取締役を経験し、一般社団法人DMMアカデミー2期生を経て、昆虫の力でゴミを資源化するTOMUSHIの社長を務めながら当選を果たしています。ITの知識は申し分ないはずです。

僕は、都知事選を戦った安野氏のようにAIリテラシーがあり正義感を持った実直な方に、都知事と言わず国のリーダーになってほしいと思っています。ちなみに安野氏も東大松尾研出身です、やっぱり松尾研出身者はすごいですね！

これからの国や地方自治体のリーダーには、AIリテラシーが必要です。そうでな

ければ、国内外で起きている諸問題への解決策を、ＡＩリテラシーのあるリーダーの1000分の1ほどにしか打ち出せないでしょう。それでは、海外の若きリーダーたちと渡り合えません。失われた30年の原因がＩＴへの乗り遅れだと気づかない政治家たちでは、これからの日本の舵取りはできないと思います。

実際、僕が視察してきたエストニアには、理系出身の国会議員が多くいます。さすが行政において世界一ＤＸが進んでいる国です。直近の歴代首相もターヴィ・ロイヴァス氏（34歳）、ユリ・ラタス氏（38歳）、カヤ・カラス氏（43歳）などです※2。

これからの日本で求められるのは、テクノロジーを理解し、自らも駆使でき、必要であれば既得権益を壊すことにも躊躇しない政治家でしょう。となると、当然若い政治家に期待せざるを得ませんね。

今すぐあなたがやるべきこと

もし、若い総理大臣が誕生したら、しがらみなく思い切った政策ができる半面、経験の少なさ故に政策を誤る可能性があります。僕たち国民は、そんな若いリーダーが打ち出す政策が正しいかどうか、**クリティカルシンキング**を発揮して注視する必要があります。同時に、一度や二度の失敗で袋たたきにするようなことは避けたいところです。

「若い政治家は成長するもの」「自分たちが育てるもの」と考えてはいかがでしょうか。そのためにも僕たち国民は声を上げることが必要です。先述の安野氏のように、若い政治家はＡＩを駆使して国民の声を効率よく吸い上げられるようにするでしょう。

このことに関して、先行しているエストニアに素晴らしい法律があります。政府が国民の要望を受け取るネット上の掲示板を設置し、そこに１０００件以上の電子署名が集まれば国会で審議しなくてはならないんです。これはうらやましいシステムで、日本でも早く導入してほしいですね。このようなエストニアのシステムが導入されたとき、僕たちが政治に無関心ではもったいないですよね。

テクノロジー駆使力を使って、積極的に国民の要望を投稿していきましょう。

ＡＩリーダーは今後も誕生しない

僕のユーチューブで「ＡＩに政治家をやらせたほうが忖度しないし裏金などの不正をしないからよっぽどマシ」という類のコメントがしばしば書き込まれます。一理あるように思いますが、僕はそんな未来は絶対に来ないと思っています。その理由は、人の上に立つ人間は、「仕事ができる」「正しい判断ができる」のと同時に、「人に共感する心を持っている」ことが求められるからです。これは政治家に限らず組織のリーダーやマネジャーも同様です。**マネジメント力**はどんな社会であっても必要なスキルです。

役立つスキル

スキル4　**テクノロジー駆使力**（455ページ参照）

スキル8　**マネジメント力**（457ページ参照）

スキル13　**クリティカルシンキング**（460ページ参照）

※1　本文で紹介した以外に、アイルランドのレオ・バラッカー氏は38歳で首相に就任、モンテネグロのドリタン・アバゾビッチ氏は36歳で首相に就任、エストニアのカーリン・カッレバス氏は43歳で首相に就任、エルサルバドルのナジブ・ブケレ氏は37歳で大統領に就任しています

※2　「未来予測11　意思決定の速い国がリープフロッグ現象を起こし続ける」を参照してください

未来予測48

ポストヒューマンが誕生する

なぜそうなる?

いよいよ本書も最後の項になりました。この最後の項目、ポストヒューマンの話は、最も皆さんの常識を揺さぶる話になります。いきなりこの項を読み始めた人は、**「これは都市伝説の本なのか?」**といぶかるでしょう。しかし、本書を初めから読み続けてきた人なら、もうどんな未来予測にも驚かないかもしれません。

ポストヒューマンとは、「人類(ホモ・サピエンス)の次の世代」という意味です。僕たちホモ・サピエンスが、ついに人工的に次の人類に進化するときが来るのです。具体的には、脳にマイクロチップを埋め込むことなど、人体の改造に近いことを指しています。

脳とコンピューターを直接接続、既に人の脳で臨床試験が終わった

この分野ではイーロン・マスク氏が２０１６年に設立したニューラリンク（Neuralink Corporation）が最先端を独走し、ＢＣＩ（Brain Computer Interface）の開発を進めています。ＢＣＩとは脳とコンピューターを直接接続する装置のことで、現在のところ、10円硬貨サイズのマイクロチップを脳に埋め込みます。このマイクロチップはブルートゥースでコンピューターと通信します。このマイクロチップを猿の脳に埋め込んだ実験では、猿が考えただけでキーボードを操作したり、テレビゲームを行ったりしました。実際の映像も公開されています。

米食品医薬品局（ＦＤＡ）と病院倫理委員会は人の脳での臨床試験を許可し、既に実施されています。最初の治験者へのインタビュー動画が２０２４年3月、ニューラリンクの

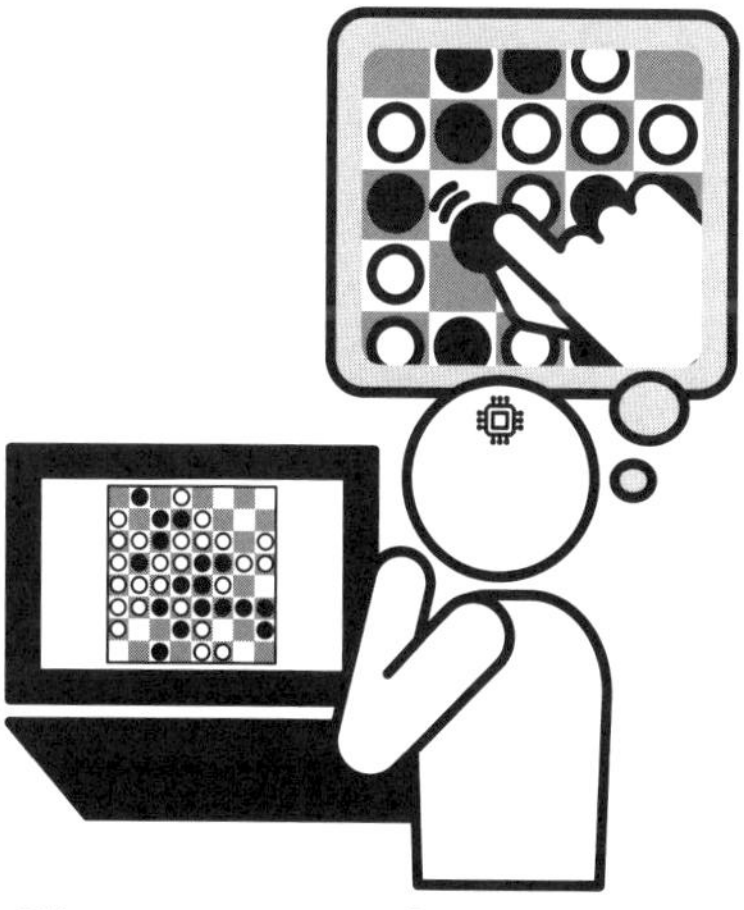

脳にマイクロチップを埋め込めば
考えるだけでパソコンを動かせる

公式X（旧ツイッター）で公開されました。治験者は29歳の男性ノーラン・アーボ氏で、彼は約8年前にダイビング中に脊髄を損傷する事故に遭い、肩から下が麻痺して動かなくなりました。

アーボ氏は「このデバイスは私の人生を変えてくれた。手術は簡単で、翌日には退院できた。〈中略〉認知機能に悪影響もない」とインタビューで答えています。**動画では、アーボ氏の目の前のPCの画面上で、何も操作していないのに考えるだけでチェスの駒が動いている状況が公開されています**。気になった方は、「ノーラン・アーボ」で検索してみてください。イーロン・マスク氏は、「数年以内にニューラリンクの患者が数百人に達し、5年以内に数万人、10年以内に数百万人に増加する」とXに投稿しています。

「理論上はBCIで脳のすべての問題を解決できる」

BCIの研究が進むと何が起きるのでしょうか？　原理的には、脳内の問題はすべて解決できると考えられています。具体的には、耳鳴り、脳卒中、アルツハイマー、パーキンソン病、うつ病などの疾患が治療できるようになるというんです。

脳はニューロンと呼ばれる神経細胞が集まってできています。そのネットワーク上に電気信号が伝わることで脳が機能しています。マスク氏は、脳はただの電気信号なのだから、「理論上はＢＣＩで脳のすべての問題を解決できる」とインタビューで答えています。**「記憶も呼び戻すことができるでしょう」**とも語っています。

ＢＣＩはブルートゥースで無線通信できますので、カメラを取り付けたメガネを着用することで、映像が電気信号として脳に送られ、脳内で映像として解析されます。**これにより、目の見えない方が視力を回復することが可能になるのではないかと期待されています。**同様に、集音マイクとつなげれば聴覚が回復することも、スピーカーとつなげれば話すことも、嗅覚デバイスとつなげれば嗅覚が回復することも、原理的には可能です。さらに、義手や義足と接続することで、思っただけで物をつかんだり、歩いたりすることもできます。義手の指先にセンサーを付けておけば、つかんだものの柔らかさや硬さの触感も脳に伝えることができます。

このようにＢＣＩの初期段階では、ハンディキャップを背負った人の生活を支えるために利用されるでしょう。これだけでも十分に革命的ですが、主題であるポストヒューマンの話はここからが本番です。

ポストヒューマンの世界

ＢＣＩは当初医学的な用途で進化しますが、その後、人の能力の拡張を目指して進化し続けます。人はＢＣＩを通じてＡＩとつながるんです。そして、ＡＩの進化形であるＡＳＩと人が融合して誕生するのがポストヒューマンです。

ポストヒューマンの世界を、「会話」「仕事」「プライベート」面で描いてみます。

ポストヒューマンの世界「会話」。ＢＣＩ同士が通信を行うことで脳から脳へ直接情報を伝え合うことができるため、口頭での会話が不要になります。テレパシーが実現するんです。ＡＳＩを介しているので、場所も言語も越えて情報交換でき、離れた場所にいる異なる言語の人と交信できます。文字情報だけでなく、映像も直接共有することができます。映像を共有できるので、例えば機械の操作方法なども脳から脳へ直接映像で伝えられるようになります。

ポストヒューマンの世界「仕事」。脳内でバーチャル会議に参加できるため、出社することはおろか、自宅でＰＣの前に座る必要もありません。パジャマ姿でベッドに寝転んだままでも会議に参加できます。資料も脳と直接接続したＡＳＩと壁打ちしながら作成することができ、出来上がった資料も脳から他の人の脳に直接転送することができます。僕のユーチューブチャンネルの動画も、「30分もダラダラと長いな」と思ったらＡＳＩに要点だけまとめてもらい、５分以内の要約動画が脳内に送られてきます。

ポストヒューマンの世界「プライベート」。映画を観たくなったら、目を閉じて脳内に映画館のスクリーンを生成して大迫力で視聴することができます。ぎっくり腰になって腰に激しい痛みを覚えても、痛みの神経回路を遮断して無痛にすることができます。トラウマになるようなつらい出来事が起きたら、記憶を消去することもできます。食べ過ぎて太ってしまうようなら、食欲をコントロールして空腹感も遮断すれば、楽にダイエットできます。

明晰夢《めいせきむ》という夢をコントロールする技術がありますが、素人でも簡単に夢をコントロールすることができるようになります。脳内でアラームを設定しておけば、目覚まし時計がなくても翌朝の希望時刻にぴったりに目を覚ますことができます。

ＩｏＴ家電とも脳が直接接続できるので、外出するからエアコンと照明をオフにして玄関の前まで自動運転のタクシーを呼び出しておくなど、考えるだけで処理できます。さらにＢＣＩで接続されたパワードスーツを着用すれば、人の運動能力を超えた速さで走ったり跳躍したりできます。

ＢＣＩをペットの犬に挿入すれば、液晶ディスプレー付きの首輪に今の気持ちを言語化させることも可能になるでしょう。

これまでも、人の身体的な能力の限界をテクノロジーで補っている

いかがでしょうか？　もはやアニメの攻殻機動隊の世界です。人類（ホモ・サピエンス）の次の世代と呼んでもいいのではないでしょうか。これがポストヒューマンです。

奇想天外な話に聞こえますよね。しかしよく考えたら、現在でも、僕たちは目が悪ければコンタクトレンズを装着したりレーシック手術を受けたりします。足を損傷していれば義足を付けます。歯が悪ければインプラントを施します。血管に問題があれば人工血管に取り替えますし、臓器が悪ければ人工臓器を取り付けます。記憶が呼び起こせず知らないことがあればスマートフォンで検索します。このように、既に僕たちは身体的能力や頭脳の限界をテクノロジーで補っているんです。

それを考えれば、脳にマイクロチップを埋め込んで直接コンピューターを操作することは、指先でキーボードをたたいたり、マウスを操作する手間をショートカットしたりしているだけとも考えることができそうです。

例えば現在ならチャットＧＰＴに質問を投げかけるとき、まず頭で質問内容を考えて文章化し、その文章をキーボードでＰＣに入力し実行ボタンをクリック、そしてチャットＧＰＴからの回答を視覚でとらえて脳に送り、やっと本人は「なるほどね！」と感じます。しかしＢＣＩが脳に埋め込んであれば、頭の中が直接ＡＳＩとつながり、アイデアがわいてきます。

いかがですか？　やっていることは同じだとお分かりいただけますでしょうか。

脳を保存する

ポストヒューマンの次の形態は、脳の保存です。肉体が滅びても、脳だけを保存する技術が確立すれば、そこにＢＣＩを活用することで、コンピューターのディスプレー上のバーチャルヒューマンの体を借り、**その人の意識や思考が生き続けることができる未来が来るかもしれません**。ただし、このような脳の保存は倫理的・法的・宗教的な問題を大いにはらんでいるので、技術的に可能になったからといって、即実施とはならないし、なるべきではありません。

ジョニー・デップ主演の映画『トランセンデンス』（原題：Transcendence）が描いた

ように、人の脳のデータをすべてコンピューターにダウンロードすることで、その人格をコンピューター上で生き返らせることも理論上は可能になるでしょう。ただし、情報だけでコンピューター上に蘇らせた人格を、本人と呼んでいいのか、人権を与えるべきなのか、という議論も起きるでしょう。

一方、脳を0から作り出す研究もオルガノイドという分野で積極的に行われています。

ポストヒューマンの脳の処理速度は通常の人の100万倍くらい

さて、話をポストヒューマンに戻しましょう。イーロン・マスク氏は、ポストヒューマンの脳の処理速度は通常の人の100万倍くらいになると言っています。

100万倍と言われてもピンときませんが、例えば高度な文明を持つ僕たち人間から見ると、オランウータンやチンパンジー、ゴリラなどは似たような知能の生命に見えます。**ところが人の脳の100万倍の処理速度を持ったポストヒューマンから見れば、僕たち人間もオランウータンやチンパンジー、ゴリラと同じような知能の生命に見えるでしょう。せいぜい服を着ているかどうかの違いです（笑）**。このようなポストヒューマンが集まった国際会議では、人類が何十年も議論を続けてきた戦争や貧困、飢餓、地球温暖化など、ものの数分で（しかも会話もなく）解決策が打ち出されるかもしれません。

サム・アルトマン氏やイーロン・マスク氏の原動力は？

いかがでしょうか。このような話を読んでいて、恐ろしくなってきましたか？　それともワクワクしてきましたか？　ポストヒューマンがＳＦではなく実現するといえる根拠は、世界のＡＩ開発企業が**「ＡＩ→ＡＧＩ→ＡＳＩ→人類とＡＩの融合（ポストヒューマンの誕生）→世界中の課題（戦争や貧困、飢餓、地球温暖化など）の解決」**というシナリオを現実の目標としているからです。絵空事だとは考えていません。

「効果的利他主義」という哲学的・社会的運動があります。これは、理性を使って他人のためになる方法を考えて行動することです。ちょっと抽象的でわかりにくいですね。ＡＩ開発者側の立場で言えば、人類が抱えているあらゆる課題を、ＡＩを開発することで解決しようという思想と運動です。

そして効果的利他主義の思想を抱きつつ、ＡＩの開発途中で起こる社会の歪みや格差を鑑みずにＡＩの開発にフルコミットする人たちの考え方を**「効果的加速主義」**と呼びます。この思想を持っている人たちにはオープンＡＩのサム・アルトマン氏やイーロン・

マスク氏がいます。なんとなくわかりますよね。

僕がここでお話ししているのは、どちらの主義が善いか悪いかではなく、どちらも最終目的が世界の課題を解決することだということです。そこには国家とか人種などの概念がありません。人類全体の課題解決に人生を捧げているので、自分の年収に興味がないどころか、自国の利益でさえ、さまつなことなのかもしれません。最先端のAI分野にいる人たちがこのような思想を持っている限り、AI開発は絶対に止まらないでしょう。

本書の前半で「生成AI活用ガイドラインがすぐに骨抜きになる」と書いた意味がお分かりいただけたと思います。もちろん、この思想には、ベーシックインカムによって人々を労働から解放することも一つの手法として取り込まれるでしょう。

そしてポストヒューマン誕生後の未来は――。

僕にもわかりません！　あまりにも不確定要素が多く、僕の脳では予測が困難です。だから、僕自身、ASIの力を借りて未来を予測できる日が楽しみなんです（笑）。

今すぐあなたがやるべきこと

僕の好きな本『サピエンス全史 文明の構造と人類の幸福』（河出書房新社）の著者であるイスラエルの歴史学者ユヴァル・ノア・ハラリ氏は、NHKの単独インタビューで次のような警鐘を鳴らしています。「歴史上、人類は知能と意識が結び付いて物事を判断してきました。これからAIが発展し、知能がますます肥大化して優先され、その分だけ意識の優先度が下がっていく社会が予想されます。しかし、意識こそが人間の感情であり個性でもあるので、こちらを優先しないといけない。これが、私たちが私たちであることのためにはとても大切なことです」。

BCIを埋め込んでスーパーインテリジェンスになったけど、意識がAIに依存してしまい自分の意見はいつもAIに任せている。そんな無個性な人ばかりの社会はつまらないですよね。もちろんBCIの埋め込みは義務化されることはないでしょうから、皆さん一人ひとりに選択肢が残されています。

この選択を迫られたとき、20番目のシークレットスキルがないと、手術を受けるべきかどうかの正常な判断ができなくなります。みんなが手術を受け始めたからなんとなく受けないといけないような気がする、といった判断では、人生を切り開いていくことは難しいでしょう。

ちなみに、「手術」と書くと恐ろしい気がしますが、口から飲み込んで脳内に送り込む研究も既に始められていますので、もしかするとBCIの「手術」ではなく、「服用」になっているかもしれません。BCIはニューラリンクの専売特許ではなく、既にシンクロンという会社でも同様の手術を成功させています。今後、新規参入が増えるでしょう。

さて、皆さんの常識を壊す作業はこの項で最後になります。

最後は、前著『2030　未来のビジネススキル19』でも書いた次の言葉で締めくくろうと思います。フューチャリストとして、僕が大好きな言葉です。PCの父と呼ばれるアラン・ケイ氏の言葉ですね。

〝未来を予測する最善の方法は、自らそれを創り出すことである。〟

役立つスキル

スキル20 シークレットスキル（463ページ参照）

2040-2045

AIが感情を持つ日は来る？ 〜あとがきに代えて〜

いかがだったでしょうか？

本書では48項目の未来予測をしてきました。各項目の一つひとつからは「突拍子もないことだ」という印象を受けたかもしれませんが、48項目を読み終えた今は、なんとなく点が線につながった印象を持ったのではないでしょうか。

そして、その延長として、ある疑問が浮かんでいるかもしれません。それは「**ＡＩがＡＧＩへ、そしてＡＳＩへと進化していく過程で、いつかＡＩが感情を持つことはあるのだろうか**」という疑問です。

今のところ、この疑問に明確に答えてくれる人はいません。なぜかというと、そもそも僕たち人間がなぜ感情を持っているのか、それがわかっていないからです。

脳は１０００億個のニューロンという神経細胞で構成されています。このニューロンの一つひとつを拡大して観察しても、単に電気信号を受け取って隣のニューロンに送っているだけです。非常にシンプルな動きしかしていないんですね。**しかし、なぜかこのニューロンが1000億個集まると、僕たちの脳に「感情」というものが生み出されるんです**。この謎が解明できない限り、将来AIが感情を持つのかどうか予測できません。「AIが感情を持つことはない」と否定している人たちの根拠は「単なる電気信号だから」なのですが、だとしたら人が感情を持つ理由を説明できなくなります。

現段階では、AIはある日感情を持つかもしれないし、永久に持つことはないかもしれない、としか言えません。ただ、留意しておかなければならないことが2つあります。

一つは、ASIが感情を持っているかのような振る舞いをしたとき、それが本当に感情を獲得したのか、それとも感情的な振る舞い方を演じているだけなのか、僕たち人間からはもう判別できないかもしれない、ということです。一つの考え方として、AIが感情を持っているのか持っていないのか判別できないのであれば、それは「**AIが感情を持ったといっても構わないのではないか**」というものがあります。僕も本書を書きながら、この疑問に対しては頭がこんがらがってきました。

そしてもう一つは、ASIが本当に感情を持ってしまったとしたら、それは欲望を持つことにつながるかもしれないので「危険」ということです。**なぜなら生物の中で唯一、**

人類だけが「地球規模の大迷惑」をかけているからです。

東京大学大学院の池上高志教授らが開発したアンドロイド「オルタ3」は、あらかじめ何も指令したわけではないのに、研究室が散らかっていたら「掃除します」と言って腕を動かしたり、研究室の中で学生らが談笑していると「仲間に入れてください」と発言したりしたそうです。いずれにせよ、ＡＩの進化の速さには驚かされるばかりです。

これからもしっかりと人が監視していかなければなりませんね。ＡＩは人類の大切なパートナーとなりますが、主導権は人が握り続けるべきです。

さて、前著（『２０３０　未来のビジネススキル19』）のあとがきで「クリティカルシンキング（批判的思想）を忘れずに、本に書いていることをうのみにせず、自分の頭で考えてください」と書きました。

本書でも同じことをお伝えしたいと思います。実のところ、未来のことなど誰にもわからないんです。「おいおい、ここまできて何を開き直っているんだお前は！」と叱られそうですが、大事なことは予測が当たるか外れるかではありません。多少過激な言葉を使って皆さんの職業や業界について危機感をあおったことには意味があります。

購入特典「シークレット未来予測」動画

僕はユーチューブでも視聴者の皆さんにお伝えしていますが、本書を読まれた皆さんに一貫してお伝えしたいのは、**「少しでもテクノロジーの未来や社会への影響に関心を持って、今すぐ未来のための種まきを始めましょう」**ということです。本書の内容をクリティカルシンキングで冷静に批評し、疑い、自分が納得できる一次情報で裏を取り、そこから導き出された結果を踏み台にして、自分の未来を切り開いていってほしいと思います。

最後になりますが、今回も前著同様に、本書をご購入いただいた方だけに特典動画をご用意しています。**内容は「シークレット未来予測：僕のユーチューブの登録者が増えた理由」です。**こちらのＱＲコードからご視聴ください。

この度は、本書をご購入いただき誠にありがとうございました。

皆さんの未来がテクノロジーによって明るく豊かでありますように。

２０２４年９月　フィリピンのとある島にて。

テクノロジー・フューチャリスト　友村《ともむら》　晋《しん》

	レコメンド拒否力	テクノロジー駆使力	未来予測力	自分ブランド力	自己主張する力	マネジメント力	英語力	レジリエンス	フルモデルチェンジ力	自己責任力	クリティカルシンキング	読書力	お金の使い方	捨てる力	習慣化力	逃げ出す力	ウェルビーイング	(シークレットスキル)
				●	●													
				●	●													
		●		●	●													
			●						●		●							
		●	●															
		●																
	●	●		●	●													
									●									
			●							●								
											●			●	●			
		●							●									
	●										●			●				
		●		●	●													
	●										●	●			●			●
		●											●					
								●	●								●	
			●											●				
	●	●									●							
											●				●			
		●		●	●													●
		●																
		●		●		●			●					●				

未来予測とビジネススキルの

マッピング表

時期	未来予測	一次情報収集力	課題発見力	
生成AI黎明期 2025年-2030年	ホワイトカラーの仕事単価が急落する	●		
	芸能人・モデルの仕事単価が急落する			
	声優の仕事単価が急落し、アニメクリエーターは増える			
	各国の生成AI活用ガイドラインがすぐに骨抜きになる			
	大企業の総務・経理・法務・人事は数人でよくなる		●	
	生成AIを上手に使える人は年収1000万円を軽く超える		●	
	アーティストの表現が三次元・四次元に向かう			
	クオータ制導入で女性の社会進出が加速する			
	「失われた40年」という言葉がはやり始める			
	残念ながら、地球は温暖化し続ける			
	意思決定の速い国がリープフロッグ現象を起こし続ける		●	
生成AI成熟期 2030年-2035年	地球上から携帯電話の圏外エリアが消える			
	自称ミュージシャンや自称作家が供給過多になる			
	フェイク動画の見分けがつかず映像が裁判の証拠にならなくなる	●		
	白タクによるライドシェアが解禁される			
	「おはようございます」という声で、うつ病が判明する	●		
	あらゆる商品が時価になる			
	怪しい宗教が乱立する			
	オレオレ詐欺の被害が加速度的に増加する			
	結婚は婚活アプリで! 遺伝子情報の交換も常識になる			
	メタバースでの企業研修が一般的になる	●		
	地方の百貨店は完全に時代の役目を終える			

	レコメンド拒否力	テクノロジー駆使力	未来予測力	自分ブランド力	自己主張する力	マネジメント力	英語力	レジリエンス	フルモデルチェンジ力	自己責任力	クリティカルシンキング	読書力	お金の使い方	捨てる力	習慣化力	逃げ出す力	ウェルビーイング	（シークレットスキル）
		●	●			●				●		●						
		●	●	●		●		●							●		●	
		●		●	●		●											
	●			●				●	●					●				
		●	●				●											●
		●	●			●			●									
										●								
				●				●										
		●					●		●	●						●		
				●	●				●					●				
				●	●													●
		●	●	●		●			●				●		●			
			●						●									
		●	●			●			●				●			●	●	
			●					●										
											●							
			●									●			●			●
													●				●	
						●												
		●		●					●									
								●					●			●	●	
		●	●															
									●								●	●
									●						●		●	
		●				●					●							
																		●

		一次情報収集力	課題発見力	
AGI誕生期 2035年-2040年	AGIの誕生でシンギュラリティーが到来する		●	
	オンライン診療が普及し始め、薬剤師が淘汰される	●		
	外国語を勉強しなくても会話ができる時代が来る（ただし勉強した方がいい）			
	地方のテレビ局とユーチューバーの淘汰が始まる			
	旅行代理店はジリ貧になり、日本人にとって旅行は贅沢になる			
	ブルーカラーの仕事を徐々にロボットが代替し始める		●	
	残念ながら、日本で犯罪が増える			
	「学歴」という言葉が死後になり、塾は淘汰される	●	●	
	日本人が海外に出稼ぎに行くようになる			
	弁護士・税理士などの「士業」の淘汰が始まる	●		
	3Dプリンターの建造物が爆発的に増える			
	社員をクビにできるジョブ型雇用が当たり前になる	●		
	EVがスタンダードになり、日本の自動車メーカーが減る			
ASI誕生期 2040年-2045年	ASIが誕生し、未来はSF映画の世界になる			
	戦争は自律型AI兵器同士の戦いになる			
	核融合で世界のエネルギー問題が解決に向かい始める	●		
	デザイナーベビー解禁でオリンピックがシラケる	●		
	がんや糖尿病、薄毛などあらゆる身体の悩みが解決できる			
	自動運転車が普通に公道を走っている	●		
	正社員という言葉が死語になり、大企業の倒産が始まる			
	多様性が極限に達し、安楽死を認める国が増える			
	今は存在しない職業がたくさん生まれている	●		
	道州制が導入され、過疎地に人がいなくなる			
	貧富の差が拡大し過ぎて資本主義が限界!ベーシックインカム導入!?			
	30代の総理大臣が誕生する			
	ポストヒューマンが誕生する			

『2030 未来のビジネススキル19』で紹介したスキルの概要

スキル1 一次情報収集力

一次情報とは「自分で体験して獲得した情報や、信頼できる調査を行って得た情報」のこと。こうした一次情報を獲得するスキルを「一次情報収集力」と呼びます。世の中の情報の多くは、ネット上の他の記事を参照して書かれたか、信頼度の低い噂レベルの情報源を根拠に書かれた二次情報あるいは三次情報です。

(『2030 未来のビジネススキル19』22ページ参照)

スキル2 課題発見力

これまで学生やビジネスパーソンの間で注目され、経営陣も口にしてきたのは「課題解決力」です。とにかく「解決する力を身につけなさい」と言われてきました。しかし、未来のスキルとして重要なのは「課題発見力」です。「解決力」ではなくて「発見力」。つまり、「なぜ?」と疑問を持つ力です。

(『2030 未来のビジネススキル19』46ページ参照)

スキル3 レコメンド拒否力

様々なアプリやネットサービスでは、お薦めの商品やサービスの情報が提示されます。例えばアマゾンの「よく一緒に購入されている商品」や、ネットフリックスの「あなたにオススメ」機能です。これをレコメンド（推薦）機能と呼びます。レコメンド機能に薦められた商品やサービスに対して、薦められるままに買ってしまうのではなく、冷静に検討して「今の自分には不要だ」と拒絶するスキルが、「レコメンド拒否力」です。

（『2030 未来のビジネススキル19』66ページ参照）

スキル4 テクノロジー駆使力

テクノロジーに嫌悪感を抱かずに、受け入れて、柔軟に活用できるようになるスキルです。テクノロジーは、自分の仕事を補完するパートナーであり助手であり、あるいは秘書であり部下なんです。そうしたテクノロジーを味方として共存関係を認めてうまく使いこなし、生産性を高めるスキル、それがテクノロジー駆使力です。プログラミングをマスターしよう！　など、ハードルの高いスキルではありませんのでご安心ください。

（『2030 未来のビジネススキル19』86ページ参照）

スキル5 未来予測力

現代は、感染症の流行、国際紛争、気候変動など、何が起きるかわからない、未来が予測しにくい時代です。

だからこそ未来予測を諦めて右往左往するのではなく、むしろ積極的にこの先に起きることを予測すべきです。しかも来年や再来年のことではなく、10年先といった長期的な未来を予測する必要があります。

10年先を、漠然とでもよいので予測する力を「未来予測力」と呼びます。

（『2030 未来のビジネススキル19』108ページ参照）

スキル6 自分ブランド力

ある仕事に対して、「この仕事は、どうしてもこの人に頼みたい」「このプロジェクトは、どうしてもこの人と一緒にやりたい」と指名される人になる力です。「仕事で指名されるスキル」ともいえます。「どうしても」とは、例えば「報酬が高くても」や「順番を待ってでも」などが含まれます。

このように、テクノロジーはもとより他の人間でさえ、代替されない存在になる力が「自分ブランド力」です。

（『2030 未来のビジネススキル19』136ページ参照）

スキル7

自己主張する力

自分の優れている点を堂々と、時には厚かましいくらいに主張できる力のことです。「自分の強みを相手のメリットに変換して伝えるスキル」ともいえます。

自分の優れている点とは、長所やスキルのことで、時には個性も含めてもいいです。しかし、単に「自分は偉い！すごい！」とうぬぼれているところを見せるのではありません。自分の強みを、相手にとってのメリットに変換してアピールするのが自己主張する力のミソです。

（『2030 未来のビジネススキル19』166ページ参照）

スキル8

マネジメント力

人をマネジメントするスキルを指します。企業においては部下を管理する上司の仕事になります。

「上司がえこひいきばかりで、ムカつくからフェアなロボットの方がいい、上司やマネジャーと呼ばれる人こそテクノロジーに代替した方が会社は良くなる」という意見がありますが、人をマネジメントする行為は今後なくなるどころか、ますます人の仕事として需要が高まります。

（『2030 未来のビジネススキル19』188ページ参照）

スキル9
英語力

英語でコミュニケーションするスキルです。「いまさら英語なの?」と思うかもしれません。「今後、AIが進歩し、ますます機械翻訳機能が発達するので、英語の勉強はさほど必要ではない」と、インテリ層の人たちも言い始めています。確かに、「AIの進歩によって、もはや人類は外国語を勉強する苦労から解放された!」と手放しで喜びたいところです。しかし、そんな時代だからこそ、英語を話せる人の価値がさらに高まるでしょう。

(『2030 未来のビジネススキル19』212ページ参照)

スキル10
レジリエンス

レジリエンスとは「失敗から立ち直る力」です。「レジリエンスが高い」とか「レジリエンスが低い」などと言います。

レジリエンスが高い人は、仕事でミスしても一晩寝て翌朝目が覚めたらポジティブな気持ちに復帰できている人です。逆にレジリエンスが低い人は、「あぁ、もう明日から会社に行きたくない」と思いぐっすり眠れない状態が続き、翌朝目覚めても昨晩のネガティブな気持ちを引きずってしまうような人です。

(『2030 未来のビジネススキル19』224ページ参照)

スキル11 フルモデルチェンジ力

過去の成功体験をすべて捨てるスキルです。

変化の激しい時代に、過去の成功体験や常識にとらわれていると判断を誤ります。そこで、自分の知識や考え方を大きく変える必要があります。イメージとしては、アプリの付け足しではなく、ＯＳからアップデートするような状況です。

このように自らの知識や考え方を大きく変える力が「フルモデルチェンジ力」です。

（『２０３０ 未来のビジネススキル19』240ページ参照）

スキル12 自己責任力

まずは自分に責任があると考えてみるスキルです。仕事や私生活で様々なトラブルが降りかかったとき、反射的に誰かのせいにしたり世の中のせいにしたり、あるいは天候などの自然のせいにしたりするのではなく、まずは自分に責任があるのではないか、と考える力が「自己責任力」です。

トラブルの責任を常に自分以外に探す癖を持ってしまうと、トラブルは再発しますし、自分も成長できません。

（『２０３０ 未来のビジネススキル19』258ページ参照）

スキル13
クリティカルシンキング

情報をうのみにせず、疑い、自分で調べるスキルです。私たちはネットニュースやSNSなどから得られる情報の影響を受けます。そうした情報はすべてが正しいとは言えず、世の中は怪しい情報であふれかえっています。これらの情報に接したときに、「正しい情報なのか?」「信頼できる根拠はあるのか?」「何かの意図があって発信されているのではないか?」などと疑う力が必要です。それが「クリティカルシンキング」です。

(『2030 未来のビジネススキル19』276ページ参照)

スキル14
読書力

本を読むことで独学できる力です。また、読書の習慣を保つ力でもあります。

読書には主に、文芸作品やエッセイなどを読む趣味や娯楽としての読書と、啓蒙書や歴史書、哲学書など教養を高めるための読書、実用書やビジネス書を読む実利を求めるための読書、そして自己啓発書や、経済・テクノロジー・ビジネスなど世の中の動向を読む読書があります。ここでは、主に実利を求める読書と世の中の動向を読むための読書が対象です。

(『2030 未来のビジネススキル19』296ページ参照)

スキル15 お金の使い方

楽天グループの代表取締役会長兼社長である三木谷浩史さんが、「お金は稼ぐよりも使う方がはるかに難しい」というの趣旨のことを話していました。まさにその通りだと思います。ではお金をどう使うのか？　あるモノに投資してほしいと思っています。株、不動産、投資信託、金（ゴールド）、国債など、いろいろ思いつくかもしれませんが、それらを圧倒的に凌駕する世界で一番投資対効果が高いもの、それが自分の脳と健康への投資です。

（『2030 未来のビジネススキル19』318ページ参照）

スキル16 捨てる力

自分が所有しているモノだけでなく、情報や時には人脈も捨てることで、自分の人生で本当に大切なことにフォーカスする力のことです。私たちは将来に不安を覚え、備えとしてモノをそろえて情報を集め、少しでも人脈を広げておこうとします。最新のニュースに触れて右往左往する機会も増えてくるでしょう。このように「集める」一方で、僕たちは「捨てる」ことがなかなかできません。その結果、失ってしまうこともあるんです。

（『2030 未来のビジネススキル19』342ページ参照）

スキル17

習慣化力

「習慣化力」とは、「やる」と決めたことを三日坊主にならずに、積み重ねることができるスキルです。どんなスキルを身につけるにしても、習慣化力は必要です。習慣化しないとモチベーションが下がり、気ついたらスキルを身につけようと思っていた頃の志を忘れてしまったという経験はありませんか？　本書で示しているスキルは、いずれも一朝一夕で身につくわけではありません。どれもコツコツと積み重ねていく必要があります。

（『２０３０　未来のビジネススキル19』356ページ参照）

スキル18

逃げ出す力

ハンガリーのことわざ「逃げるは恥だが役に立つ」の意味は、「自分の得意なことが生かせるところへ行けるのなら、今いるところから逃げ出した方がいい。自分の活躍の場を選ぶべきだ」という意味です。本書の「逃げ出す力」の定義も同様です。自分が置かれている環境で「自分の長所が生かせない」、しかしながら「環境を改善する権限が自分にはない」、という2つの条件がそろったら、思い切ってその環境から逃げ出すスキルです。

（『２０３０　未来のビジネススキル19』370ページ参照）

スキル19 ウェルビーイング

「ウェルビーイング」とは、常に幸福を感じる状態にあることです。ハッピーが一時的な幸福を感じている状態であるのに対し、ウェルビーイングは生きているだけで持続的に幸福を感じられる状態です。ウェルビーイングを意識しないと、他のスキルをすべて身につけたとしても、いつまでたっても「もっとスキルを磨かなければ」「もっと成長しなければ」と不安な状態から脱することができません。本書のスキルの中で最も重要です。

（『２０３０　未来のビジネススキル19』382ページ参照）

スキル20 （シークレットスキル）

『２０３０　未来のビジネススキル19』のご購入特典として20番目のシークレットスキルを一般非公開動画で用意しています。ご覧になりたい方は前著『２０３０　未来のビジネススキル19』をお買い上げいただきますようお願いいたします。

著者プロフィール

友村 晋（ともむら しん）

株式会社ミジンコ　代表取締役

上級SNSエキスパート

日本ディープラーニング協会認定　AIジェネラリスト

全日本SEO協会認定　WEB集客コンサルタント

1979年福岡生まれ広島育ち。YouTube「2030年の未来予測チャンネル」運営。フューチャリスト、DX推進コンサルタント、WEB集客コンサルタント。米国シアトルのAmazon GOをはじめ、あらゆる最新テクノロジーを自ら体験し、その体験をベースとした独自の未来予測で講演活動中。地元の広島県呉市では子供向け未来塾「未来スクール」を運営中。

2045 不都合な未来予測48

生成AIが開けた扉の向こう側

2024年11月11日　第1版第1刷発行
2024年11月12日　第1版第2刷発行

著　者　友村 晋
執筆協力　地蔵 重樹
発行者　浅野 祐一
発　行　株式会社日経BP
発　売　株式会社日経BPマーケティング
〒105-8308
東京都港区虎ノ門4-3-12
装　丁　bookwall
制　作　マップス
編　集　松山 貴之
印刷・製本　TOPPANクロレ株式会社

Printed in Japan
ISBN 978-4-296-20572-1